中国制造业转型升级之
佛山实践

吴彩容　靳娜　罗锋　著

九州出版社
JIUZHOUPRESS

图书在版编目（ＣＩＰ）数据

中国制造业转型升级之佛山实践 / 吴彩容，靳娜，罗锋著 . -- 北京：九州出版社，2020.4

ISBN 978-7-5108-8858-8

Ⅰ．①中… Ⅱ．①吴… ②靳… ③罗… Ⅲ．①制造工业－产业结构升级－研究－佛山 Ⅳ．①F426.4

中国版本图书馆 CIP 数据核字 (2020) 第 012671 号

中国制造业转型升级之佛山实践

作　者	吴彩容　靳娜　罗锋　著
出版发行	九州出版社
地　址	北京市西城区阜外大街甲 35 号 (100037)
发行电话	(010) 68992190/3/5/6
网　址	www.jiuzhoupress.com
电子邮箱	jiuzhou@jiuzhoupress.com
印　刷	武汉市卓源印务有限公司
开　本	710 毫米×1000 毫米　16 开
印　张	16.75
字　数	240 千字
版　次	2021 年 4 月第 1 版
印　次	2021 年 4 月第 1 次印刷
书　号	ISBN 978-7-5108-8858-8
定　价	58.00 元

★版权所有　侵权必究★

本著作是广东省教育厅高校科研项目（平台）特色创新类项目（项目名称：制造业转型升级成效测度及其综合改革实施效果评价——基于佛山试点的调查；项目编号：2019WTSCX098）的研究成果。

本著作受佛山科学技术学院高水平理工科大学建设专项资金、广东省社会科学研究基地"创新与经济转型升级研究中心"资助。

前　言

　　佛山是一个普通的地级市，不是省会、不是特区、资源优势也不突出，仅仅是中国 293 个地级市中的普通一员。但是经过了四十多年的发展，佛山从一个不知名的农村地区蜕变成了一个现代工业化的中心城市，成了名副其实的制造业大市。2015 年 12 月获批成为全国唯一的制造业转型升级综合改革试点城市。自 2016 年正式启动试点改革以来，佛山有效推进了制造业转型升级综合改革，取得了良好的改革业绩；其制造业转型升级综合改革试点经验被一些媒体赞誉为"佛山经验"或"佛山模式"，受到中央和广东省经信委有关领导部门的表扬和肯定。那么，经过了五年的实践探索，佛山制造业转型升级综合改革究竟获得了哪些实践经验？综合改革过程中遇到了哪些困难和阻力？佛山制造业转型升级综合改革取得哪些成效？效果如何？佛山制造业转型升级的逻辑思维和未来发展方向如何？其他类似佛山的制造业城市的改革究竟可从"佛山经验"中学习什么？著者尝试在本书中对其予以解释和回答。

　　因本书是集体合作的研究成果，也是成员组多年努力的结果，所以各章的数据采用的年份不完全一致，但各章都是围绕佛山制造业转型升级综合改革而展开的，各章之间既相互独立又密切相关。全书共分九章，在第一章导论部分之后，先对佛山制造业转型升级综合改革前的概况及转型升级紧迫性调查，然后对佛山制造业转型升级综合改革前的影响因素进行实证分析，随之确定佛山制造业转型升级的逻辑思维和方向；接着对佛山制造业转型升级综合改革后的成效进行测度并对其改革效果进行评价，最后的第七、第八和第九章是佛山制造业转型升级综合改革的三个实践探索，具体为：以创新驱动和"走出去"双引擎驱动佛山制造业转型升级、以人才集聚供给协同佛山制造业转型升级和制造业服务化促佛山制造业转型升级。

1

全书由著者提出总体思路、框架结构，具体章节的执笔主要安排如下：吴彩容主要撰写第一章、第三章、第五章、第六章、第九章，靳娜和罗锋主要撰写第二章、第四章、第七章、第八章，蔡坤杨、张博扬、何思哲、卢沛鑫和唐润楷等参与各章的调研、数据收集及校对工作。各章节初稿完成后，由著者进行了系统的修改和统稿。

本书撰写过程中得到陈彩虹老师、杨望成院长、李远辉老师、罗芳老师、甘燕飞老师、朱盼玲老师等同事的支持，还得到挚友谭艳霞和吴彩娟女士的热情帮助，也得到陈丽嫦、周间屏、梁宝养、张巧燕等同窗好友的关心，在此对上述领导、同事和好友表示衷心的感谢！当然也得到了家人的鼎力支持，在此对家人表示万分的感谢！

本书是广东省教育厅高校科研项目——特色创新类项目"制造业转型升级成效测度及其综合改革实施效果评价——基于佛山试点的调查"的最终成果，也是这个课题的扩展成果。本书的完成，意味着科研工作达到了另一个阶段，当然也意味着课题的完成，但研究永无止境，未来的科研道路需要更多的努力。同时由于时间与水平所限，书中不足之处在所难免，敬请各位读者朋友不吝赐教。

目 录
CONTENTS

第一章 导 论

第二章　佛山制造业转型升级综合改革前的概况及转型升级紧迫性调查

第三章　佛山制造业转型升级综合改革前的影响因素分析及实证

第四章　佛山制造业转型升级的逻辑思维和模式

第五章　佛山制造业转型升级综合改革的成效测度

第六章　佛山制造业转型升级综合改革后的效果评价

第七章 佛山制造业转型升级综合改革实践之一：
        以创新驱动和"走出去"双引擎驱动佛山制造业转型升级

第八章 佛山制造业转型升级综合改革实践之二：
        以人才集聚供给协同佛山制造业转型升级

第九章 佛山制造业转型升级综合改革实践之三：
        制造业服务化促佛山制造业转型升级

第一章 导 论

一、研究价值和意义

（一）学术价值

十九大报告中特别强调要加快建设制造强国，而制造业的转型升级则被一致认为是解决问题的关键所在。目前，在产业经济学领域中对制造业转型升级的研究始终是一个热点话题，而且相关研究成果也比较多。但是，国内外有关专家和学者对制造业转型升级的研究主要集中在制造业与高新技术产业协调发展的研究、制造业转型升级路径的研究、制造业发展过程中存在问题研究以及制造业转型升级过程中影响因素的研究等方面。而对制造业转型升级成效测度及其综合改革实施效果评价的研究还比较少，本书正是从佛山制造业转型升级改革前的现状、紧迫性及影响因素出发，在对佛山制造业转型升级综合改革进行测度的基础上对其综合改革实施效果进行评价，最后详细剖析佛山制造业转型升级综合改革的三个实践案例，从而破解路径依赖的锁定效应，并提出加快佛山制造业转型升级的对策建议，因此本项目具有较高的学术价值。

（二）实践意义

国际金融危机后，发达国家纷纷出台"再工业化"战略，而其他发展中国家制造业的成本优势显现，导致我国制造业不得不陷入"双向"挤压的局面。佛山作为制造业大市，有较为完整的产业链，既有传统行业的雄厚基础实力，又有新兴产业的出现，在产业配套、协作和集聚方面都有不错的发展能力。更为自豪的是已经涌现出美的、格兰仕、海天、志高等知名度较高的制造业骨干企业，但是与先进发达国家和发达城市相比，佛山的装备制造、家具、纺织服装、陶瓷、家电、建材等传统制造业仍然存在着产业层次偏低、创新能力弱、利用外资水平较低等问题，急需进行转型升级；而机器人、电子信息、生物医药、新能源汽车、新材料等新兴行业的实力和潜能还没完全发挥出来。总的来说，一方面受到发达国家和后发展中国家的双重挤压，另一方面受到粗放型增长模式及资源环境的约束，佛山正处于向现代制造业转变的过渡阶段，制造业的转型升级迫在眉睫而又压力山大。

佛山制造业是中国制造业发展的一个缩影，是国家于 2015 年 12 月赋予制造业转型升级综合改革试点的唯一城市，佛山认真落实施行制造业综合改革到现在超过五年时间，对其实施情况和效果作出调研总结非常有必要，借此深入剖析佛山制造业转型升级的障碍，进而为与佛山相类似的制造业城市的转型升级，对于优化资源配置，提高生产效率，推动"新常态"下找到合适的制造业转型升级模式和路径，以便从一定程度上抵御经济下行，具有很强的借鉴意义。此外，通过详细分析佛山制造业转型升级综合改革的三个实践路径：以创新驱动和"走出去"双引擎驱动佛山制造业转型升级、以人才集聚供给协同佛山制造业转型升级和制造业服务化促佛山制造业转型升级，对与佛山相似的城市的制造业转型升级提供参考样本。

二、基本概念界定及理论

（一）制造业

1.制造业的概念

尽管制造业是我们耳熟能详的词，但不同的学者对制造业的定义依旧众说纷纭，至今还没取得统一的意见。而按照新华字典的解释，制造指将原材料、初级产品、粗制产品等经过劳动加工形成产成品、精致产品的过程；按照百度百科，制造业指机械工业时代对制造资源，依照市场规律，经过人为的加工过程，转化为人们需要的大型工具、工业品与生活消费产品的行业。

迄今为止，制造业仍然是衡量一个国家或地区生产力发展水平的重要指标，也是判定一个国家或地区所属发展阶段或类型的关键指标，通常制造业越发达的国家或地区其经济发展水平也相对较高，所以世界各国或各地区都非常看重制造业的健康发展。当前，先进发达国家逐步出现了制造业回流的现象，可见，制造业依然是各国经济持续向前发展的重要抓手。

2.制造业的分类

制造业的行业范围广泛，按产品属性可分为生产资料制造业、装备制造业、消费资料制造业；按制造过程可分为离散制造业、流程制造业和混合型制造业。依照我国现行对制造业的分类标准"GB/T4754-2017"来划分的话，制造业共可分为31个行业，比如农副食品加工业、非金属矿物制品业、食品制造业等，具体分类见表1-1所示。

表1-1 中国制造业的分类（按"GB/T4754-2017"标准）

序号	具体类别	序号	具体类别
01	农副食品加工业	17	橡胶和塑料制品业
02	食品制造业	18	非金属矿物制品业
03	酒、饮料和精制茶制造业	19	黑色金属冶炼和压延加工业
04	烟草制品业	20	有色金属冶炼和压延加工业
05	纺织业	21	金属制品业
06	纺织服装、服饰业	22	通用设备制造业
07	皮革、毛皮、羽毛及其制品和制鞋业	23	专用设备制造业
08	木材加工和木、竹、藤、棕、草制品业	24	汽车制造业
09	家具制造业	25	铁路、船舶、航空航天和其他交通运输设备制造业
10	造纸和纸制品业	26	电气机械和器材制造业
11	印刷和记录媒介复制业	27	计算机、通信和其他电子设备制造业
12	文教、工美、体育和娱乐用品制造业	28	仪器仪表制造业
13	石油加工、炼焦和核燃料加工业	29	其他制造业
14	化学原料和化学制品制造业	30	废弃资源综合利用业
15	医药制造业	31	金属制品、机械和设备修理业
16	化学纤维制造业		

（二）制造业转型升级

1. 转型的概念界定

转型，起初多被运用在医学、数学和语言学等领域，后来被广泛引申运用到经济学和社会学领域，最早在经济学领域使用"转型"这个词的是国外学者布哈林。经济学领域的转型，指的是从一种较为原始的经济状态转变为一种相对高级的更符合当前经济潮流的经济状态。

2. 升级的概念界定

经济学领域的升级，是指从落后的、竞争力弱的状态转向相对先进的、竞争力更强的状态。产业升级是指产品从价值链的低端向价值链的高端转移的过程。

3. 制造业转型升级的概念界定

目前制造业转型升级的定义也还不太统一，有的学者作为一个整体来研究，有的学者把制造业转型和制造业升级分开来研究；有的学者偏重于制造业产业间转型升级，有的偏重于制造业产业内转型升级；有的从产业结构升级的角度来定义制造业转型升级，指制造业朝着技术结构水平更高的方向演化；有的从全球产业链的角度来定义制造业转型升级，就是指从价值链低端向价值链高端的攀升过程；有的从产业发展方式转型的角度定义制造业转型升级，就是指从追求数量扩张转为追求质量的提升，从出口导向转为内需拉动，从要素驱动转为创新驱动，从粗放型的发展方式转为集约型的发展方式，从高投入高消耗高污染转为高产出高效益低污染；有的从宏观层面定义制造业转型升级，就是指将制造业置于三次产业或工业结构中来考察制造业整体的表现；有的从中观层面来定义制造业转型升级，则指高端生产要素替代低端生产要素的过程；而本书把制造业转型升级视为一个整体，既包括制造业转型，也包括制造业升级，认为制造业的转型升级就是通过转型来实现升级的目的，制造业转型升级就是为了使制造业更好地符合当前的经济发展需求，通过自身管理模式或技术等方面的提升来实现更高端、更符合当地经济发展需求的过程。

(三) 制造业转型升级的相关理论

1.产业结构理论

产业结构和经济发展就像双胞胎一样，总是联结在一起的，研究制造业就不得不研究产业结构，研究制造业的转型升级就必须研究产业结构的演进。在产业结构理论方面，国外已经出现了很多研究成果，也总结归纳出了很多产业结构理论。下面先介绍产业结构的演变过程，然后介绍相关的产业结构理论。

产业结构的演变顺序一般分为四个阶段，即前工业化阶段、工业化阶段、工业化后期阶段和后工业化阶段等四个逐渐走向高级化的过程。前工业化阶段的特征主要表现是第一产业的地位逐渐下降；工业化阶段的特征是第二产业占主导位置，在工业化阶段中第二产业依然居首位置，但第三产业已有长足发展，到后期发展到了以第三产业为主；后工业化阶段就以知识为突出特征。伴随着产业结构的演进，出现了很多产业结构理论，其中20世纪五六十年代是产业结构理论发展的辉煌时期，期间出现了很多有突出贡献的代表人物，比如库兹涅茨、霍夫曼、钱纳里、里昂惕夫，其他时期的有配第、克拉克、刘易斯、赫希曼、罗斯托、希金斯等。

库兹涅茨在 1941 年提出把产业结构划分为"农业部门""工业部门"和"服务部门"，并得到三个重要结论：第一，刚开始的时候，农业部门比较重要，GDP 的水平往往与农业比重呈反向关系；第二，是工业部门越来越占据主导地位，而农业的占比越来越低；第三，是服务部门比重大大上升，工业比重有所回落，农业比重很低。在论述产业产值比重的时候，库兹涅茨还研究了相应的劳动力结构规律，突破了以往仅从产业结构变动角度分析，该理论也是测度工业化发展阶段依据之一，人们称该理论为库兹涅茨产业结构论。

霍夫曼是德国的一个经济学家，他把工业部门细分成了三类：第一类是消费资料工业，第二类是资本资料工业，第三类是其他工业。霍夫曼的研究认为尽管不同国家的工业化开始时间不同，但趋势一般都是相同的。开始的阶段以消费资料工业为主导；接着是资本资料工业发展快速提升；第三阶段是消费资料工业与资本资料工业的发展水平相当、不相上下；第四阶段就是资本资料工业反超消费资料工业，最后持续上升，成为主导。

钱纳里的工业化阶段理论则把工业化划分为五个阶段：不发达阶段、工业化初期、工业化中期、工业化后期、后工业化时期、工业现代化时期。不发达阶段时期现代工业是非常少的，几乎没有；工业化初期的主要特征是以劳动密集型为主的工业；工业化中期以资本密集型产业为主；工业化后期的特征则为新兴服务业逐渐兴起；后工业化时期则转向技术密集型结构工业；工业现代化时期则进入了服务业的多样化阶段。钱纳里的工业化阶段理论专注于工业内部结构的变动，为工业内部的关联性做出了探讨，为工业内部结构研究奠定了理论基础。

配第研究了三个产业之间的收入差异，发现从事第三产业的人群收入最高，第二产业的次之，第一产业的收入最差。而克拉克则在配第的基础上，提出劳动力流向的规律是从第一产业流向第二产业和第三产业，一般来说，经济发达的国家第三产业的劳动力数量占比最大，而欠发达的发展中国家则以为第一或第二产业的劳动力为主。配第和克拉克二人的研究成果被合称为配第 —— 克拉克定理。

2. 价值链理论

波特教授 1985 年提出价值链理论，他认为每个企业的价值都是由企业的各个活动所形成的价值串起来的一条价值链。如果把价值链延伸到产业上，就是产业价值链，延伸到制造业中，那么就是制造业价值链。随着地球村的形成，全球价值链也相应产生，在全球制造业价值链中，发达国家的制造业一般处于价值链的高端位置，比如设计、研发、品牌等环节；而欠发达国家制造业一般处于价值链的低端，比如加工和装配等环节。在制造业的整条价值链中，价值高的环节利润多，价值低的环节利润少。而大多数发展中国家的制造业往往当前处于价值链的低端，而寄希望于转型升级来跃升到价值链的高端，其转型升级的路径一般就是从全球价值链的低端向价值链的高端转移，以便赢得更高的利润和获得竞争力。

从价值链理论延伸出两个有名的相关理论：一个是微笑曲线理论，另一个是武藏曲线理论。微笑曲线理论是宏碁集团创办人施振荣先生于 1992

年提出的，他把制造业的主要环节化成了一条像微笑一样的曲线，曲线的左侧是研发设计环节，中间是生产制造环节，右侧为品牌服务环节，在制造业价值链中，附加值低的环节在中间，就是我们熟知的加工和装配环节，而微笑曲线的两段则是附加值较高的研发设计环节和品牌服务环节。微笑曲线的最低端，利润是最薄的，要通过转型升级爬到微笑曲线的两端。微笑曲线显然是特别重视曲线两端的环节，而比较忽视加工转配生产环节。到了 2004 年的时候，日本的中村未广提出了"武藏曲线"，他通过对日本企业的调研，发现中间最低端的生产加工环节实际上也是非常重要的，也能实现很高的价值，通过物联网技术的出现，以及智能制造的方式的出现，制造业的生产环节可以通过定制化来获得较高的利润，这也是西方发达国家重提"再工业化"的重要原因。

3. 雁行理论

雁行理论是日本学者赤松要在 1935 年提出的，描述的是某一产业在不同国家先后兴衰的过程，也有学者称其为产业结构的候鸟效应。雁行理论认为发展中国家从发达国家引进产品和技术，可以促进本国产业的出口，换句话说，发展中国家的产业发展应遵循"进口到国内生产（进口替代）到出口"的模式。日本、韩国、新坡等国家以及两岸暨香港等国家和地区的经济发展形态就很好地阐述了雁行理论，产业转移或技术转移是先从日本开始，以日本为雁头，当日本的这一行业或技术很成熟了，就会升级到更新的行业和技术，然后把成熟的行业和技术转移到亚洲四小龙各地区和国家，同样道理，当四小龙的这一行业和技术成熟了，他又会升级到更高级的行业和技术，然后把这一成熟的行业和技术转到中国大陆与东盟各国，呈现出很明显的先后发展传递顺序。赤松要的雁行理论被称为古典雁行理论，而山泽逸平、小岛清、石川城太等人所建构的雁行理论被称为当代雁行理论；不管是古典雁行理论还是当代雁行理论，都有两个共同的特质，一是个阶梯观念，一是演化的思维。古典雁行理论认为先进国家或地区永远剥削后进国家或地区，没有互补式的合作；而当代雁行理论则认为各国或地区之间既有竞争，也有互补，形成的就是我们现在所说的竞合关系。

三、主要内容

本书的研究内容有九章：

1. 导 论

首先，主要介绍本书的研究价值、意义、基本的概念节点及理论，交代主要内容、研究所采用的方法、研究思路等；然后重点分析中国制造业发展历程、取得成就、现状及转型升级新形势，最后从佛山的地理位置及佛山的经济特色反映佛山作为制造业转型升级综合该给试点的典型性。

2. 佛山制造业转型升级综合改革前的概况及转型升级紧迫性调查

这部分先分析佛山制造业转型升级综合改革前的概况，然后判断佛山制造业在综合试点改革前是不是制造业强市，为后续对佛山制造业转型升级综合改革试点的成效进行测度和评价做铺垫。最后通过对佛山制造业企业的问卷调查来判断佛山制造业企业转型升级的紧迫性。

3. 佛山制造业转型升级综合改革前的影响因素分析及实证

这部分的内容是在佛山制造业转型升级综合改革正式实施前完成的，旨在搞明白综合改革前佛山制造业转型升级的影响因素是什么，有什么障碍阻碍了佛山制造业的顺利转型升级，这部分主要是采用因子和回归分析法完成。

4. 佛山制造业转型升级的逻辑思维和模式

主要从理论上构建佛山制造业转型升级的逻辑思维，以及详细分析了佛山制造业转型升级的三种模式：制造业产业内转型升级模式、制造业产业间转型升级模式和制造业产业集群转型升级模式。

5. 佛山制造业转型升级综合改革后的成效测度

这部分的内容是佛山制造业转型升级综合改革后的成效测度，包括通过建立相应的指标体系，从中把握佛山制造业转型升级综合改革所取得的成就，当前处于什么位置，未来的转型升级计划是否变更等内容。

6. 佛山制造业转型升级综合改革后的效果评价

这部分有三大块内容，第一块是制造业转型升级综合改革试点的实施情况调查分析。为贯彻推进佛山市制造业转型升级综合改革试点，佛山制定了《广东省佛山市制造业转型升级综合改革试点方案》，该方案设立如下目标：到2020年佛山成为全国制造业发展的示范，到2025年把佛山建设成为制造业技术创新、业态创新、制度创新的策源地，为全国制造业转型升级体制机制创新提供可供借鉴推广的示范经验；为此，将调查佛山制造业转型升级综合改革试点的政策落实情况，了解佛山制造业的特点和当前佛山制造业转型升级基本情况。第二块内容主要从"降成本、助融资、促创新、补短板、搭平台、优环境"六方面来考察佛山在促进制造业转型升级中所采用的主要措施和做法。第三块内容是对佛山制造业转型升级实施效果和成效进行评价。本部分将从降成本、助融资、促创新、补短板、搭平台、优环境等方面的评价佛山制造业转型升级实施效果并评价当前佛山制造业转型升级的状态及成效。

7. 佛山制造业转型升级综合改革实践之一：以创新驱动和"走出去"双引擎驱动佛山制造业转型升级

本部分主要利用主成分分析法综合测评佛山制造业转型升级的效率，结合案例从市场寻求、自然资源寻求、技术寻求和战略资产寻求四个方面分析对外投资的动机，从产业转移效应、技术外溢效应和产业关联效应分析对外投资促进产业结构升级的影响机制；然后将技术创新作为中介变量，理论分析和实证检验基于技术创新中介效应的佛山制造业对外投资产业升级效应；最后在分析的基础上概括出以创新和"走出去"双引擎驱动佛山制造业转型升级的路径。

8. 佛山制造业转型升级综合改革实践之二：以人才集聚供给协同佛山制造业转型升级

本部分的主要内容是，将评价指标体系设计为"系统层—目标层—指标层"三个层次的框架结构，利用主成分分析法，构建二者评价指标体系；然后评价佛山制造业转型升级与人才供给协同度，基于协同理论的"复合系统协同度模型"，即建立功效函数、确立评价指标的权重、建立适配度函数和确定适配度等级划分标准，得出佛山制造业转型升级与人才供给的协同度；最后对佛山制造业转型升级与人才供给的协同政策进行分析并提出相关的政策建议。

9. 佛山制造业转型升级综合改革实践路径之三： 制造业服务化促佛山制造业转型升级

本部分的内容比较多，包括制造业服务化的概念、特征和机理，制造业服务化为制造业转型升级带来的影响和效应，佛山制造业服务化的现状分析及态势，佛山生产性服务业与制造业的协同演化，佛山制造业服务化机遇、挑战及具体的实践案例等内容。

四、研究方法

1. 实地调研法

通过实地调研，一方面了解佛山制造业的特点和当前佛山制造业转型升级基本情况及相关区域特征。另一方面通过座谈和问卷等方式对相关企业负责人及员工对转型升级的看法、认识、意愿、实施情况等进行深入调查。

2. 计量分析方法

通过查询相关的统计年鉴数据，运用回归分析等计量经济学分析方法，建立实证模型，对佛山制造业转型升级成效及其实施效果的影响因素等相关问题进行定量分析。

五、研究思路

本书以产业结构理论、价值链理论、雁行理论等为理论基础，首先对研究目的、意义和价值做一交代，然后理清和分析一些基本概念，接着对中国制造业发展历程、取得成就、现状做一梳理，深入剖析中国制造业转型升级新形势的压力和动力。然后对佛山制造业转型升级综合改革前的概况及转型升级紧迫性进行调查，具体是在把握佛山制造业转型升级综合改革前的概况，以及判断佛山在综合改革前是制造业大市而非强市的基础上，对佛山制造业企业转型升级的紧迫性进行调查。接着通过实证的方式分析了佛山制造业转型升级综合改革前的影响因素，然后对佛山制造业转型升级综合改革后的成效进行测度，指出佛山制造业转型升级的逻辑思维和方向。最后详细剖析佛山制造业综合改革试点以来的三大实践，具体有三个，佛山制造业转型升级实践之一：以创新驱动和"走出去"双引擎驱动佛山制造业转型升级；佛山制造业转型升级实践之二：以人才集聚供给协同佛山制造业转型升级；佛山制造业转型升级实践之三：以服务化促佛山制造业转型升级。通过剖析佛山制造业转型升级的三大实践，旨在为其他类似的城市以及国家制造业转型升级政策的制定提供样本参考。

六、中国制造业发展历程、取得成就、现状 及转型升级新形势

（一）中国制造业发展历程

自改革开放以来，我国制造业经过 40 多年的发展，在一穷二白的基础上大踏步猛追猛赶先进发达国家，发展到现在，中国已经成了名副其实的第一制造大国，已经有接近一半的工业产品品种的产量成了世界第一。中国制造业发展历程主要分为五个阶段，详见表 1-2。具体如下：

表 1-2　中国制造业发展历程

阶段	年份	名称	特点
第一阶段	1978 年至 1987 年	复苏	供不应求
第二阶段	1988 年至 1997 年	崛起	民营制造业的崛起和外资制造业进入中国
第三阶段	1998 年至 2010 年	闻名全球	中国制造业融入世界
第四阶段	2011 年至 2015 年	停滞不前	区域性萧条明显
第五阶段	2016 年至现在	转型升级	内需拉动

第一阶段：大约是在 1978 年至 1987 年之间，这个阶段正处于改革开放之初，中国开始建立制造业体系，从开始的以国有制造业企业为主，快速转为以生产消费型轻工业产品为主的制造业企业。在这个阶段的前五年，中国制造工业产品依然较多，消费品生产较少；到了 20 世纪 80 年代中期，制造业生产的产品才开始涉及满足人们生活所需的消费型产品，比如电子产品和轻工业产品才开始进入中国普通民众家庭；到了 80 年代后期，消费品领域出现了各种各样的名牌产品。总的来说，这个阶段前段以工业产品为主，后阶段以民用产品为主，明显特点都是供不应求，基本处于卖方市场状态。

第二阶段：大约是在 1988 年至 1997 年之间，在这个阶段我国实行从过去的计划经济为主转变为以市场经济为主。我国为了振兴经济，大力发展工业，各种各类的工业园区纷纷建立，也因而吸引了大批外商进来中国投资，进而开始出现了外资企业、合资企业和合作企业等不同的企业类型。人们的生活消费需求逐步得到满足，中国制造业取得了长足进步，民营制造业也获得了很大发展，并且形成崛起之势，苏南模式和温州模式便是两种体制改革的代表。

第三阶段：大约是在 1998 年至 2010 年之间，这个阶段的中国制造业不仅仅满足于国内销售，沿海的许多制造业企业还出口工业产品到国外，很多中国制造业企业承接了国外的生产订单，成了国外的生产外包基地，由此促使中国的制造业企业加入到了全球价值链的链条之中，中国制造业开始走向全球，中国制造开始闻名全球，并达到了辉煌时期。国内的制造业市场也从卖方市场转变为买方市场。

第四阶段：大约是在 2011 年至 2015 年之间，在这个阶段，中国制造业无论在成本利润率还是制造业从业人员数量都开始降低，制造业呈现出明显的区域萧条特点，长三角和珠三角地区的制造业企业申请破产的企业数量大大提升，珠三角地区的港资企业也纷纷萎缩。

第五阶段：大约是从 2016 年至现在，在这个阶段，中国经济进入了新的常态化，贸易摩擦增大，内需成为拉动中国经济发展的新动力。国家在这个阶段实施制造业转型升级战略，而佛山也是唯一被选为中国制造业转型升级综合改革试点的城市。

（二）中国制造业取得的成就

新中国成立 70 多年来，特别是改革开放以来，我国工业尤其是制造业快速发展。表 1-3 是中国历年工业增加值（美元）、制造业增加值（美元）及 GDP 数据的数据，从表 1-3 得知，1978 年的时候，中国的 GDP 约为 1495 亿美元，占世界的 1.7420%；工业增加值为 713.48 亿美元，因当年比重太小，在世界的占比中没有被统计出来，制造业增加值也如此。到了 2019 年的时候，中国的 GDP 为 14.34 万亿美元，占世界的 16.3449%；工业增加值上升为 5.59 万亿美元，占世界的 24.0580%；制造业增加值上升到 3.9 万亿。显然，我国已经从一个制造业弱国发展为制造业大国。制造业有力推动了我国的工业化和现代化的发展步伐，也显著增强了我国的综合国力，让我国离实现中国梦的距离又近了。

表 1-3 中国历年工业增加值（美元）、制造业增加值（美元）及 GDP 数据

年份	工业增加值（美元）	工业增加值占世界 %	制造业增加值（美元）	GDP（美元）	GDP 占世界 %
2019	5.59 万亿	24.0580%	3.9 万亿	14.34 万亿	16.3449%
2018	5.51 万亿	23.6037%	3.87 万亿	13.89 万亿	16.0803%
2017	4.91 万亿	22.7371%	3.46 万亿	12.31 万亿	15.1552%
2016	4.45 万亿	22.2736%	3.15 万亿	11.23 万亿	14.7156%
2015	4.52 万亿	22.5049%	3.2 万亿	11.06 万亿	14.7098%
2014	4.51 万亿	20.5667%	3.18 万亿	10.48 万亿	13.1851%
2013	4.23 万亿	19.6479%	2.94 万亿	9.57 万亿	12.3805%
2012	3.88 万亿	18.3258%	2.69 万亿	8.53 万亿	11.3542%
2011	3.51 万亿	16.9566%	2.42 万亿	7.55 万亿	10.2814%
2010	2.83 万亿	15.5253%	1.92 万亿	6.09 万亿	9.2072%
2009	2.34 万亿	14.5606%	1.61 万亿	5.1 万亿	8.4472%
2008	2.16 万亿	12.0442%	1.48 万亿	4.59 万亿	7.2152%
2007	1.66 万亿	10.3226%	1.15 万亿	3.55 万亿	6.1180%
2006	1.31 万亿	9.1653%	8931.31 亿	2.75 万亿	5.3437%

续表

年份	工业增加值（美元）	工业增加值占世界%	制造业增加值（美元）	GDP（美元）	GDP占世界%
2005	1.07万亿	8.3089%	7336.56亿	2.29万亿	4.8108%
2004	8975.09亿	7.6472%	6252.24亿	1.96万亿	4.4574%
2003	7574.7亿	7.3780%	——	1.66万亿	4.2632%
2002	6536.68亿	7.1501%	——	1.47万亿	4.2367%
2001	5999.61亿	6.6938%	——	1.34万亿	4.0070%
2000	5516.01亿	5.9213%	——	1.21万亿	3.6032%
1999	4962.36亿	5.5719%	——	1.09万亿	3.3598%
1998	4712.77亿	5.4745%	——	1.03万亿	3.2779%
1997	4529.06亿	5.0982%	——	9616.04亿	3.0568%
1996	4068.62亿	4.4128%	——	8637.47亿	2.7357%
1995	3434.05亿	3.7318%	——	7345.48亿	2.3782%
1994	2605.09亿	3.1393%	——	5643.25亿	2.0321%
1984	1115.96亿	——	——	2599.47亿	2.1342%
1978	713.48亿	——	——	1495.41亿	1.7420%

注意：GDP是国内生产总值，Gross Domestic Product的缩写，它指一个国家或地区在一定时期内生产活动（最终产品和服务）的总量，是衡量经济规模和发展水平最重要的方法之一。工业增加值是指工业企业在报告期内以货币形式表现的工业生产活动的最终成果；是工业企业全部生产活动的总成果扣除了在生产过程中消耗或转移的物质产品和劳务价值后的余额；是工业企业生产过程中新增加的价值。制造业增加值是指制造业企业在报告期内以货币形式表现的制造业生产活动的最终成果；是制造业企业全部生产活动的总成果扣除了在生产过程中消耗或转移的物质产品和劳务价值后的余额；是制造业企业生产过程中新增加的价值。

　　回顾我国制造业的发展历程，不得不提的是"一五"计划。我国的工业发展应该说是从"一五"计划开始的，从"一五"计划开始的156个重大项目中起步的，这156个项目可以说是填补了新中国成立以来的大部分的工业空白。中国的工业和制造业增加值从在世界占比中被忽略，上涨到 2019 年的占比 24.0580%；从制造业极差到制造出了飞机、坦克、大炮。改革开放以来，我国的制造业更是呈现飞跃式发展，工业增加值从 1978 年的 713.48 亿美元，到 1983 年的增加到 1020.32 亿，突破千亿美元；到 2005 年的增加到 1.07 万亿美元，突破万亿美元；到 2008 年的 2.16 万亿美元，突破 2 万亿美元；到 2011 年的 3.51 万亿美元，突破 3 万亿美元；到 2018 年的增加到 5.51 万亿美元，突破 5 万亿美元。工业增加值与美国相比，在 2011 年的时候中国为 3.51 万亿美元，美国为 3.02 万亿美元，首次超过美国。自 2011 年工业增加值超过美国以后，中国的工业增加值一直高于美国，从表 1-3 也可以看出，中国的工业增加值持续上升。中国工业增加值的增速是可观的，但是与先进发达国家相比，中国的工业制造水平依然处于国际价值链的低端，无论是产业结构间还是产业结构内的升级还不太乐观。因此，中国在"十一五"的时候就提出经济结构调整，目标是不仅要在传统的优势行业中保持优势，还得在高技术、高附加值的产品上取得突破和成效。

中国工业发展尤其是制造业的发展趋势，一直受到各国或知名机构的关注，比如毕马威公司在 2012 年发布的《2012 年全球制造业展望》中指出中国制造业即将进入转型升级阶段，传统制造产业得向高价值制造、高科技方向迈进。2016 年发布的《2016 全球制造业竞争力指数》报告指出中国的制造业竞争力指数排名世界第一。 随着"十三五"规划提出"实施制造强国战略"以来，我国制造业发展势头相当不错，主要表现在四个方面：创新驱动、内部结构的改善、能源利用效率和生产性服务业的发展。

（三）中国制造业总体水平仍然有待提高

当前我国的制造业发展水平较过去已经有了很大的提高，但总体依然处于劳动密集的制造阶段。从表 1-3 看出，我国已然变成了名副其实的制造业大国，历年的工业增加值和工业增加值占世界的比重看都有不错的成绩；但我国的制造业还处于制造价值链中的中低端，我国的制造业总体水平仍然比较低，体现在以下三方面：

第一，制造产业结构高级化水平比重低。这主要体现在技术密集型产业偏低，资源密集型产业比重依然很大，制造产业的结构仍然不乐观，升级速度慢，制造产业低端徘徊、低端环节仍然占了大头。传统制造业产能过剩问题依然没有得到根本的解决，而先进制造业又没有迅速发展起来。

第二，制造业很多领域依然没有掌握核心技术。比如核心零部件、关键材料、配套能力低、关键制造工艺、先进监测手段等始终还没掌握核心技术，还仍然受制于人。

第三，制造业的发展质量效益依然不高。按照联合国工业发展组织的数据显示，中国的皮革、纺织、服装、基本金属等产业增加值之和占世界的比重比30%还要多；在联合国官方颁布的文件得知，中国有18个大类（全球共被分为19大类制造业行业）制造业成为世界第一。2018年，中国制造业增加值占全球制造业增加值的28%，排名榜首，同期美国占有比例为17%，而日本的占有比例仅为9%，中国已然成为名副其实的世界制造工厂。但我国的制造业生产效率依然很低，仅为经济合作与发展组织国家平均生产效率的15%～30%左右。通过表1-3的数据发现，我国的工业自2014年达到20%以来，一直到了2019年也还没有突破25%，可见我国的工业增加值比重没有明显的提升，说明生产效益偏低。

（四）中国制造业转型升级新形势

中国制造业转型升级面临的新形势既有压力也有动力，压力方面有五个，分别为发达国家"再工业化"的实施、劳动力成本上升、低附加值困境、资源环境约束、消费者消费升级。而动力有四个，分别为经济增长"新常态"，产业转型升级有空间；借助新科学新技术创新驱动，产业转型升级有动力；消费者乐于尝新，产业转型升级拥有机会；互联网和金融助力，产业转型升级有新工具。

1.中国制造业转型升级面临的压力如下：

第一，发达国家的"再工业化"

发达国家的"再工业化"实际上就是重新夺回实体经济，重新支持工业发展、支持制造业回归。发达国家的"再工业化"实施的源头是美国在金融风暴以后，以金融为主的服务业遭到重挫，而实体经济又早已空心化，为避免工业的空心化继续深化和恶化，以美国为首的发达国家先后提出重回制造业的战略。发达国家实施"再工业化"的难度实际上并不太大，原因是此前发达国家就有很好的制造技术基础，技术水平远远高于其他发展中国家。发达国家制造业一旦回归，将对中国的制造业发展带来非常大的压力，高技术制造业很有可能回到发达国家，而低端的制造业又会跑到生产成本更低的其他欠发达国家和发展中国家，中国的制造业如果不转型升级将会处于左右不是的尴尬位置。

第二，劳动力成本不断攀升

经过了改革开放四十多年的发展，我国的经济实力大大提升，而随之而来的是劳动力成本也不断上升。具体到制造业领域，近十年来，制造业工人的劳动成本从 2008 年的 2.4 万元每年都有不同程度的上升，到 2018 年的时候已高达 7.2 万元一年，2018 年的工资足足是 2008 年的三倍。虽然与先进发达国家相比，中国的制造业劳动力成本依然还有点优势，但是与越南、墨西哥等发展中国家相比，中国的劳动力成本优势就再也没有了，甚至成了劣势。比如 2018 年的时候，中国的制造业劳动成本为 5.5 美元一小时，而墨西哥为 4.5 美元一小时，越南更低，仅为 2.7 美元一小时，越南足足比中国低了一半还不止，这就自然而然地把中国的低端加工制造业企业吸引过去了，而高端的制造业群体我国还没完全形成，因此也没办法与先进发达国家竞争。其次是，中国的老龄化越来越严重，从表 1-4 看出，中国 2010 年以来老年人（65 岁及以上）人口数量不断攀升，到了 2019 年中国有 65 岁及以上人口为 1.6 亿，占到世界的 22.9736%，数量相当庞大，有学者认为中国目前处于未富先老的状态；中国的老龄化严重化，会导致劳动人口比例下降，就业人口下降局面。另外，2018 年中国城镇单位就业人数中整体变化率为 -2.2%，其中制造业的变化率为 -9.9%，这说明中国制造业的就业人口还会流失到其他行业。从表 1-4 也能看到 2019 年美国的 65 岁及以上人口占世界比例为 7.6230%，而越南仅为 1.0439%。

表1-4 中国、美国、越南2010年以来老年人（65岁及以上）人口总数统计比较

年份	中国		美国		越南	
	人口（亿）	占世界%	人口（千万）	占世界%	人口（百万）	占世界%
2019	1.6	22.9736%	5.32	7.6230%	7.29	1.0439%
2018	1.52	22.5869%	5.16	7.6689%	6.95	1.0322%
2017	1.43	22.1000%	5.01	7.7215%	6.65	1.0249%
2016	1.35	21.6097%	4.85	7.7631%	6.39	1.0218%
2015	1.28	21.2118%	4.7	7.7829%	6.17	1.0229%
2014	1.22	20.9433%	4.54	7.7753%	6.01	1.0284%
2013	1.18	20.7855%	4.39	7.7525%	5.89	1.0397%
2012	1.14	20.7175%	4.26	7.7225%	5.82	1.0555%
2011	1.11	20.6822%	4.13	7.6910%	5.76	1.0731%
2010	1.08	20.6296%	4.02	7.6694%	5.71	1.0904%

第三，制造业陷入低附加值困境

中国制造业产能的总体利用率仍然很低，2018年下半年以来，中国的制造业比如食品制造业、纺织制造业、化学原料等制造业的利用率都没有超过80%，大多处于过剩状态，产能利用效率急需提高。此外，中国的制造业的存货周转水平也急需提高，因为与发达国家的差距依然比较大。中国的制造业当前依然以劳动密集型为主，附加值都相对比较低，多以加工生产和产品装配为主，处于微笑曲线的低端，微笑曲线两端的占比都比较少。另外，中国制造业的研发投入强度也有待提升。中国制造业的低端锁定还没能真正得到突破，嵌入性依赖的困境依然没能跳出来，总体盈利水平较低。

第四，资源环境约束矛盾突出

经过了四十多年的高速发展，我国已经成了名副其实的世界工厂，从

依靠资源发展起来的制造业以及粗放型的经济增长方式已经难以为继。当前我国制造业面临着极其严重的资源和环境问题,国家的资源短缺、环境恶化约束着制造业不能持续下去,而我国制造业目前仍然以加工和装配环节为主,排放的二氧化碳、二氧化硫、氮氧化物等排放量依然十分巨大,制造业已经到了必须转型升级的地步,必须选择更为清洁、更为节约、污染更小、耗能更低的技术、行业和生产方式。

第五,人们消费需求升级

改革开放以来,随着国家的繁荣昌盛,国民的生活水平也有了很大的提高,人们在消费上已经不仅仅局限于数量,而开始更加关注质量,消费层级也不断递进,朝着审美型和享受型转变。人们生活富裕了,也更愿意消费高质量高档次高品位的产品,尤其是新生代的年轻人更加注重产品的品牌文化、智能化、个性化,因此,我国的制造业必须转型升级,以满足人们的需求。而当前,我国的制造业水平还不能很好地满足人们需求,产品供给远远跟不上消费者需求的步伐,不平衡不充分的问题十分突出,也导致了人们到日本去买马桶、到美国去买"苹果"、到法国去买"香水"的现象时常发生。此外,现在线上线下消费渠道相融合,消费者能通过网络获得更加透明的产品信息,选择余地更多,在选择产品决策的时候更有话语权,这也是制造业企业面临的压力。

2. 中国制造业转型升级的动力

第一,经济增长"新常态",产业转型升级有空间

经过了三十多年的高速度增长后,我国现在已经进入经济增长的新常态阶段,经济增长从高速增长降为中高速增长,这为产业转型升级提供了时间和空间。新常态下,不仅经济增长速度改变,国外环境的复杂性以及国内市场的广阔性也要求制造业企业在往后的发展中要以开发内需市场为主,为制造业的发展提供了很大的政策选择和行动方向空间。当然,制造业企业该如何认识新常态,如何适应人们的新的消费需求,将是企业转型升级成败的重要因素。

第二,借助新科学新技术创新驱动,产业转型升级有动力

科学技术不断出新,新一轮的科技革命正在发生,发达国家借助新科

学新技术使原来就发达的制造业的劳动生产率进一步提高，生产能力进一步增强，当然这对发展中国家比如中国来说是一个大挑战，但是另一方面，中国也要借助的东风，好好把握住新一轮的技术革命，重视创新驱动，补足我国创新能力不足的弱势，那么制造业的转型升级也是有动力的。从过去的历史进程，我们发现每一次由科技革命所带来的产业变革时期，都是发展中国家"换道超车"和"弯道超车"的时间窗口和机会，因此中国必须认识到新一轮科技革命所面临的挑战的同时，也要坚信这也是一个绝佳的反击的机会，要抓住机遇，借助新科学新技术，变要素驱动为创新驱动，找准转型升级的方向，寻求一条符合我国制造业发展的新道路，并实现弯道超车。新科学新技术的创新驱动主要有三种路径，第一个是企业的内部创新，比如通过充分利用企业自有的相关资源，形成技术研发、产品设计、生产制造、营销服务等一体化创新，实现企业的竞争优势。第二个是区域的协同创新，通过突破各种壁垒，打通高校、科研单位、企业等不同创新主体之间的合作渠道，促进各主体之间资源的整合与分享，激活各种创新要素的活力，从而实现区域发展。第三个是开放创新，开放创新指的是企业要有全球的眼光，把企业置身于全球背景下配置资源，依靠现代科技技术及互联网技术，构建一个开放互动、协作共享的创新系统。

第三，消费者乐于尝新，产业转型升级拥有机会

当今的消费市场更加的透明化，消费者会货比三家、会更加理性决策，但同时消费者也会更乐于尝新，虽然对制造业企业产品开发方面提出了考验，但另一方也会为新的企业的进入以及旧企业新产品的开发打开了一扇窗，这也是企业往前发展的动力。根据亿欧智库对消费者关于产品尝新意愿的调查表明，消费着在包装食品饮料、衣服、配饰、鞋帽、箱包、个人护理用品、家庭清洁用品等制造业产品的尝新比例都超过50%，对于这些产品类型的制造业来说也是创新发展的动力；当然不同代际的消费者的尝新意愿是不一样的，但现在新生代是消费的主流，制造业企业不妨大胆尝试转型升级。

第四，互联网和金融助力，产业转型升级有新工具

中国制造业与互联网相交融是大势所趋，也是制造业向前发展的必然之路，两者的融合能开创更广阔的前景，潜力巨大。制造业与互联网融合发展一般有三个阶段：第一个阶段是数字化阶段，这个阶段主要是让传统制造业实现电子化业务管理，把企业从传统的纸质公办的形式转变为电子化的形式。第二阶段是网络化阶段，这个阶段主要表现在企业与消费者之间的信息互动和交流，实现信息的连接。第三阶段是智能化阶段，主要是通过挖掘制造业大数据的价值，从而把传统工厂升级为智能网络，让各不相同的产品都能成为更加便于人们使用的新型终端。

中国制造业与金融业融合是制造业转型升级的另一个有效的新工具，制造业与金融之间呈现了相互融合相互依存的态势，制造业增长乏力需要金融的助力，而金融也需要与实体制造业融合才能把资金优势发挥到极致。制造业与金融融合可以通过成立财务公司来实现与金融服务的融合创新；制造业与金融的融合还可以通过设立制造业投资基金，通过投资基金的运作发挥财政资金的杠杆作用，提升财政资金的配置效率和使用效益。此外，制造业和金融的融合，还可以通过金融租赁来实现，通过金融租金这个桥梁有效盘活企业的资产价值，从而为企业的转型升级及其他方面的产能合作发挥重要的作用。

七、佛山样本的特色

（一）佛山地理位置

佛山位于广东省中部，位置并不十分耀眼，但也是地处珠三角腹地，与港澳不远，东边接壤广州，南邻中山和江门，西接肇庆，北通清远。地理位置比较优越，但也不是十分优越，从图 1-1 可以看出，佛山的地理位置远远没有南边的中山优越，中山地处珠江出海口，东边是深圳和香港，中山港至香港 51 海里，西南接壤珠海，澳门黏附在东南端，可以说是珠三角中地理位置极好的一个。两相比较，佛山的地理位置只能说是较好，但

佛山的经济发展却远远优胜于中山。

佛山明清时就成了中国四大名镇之一，因而文化底蕴深厚，同时佛山也是全省或全国范围内的经济重镇，主要表现在于：企业相对集中，工业门类相对齐全，轻工业尤为发达。久而久之，佛山形成了五大支柱产业（具体为纺织、家用电器、陶瓷、电子、塑料）；此外，食品、化工、五金、印刷、建材、皮革、制药、造纸、铸造和机械等行业基础也相当不错。佛山还集许多美誉于一身：陶艺之乡、武术之乡、美食之乡、粤剧之乡、岭南成药之乡、狮艺之乡、国家历史文化名城。

当前，佛山下辖五个区（禅城、南海、顺德、高明和三水）。全市国土总面积为 3797.72 平方公里，常住人口为 765.67 万人，其中户籍人口为 419.59 万人。祖籍佛山的华侨、华人接近 80 万人，佛山成了比较著名的侨乡。佛山是"广佛同城""珠江—西江经济带""广佛肇经济圈"的重要组成部分，同时佛山还是全国先进制造业基地和广东重要的制造业中心，经济体量长期处于广东老三的地位，紧跟深圳和广州的步伐。

（二）佛山的经济特色

佛山是中国 293 个地级市中的普通一员，但是经过了 40 年的发展，佛山从一个不知名的农村地区蜕变成了一个现代工业化的中心城市，拥有上万家直接参与全球供应链的民营企业。佛山的特色主要表现在：

第一，制造业主导的制造大市。改革开放以来四十多年过去了，佛山依然坚守着制造业为主导，第二产业比重，一直维持在 60% 左右，有些区甚至高达 70%；经过了 40 年的发展与积累，佛山的制造业发展较好，已经形成了以家电、家具、陶瓷等为主的支持产业，这为佛山在新一轮的经济发展奠定基础。佛山的工业体系非常完备，几乎涵盖所有的制造业行业（家具、家电、陶瓷、机械装备、光电、新材料、金属加工等传统行业优势突出，生物制药、机器人、新能源汽车等）。当前佛山正朝着制造业一线城市的目标努力，政府当局正在谋划把智能装备及机器人、新能源汽车、智能家电等产业打造成世界级的先进制造业集群。

第二，就是本土经济后劲强大；改革开放初期，广东的各个城市基本都是从三来一补开始，外向型经济特征明显，但后来就发生分化；佛山转为以为本土民营经济为主的模式；当然本土民营经济模式的经济效应不是立竿见影的，反倒是需要漫长的培育期，但好处是基础扎实，为佛山经济的可持续性和稳健性打下基础。可以说本土经济发达，才正是佛山后劲强大的原因所在；佛山因此逐步建立了门类齐全、产业链相对完整的产业体系，也顺理成章地发展成为陶瓷之都、木工之都、家电之都。

第三，是民营制造经济造血功能依然强劲，广东是中国民营经济的发源地，而佛山的民营经济，又是广东的发动机，十分强劲，当前民营市场主体约占所有市场主体的83%，具体有51.25万户，对全佛山的工业增长率超过80%。佛山的民营经济不仅对佛山的经济具有强大的造血功能，还能很好地解决就业问题，当然，与此同时佛山的民营经济也孕育了一大批富裕的土豪阶层。

第四，制造产业集群非常明显。佛山因为有大量的产业集群分布在各个镇街上，由此形成了一个错落有致但没有中心商业区的产业城市，其产业集群是按区域来进行划分的，就是不同的镇街其主要产业是不同的。比如从大区来看，各区域产业优势分工明显，产业协作和集聚能力强，比如禅城的产业等级相对高端，其中服务业比重为32.6%，先进制造业比重为12.5%。南海的先进制造业比重为19.5%，有10个行业产值超200亿元，具体为通用设备制造业、非金属矿物制品业、废弃资源综合利用业、有色金属冶炼和压延加工业、金属制品业、橡胶和塑料制品业、汽车制造业（未包括一汽－大众）、计算机通信和其他电子设备制造业、电气机械和器材制造业、家具制造业。顺德目前有八大支柱产业，具体是家具制造业、家用电器制造业、印刷包装业、机械装备制造业、电子通信制造业、精细化工制造业、医药保健制造业、纺织服装制造业；这八大支柱产业2017年的增加值超过10%。总的来说，五区未来的发展方向各具特色，侧重有所不同；比如禅城区的发展重点是信息产业；顺德区的发展重点是家电、装备制造业和机器人产业；南海区的发展重点是智能制造、新能源汽车、数字经济产业和电子信息产业；三水区的发展重点是大数据相关信息的产业；高明区的发展重点是旅游业、商务服务业、现代物流业。具体到各区内部各镇街的也按产业专业化划分的，这是非常独特的，极少有城市是像佛山如此集群的。比如南海各镇街的主导产业大体如下：大沥（铝材、有色金属、区域性商贸物流中心）；西樵（纺织面料）；大沥（内衣、玩具）；平洲（制鞋）；罗村（皮革）；丹灶镇的金沙（日用五金）；里水（袜子）；官窑（玩具）；桂城（第三产业，打造广佛 RBD ）；九江（制罐、皮衣）。还有比如顺德，顺德的镇街产业特色明显而且影响很大，其各自的主导产业大体如下：大良主要发展第三产业为主；容桂（家电为主，主要代表有如科龙、容声、华宝、格兰仕、万和、日本松下等）；伦教则主要发展珠宝产业和木工机械为主；陈村（花卉、压力机械）；北滘（家电）；龙江主要发展纺织制衣、塑料、饮料等；乐从主要发展钢材和家具；勒流主要发展重型机械加工业和小五金小家电行业；杏坛主要发展塑料、饲料、食品、纺织印染；均安主要以服装和化工涂料为主。

第二章 佛山制造业转型升级综合改革前的概况及转型升级紧迫性调查

一、佛山制造业转型升级综合改革前的概况

佛山是全国制造业大市，其规模以上工业总产值位列全国大中城市中的第五名、广东的第二名。但是佛山制造业在发展过程中也存在一些问题，比如大多数制造业企业是以生产加工低端产品为主，处于"微笑曲线"低处，自主创新能力不足，加上资源要素及环境等方面制约因素逐步显现，佛山的制造业转型升级成了佛山产业转型升级的主战场。随着新一轮技术革命的开启，世界各国产业重组和产业转移变化加速，以现代技术为基础的资本、技术密集型工业加速向有潜能的地方转移和集聚，先进发达国家的原材料和劳动力等生产要素价格不断攀升，部分现代产业将加速向亚太地区转移，而中国沿海地区凭借优越的地理位置，优先承接新一轮的发展机遇，而佛山也大胆尝头啖汤，顺应制造业发展潮流，在承接国际制造业转移的同时，加速实现传统支柱产业的转型升级。从中央政府到省政府再到市政府，无一例外都非常重视制造业的转型升级，都积极出台一系列规划和政策，不遗余力地推动经济结构的调整以及产业的转型升级，比如《珠江三角洲地区改革发展规划纲要（2008—2020）》出台，珠三角城市在制造业发展方面便加快先行先试，把珠三角周边城市都带动起来，也构筑起互补、错位、共同发展的大湾区发展优势，这为佛山制造业的转型升级及新兴产业的发展都带来了极好的发展机会。此外，国家工业和信息化、广东省政府携手打造的珠江西岸先进装备制造产业带也得到了蓬勃发展，佛山将成为珠江西岸先进装备制造业的领先城市，在产业带中发挥龙头带动作用，发挥产

业、技术优势、进一步做大做强先进装备制造业，形成经济发展新的增长点。因此对佛山从制造业大市变为制造业强市的路径研究具有重要的战略和现实指导意义。

在以上的环境背景下，本章将运用理论研究、计量分析和问卷调查等方法对佛山从制造业大市变为制造业强市的路径进行研究。先介绍报告的研究背景，然后进行简单的制造业转型升级的文献综述；接着对佛山制造业"强市"进行评价，清晰佛山制造业在实施综合改革试点前在全国主要制造业城市中的位置；再运用调查问卷方法得出佛山制造业发展存在的问题，结合已有的案例和成功的模式，提出佛山制造业转型升级和制造业由大变强的可行性途径，最后提出促进佛山制造业转型升级、由大变强的政策措施。

（一）制造业转型升级文献综述

国外趋向于把制造业转型和制造业升级分开进行研究。

在制造业转型研究方面：国外制造业转型致力于制造业的高精尖生产，转型主要包括技术转型和理论转型两个方面，技术转型包括网络制造、智能制造和数字制造。云计算出现以后，Armbrust 提出制造业云计算的概念，紧接着 Zhang 提出使用网络、云计算、服务器计算和制造产业结合能使制造资源和能力变得统一化、智能化，并且使制造资源能够共享、循环的制造服务，即云制造的概念。理论转型主要指绿色制造，Dornfeld 从 12 个方面对绿色制造做了全面的介绍。其中包括绿色制造概念，社会、企业和政府在绿色制造中应该如何作为，绿色制造计量标准，绿色供应链，绿色制造原则，闭环生产系统，半导体制造，纳米制造技术的应用，清洁能源在绿色制造中的应用，产品包装和运输过程的供应链，绿色制造中使用的技术，绿色制造发展趋势。

在制造业升级研究方面：较多使用制造业服务化，研究包括制造业服务化概念，制造业服务化意义，制造业服务化创新，制造业服务化内容，制造业服务化途径和制造业服务化所面对的挑战。Ren 把服务创新分为 3 类，其中包括产品生命周期的一系列活动、资产管理活动、技术或管理咨询活动。

Slepniov 等用一组案例来阐明制造企业转变为服务型企业的过程，企业大致需要经过四个阶段，由低级到高级分别为制造型企业 —— 服务延伸到产品型企业 —— 服务支持型的制造企业 —— 专注服务型企业。

国内关于制造业转型升级研究主要分为四个方向。

对制造业转型升级存在问题展开的研究：国内制造业转型升级矛盾突出，表现在以下几方面：首先，创新能力不足，没有掌握核心技术，致使核心技术受制于人；其次，现有研究表明部分制造业产能过剩严重；再次，制造业成本不断上升；最后，制造业能源利用不高，环境污染较严重。

对制造业转型升级与生产性服务业关系方面的研究：隗斌贤在对生产性服务业与制造业关联性进行分析的基础上，针对我国生产性服务业在促进制造业转型升级中面临的主要问题，提出推动两者互动发展的思路。

对制造业转型升级影响因素及对策方面的研究：郭伟锋从协同学角度分析制造业转型升级的环境，认为企业是制造业转型升级的主体，产业链及产业协同是制造业转型升级的关键。杨树青构建结构方程模型，从政府、企业和社会组织三个层面分析制造业转型升级影响因素，研究得出泉州制造企业在转型升级中居于主导地位，政府居于引导地位，社会组织则居于辅助的地位的结论。孔伟杰从企业层面来研究，发现创新能力是制造业转型升级的最关键因素，企业规模对转型升级也有正向促进作用。还有一些学者从不同的方向对制造业转型升级进行研究，如徐常萍研究了环境规则、陈晓佳研究了人口老龄化对制造业转型升级的影响。

对制造业转型升级模式和路径方面的研究：秦月等从价值链的角度探讨区域制造业转型升级的路径，得出制造业必须得向两端攀升才有可能真正实现转型升级。也有从其他角度对制造业转型升级进行研究，如，安同信运用 SWOT 分析法，并借鉴日本经验为山东省制造业转型升级指明路径。金青采用案例研究方法，提出了从零部件制造商向整套产品和服务提供商转型，从低品质向高品质升级，提供阶段性服务的三类企业转型升级路径。

2016 年是实施《中国制造业 2025》的重要一年，也是佛山制造业转型升级试点铺开的年份。在经济新常态以及佛山新试点背景下，佛山制造业要由要素驱动向创新驱动转变，由低成本竞争向质量效益竞争转变，由资源消耗大、排放多向绿色制造转变，由生产型制造向服务型制造转变，由劳动密集制造向知识密集制造转变，在一系列转变的过程中，转型升级当以何种方式、何种速度成为一道难题。

（二）佛山制造业转型升级综合改革前的规模

制造业规模的大小，一定程度上体现着一个国家或地区工业发展的规模和水平，选用制造业的企业数、总产值、增加值、资产总量和从业人数5个指标来测度现阶段佛山市制造业的总量。

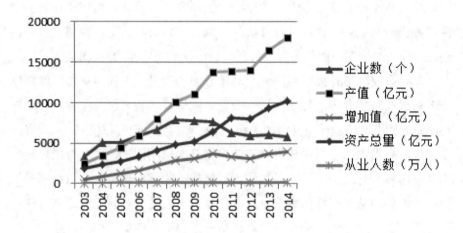

图 2-1　2003—2014 年佛山规模以上制造业规模水平图

数据来源：佛山统计年鉴 2004—2015

从图 2-1 来看，佛山市制造业的总体发展水平呈现不断提升趋势。具体来说，2014 年佛山市规模以上制造业的企业数 5830 家，总产值18131.51 亿元，增加值 3969.43 亿元，资产总量 10205.32 亿元，从业人员166.44 万人。12 年间，各项指标分别增长了 76.35%、628.53%、555.66%、442.85% 和 90.99%，其中增幅最大的是总产值，增幅最小的是企业数。从图 2-1 也可以看出，佛山规模以上制造业的企业数从 2011 年开始是基本变化不大，增加值也基本止步不前，说明佛山制造业转型升级综合改革前企业转型升级的压力早已存在。

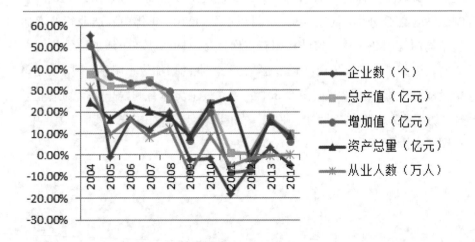

图2-2 2003—2014年制造业规模增速图

数据来源：佛山统计年鉴2004—2015

从图2-2可以看出，在2003—2014年的整个时期，制造业的企业数、总产值、增加值、资产总量和从业人数的年均增速分别为6.71%、20.48%、20.03%、16.91%、6.58%。近十二年来，佛山市制造业无论是企业数、生产值，还是资产总量、从业人数都有较大幅度的增长，但增长的幅度呈现不断缩小的趋势，说明佛山制造业转型升级综合改革前企业的各方面增速就已经出现衰退的迹象。

（三）佛山制造业转型升级综合改革前的行业结构

图2-3、2-4、2-5分别是2014年佛山制造行业总产值结构图、2014年佛山制造业行业增加值结构图、2014年佛山制造业行业资产总量结构图。从图2-3我们得知，2014年佛山制造行业总产值中，除了其他行业的总和最多外，排第一位的是电气机械和器材制造业，占比高达23.28%；排第二位的是金属制品业，占比7.96%；排第三位的是非金属矿物制品业，占比7.17%；接着是有色金属冶炼和压延加工业，占比为6.31%；剩下的橡胶和塑料制品业、计算机通信和其他电子设备制造业、化学原料和化学制品制

造业、文教工美体育和娱乐用品制造业、通用设备制造业、纺织业、汽车制造业等都分分别不超过 6%。从图 2-4 得知 2014 年佛山制造业行业增加值结构图与图 2-3 总产值结构图有点像，最不同的就在于增加值结构图中"文教工美体育和娱乐用品制造业"这个产业的增加值不明显，因此在 2-4 中没能独立标示出来。而图 2-5 中的"文教工美体育和娱乐用品制造业"和"纺织业"这两个产业的行业资产总量比较低，被归类在"其他"项目中，在图 5 中没有显示出来。

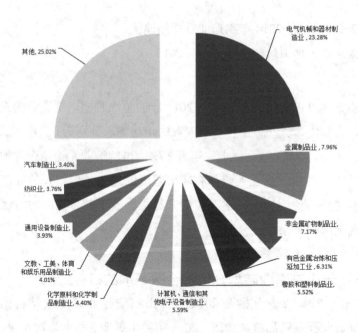

图 2-3　2014 年佛山制造行业总产值结构图

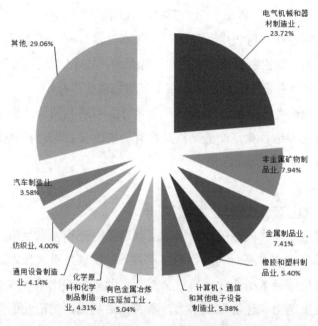

图 2-4　2014 年佛山制造业行业增加值结构图

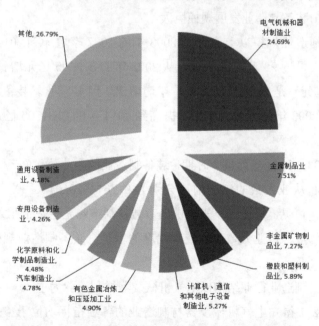

图 2-5　2014 年佛山制造业行业资产总量结构图

数据来源：佛山统计年鉴 2015

从图 2-3、图 2-4 和图 2-5，可以得出以下三个结论：

第一，制造业产值集中于重化工业和高技术行业。现阶段，佛山制造业的总产值和增加值主要源自重化制造行业和高技术制造行业。

第二，制造业资产总量主要分布于高增加值的行业。

第三，制造业的产值分布与资产总量分布有着相同的结构。高技术制造行业和重化制造行业，产值高，其拥有的资本量也大，对佛山市经济发展的影响也大。

（四）佛山装备制造业发展基础

装备制造业又称装备工业或资本品制造业，是指为满足国民经济各部门发展和国家安全需要而制造各种技术装备，特别是重大技术装备的产业总称。一个地区装备制造业规模占全部制造业规模的比重基本可以反映其制造业的发展能力和经济发展潜力，所占比重越高，制造业的整体发展能力和潜力就越大；反之，则越小。

1.佛山装备制造业发展规模巨大

装备制造业规模以上企业从 2003 年的 1087 家增加到 2014 年的 2433 家，从业人员近 90 万。资产规模从 2003 年的 873.05 亿元增长至 2014 年 5269.45 亿元，是 2003 年的 6 倍，年均增速达到 18.64%。装备制造业工业总产值从 2003 年的 1245.98 亿元提高到 2014 年的 8681.66 亿元，接近于万亿元。

在 2003—2014 年的整个时期，装备制造业的企业数、总产值、增加值、资产总量和从业人数的年均增速分别为 9.76%、20.04%、20.44%、18.64% 和 10.37%。可见，近十二年来，佛山市装备制造业无论是企业数、生产值，还是资产总量、从业人数都有较大幅度的增长，装备制造业规模和总量已达到相当水平。

2.装备制造业行业结构以电气机械及器材制造业为主

从表 2-1 得知电气机械及器材制造业的各项指标均位于整个装备制造业的首位，其企业数、总产值、增加值、资产总量和从业人数占整个装备制造业的比重分别为 28.73%、48.62%、48.62%、47.81% 和 50.77%，几乎占到装备制造业的一半。位于第二位的是金属制品业，其各项指标分别为：30.54%、16.63%、15.19%、14.54%、15.03%。电气机械及器材制造业和金属制品业二者的总产值、增加值和资产总量之和分别达到了整个装备制造业的 65.25%、63.81% 和 62.35%。最弱的两个行业是"铁路、船舶、航空航天和其他运输设备制造业"和"仪器仪表制造业"。

表 2-1 2014 年装备制造业的行业结构表

行业	企业数	总产值	增加值	资产总量	从业人数
金属制品业	30.54%	16.63%	15.19%	14.54%	15.03%
通用设备制造业	12.00%	8.21%	8.49%	8.10%	8.69%
专用设备制造业	10.11%	6.46%	7.03%	8.24%	5.60%
汽车制造业	5.51%	7.09%	7.35%	9.26%	5.51%
铁路、船舶、航空航天和其他运输设备制造业	2.30%	1.20%	1.15%	0.96%	1.15%
电气机械及器材制造业	28.73%	48.62%	48.62%	47.81%	50.77%
计算机、通信和其他电子设备制造业	9.49%	10.89%	11.03%	10.21%	10.81%
仪器仪表制造业	1.32%	0.91%	1.14%	0.89%	2.45%
合 计	100.00%	100.00%	100.00%	100.00%	100.00%

数据来源：佛山统计年鉴 2015

3. 装备制造业企业改革进一步深化

国有经济战略性调整迈出实质性步伐，资本结构多元化初步形成，从表 2-2 和表 2-3 得知 2014 年国有控股企业 10 家，实现主营业务收入接近 30 亿元，占全行业比重为 0.71%。集体企业 8 家，实现主营业务收入 4.90 亿元，占全行业的 0.12%；实现利税 0.25 亿元，占全行业的 0.06%. 私营企业 960 家，实现主营业务收入 1549.62 亿元，占全行业比重为 36.80%；实现利税 143.54 亿元，占全行业比重为 33.56%。外商投资和港、澳、台商投资企业 566 家，实现主营业务收入 2626.61 亿元，占全行业比重为

62.37%，实现利税 281.29 亿元，占全行业比重 65.77%；是支撑佛山市装备制造业的重要基础，同时也表明佛山市装备制造业的发展主要依赖于外商投资企业，本土企业仍存在巨大差距。

表 2-2 2014 年佛山装备制造业各类企业情况汇总表

企业类型	企业个数	总资产（亿元）	主营业务收入（亿元）	利税总额（亿元）
国有控股	10	19.81	29.96	2.59
集体	8	1.38	4.9	0.25
私营	960	876.38	1549.62	143.54
外商投资和港澳台	566	1683.64	2626.61	281.29
合 计	1544	2581.21	4211.09	427.67

数据来源：佛山统计年鉴2015

表 2-3 2014 年佛山装备制造业各类企业在行业的占比

企业类型	企业个数	总资产（亿元）	主营业务收入（亿元）	利税总额（亿元）
国有控股	0.65%	0.77%	0.71%	0.61%
集体	0.52%	0.05%	0.12%	0.06%
私营	62.18%	33.95%	36.80%	33.56%
外商投资和港澳台	36.66%	65.23%	62.37%	65.77%
合 计	100.00%	100.00%	100.00%	100.00%

数据来源：佛山统计年鉴2015

（五）佛山装备制造业发展优势

1. 佛山装备制造业规模巨大

佛山制造业中的最大的产业是装备制造业，2014 年的时候，装备制造业规模以上工业总产值是 8681.66 亿元，接近于万亿元。并且其他传统制造业，比如陶瓷机械、塑料机械、木工机械等与装备制造业密切相关，庞大的市场份额在全国都占了比较大的比重。

2.形成了一批特色主导行业

专业机械制造成为佛山市装备制造业的特色优势。佛山装备制造业涉及的产业范围比较广，在佛山具有特色的就是木工机械、塑料机械、纺织机械、中陶瓷卫浴机械、电气机械及设备、印刷包装机械、医疗器械、金属加工机械等。在这些具体的行业中，市场份额超过50%的是陶瓷卫浴机械和木工机械，其中陶瓷卫浴机械更是占据了全国市场的90%。此外，也有一大批的技术水平处于国内甚至国际领先地位的产品，比如干式变压器、陶瓷压机、床具机械、注塑机、真空泵等产品、针织大圆机等。民营经济在佛山始终是主体，在机械装备制造业中也是如此，据统计95%以上属于民营企业，非民营的只占了5%左右。

3.形成了一批集约化发展的产业集群

佛山的机械装备制造业集群并不是一蹴而就的，而是经过了三十多年的积累和沉淀的结果，从最开始的作为陶瓷、家具、制鞋等产业的附属行业，慢慢演变成一个大的集聚性的行业。比较有名的佛山产业集群有：以村为集群单位的陈村的陶瓷机械、陈村的压力机械、伦教的木工机械、大沥的铝型材、大良容桂的塑料机械，以镇街为集群单位的澜石、杨和、北滘、更合的不锈钢等产业集群，还有以区为集群单位的南海、顺德、禅城、三水四大汽配产业集聚。

4.国家级特色产业基地纷纷落户佛山市

由于佛山制造业体量大，并且又有良好的发展基础，因为逐步吸引了国家级的特色产业基地纷纷落户，具体比如国家火炬计划佛山精密制造业基地、国家火炬计划佛山电子电器产业基地、国家火炬计划佛山自动化机械及设备产业基地、国家显示器件产业园、中国汽车零部件产业基地、国家电子电器产业园、中国电子电工生产基地等。

5.龙头企业和名牌产品不断涌现

佛山市机械装备制造业产值超亿元企业317家，其中有31家产业超10亿元的龙头骨干企业。科达洁能、中南机械、安德里茨、佛威精工、伊之密等企业在产品质量、技术开发方面走在国内同行前列。佛山市装备制造业注册商标也有不少的进步，2014年佛山全市注册商标总量的35%是来自于装备制造业。

6. 技术创新体系不断完善

2014年以前，佛山的装备制造业行业的企业技术中心已经有72家，其中国家级1家，省级57家，市级14家；研发中心也有162家，所以创新资源还不是特别强，但整体技术创新体系在不断完善不断提升中。

7. 专业市场和行业展会不断发展壮大

由于佛山有良好的制造业产业基础，于是乎形成了一大批上规模上档次的专业市场，比如顺联国际机械城、粤丰汽车配件批发市场、伦教国际木工机械商城、东方国际机械广场、敦厚液压配件一条街、快捷汽车配件市场等，还在装备制造业领域打造了"中国（佛山）专业机械装备展览会""国际木工机械（顺德）博览会""中国（陈村）机床及橡塑设备博览会""中国（佛山）国际陶瓷工业展览会"等会展品牌。

（六）佛山制造业服务化发展

进入21世纪以来，佛山第三产业比重不升反降，在2002的时候达到了40.7%的水平，但是到了2015确下滑到了37.84%，十三年来一直徘徊在35%的水平。与发达的第二产业相比，第三产业发展滞后始终是佛山经济的一块软肋，成为佛山经济转型升级的桎梏。

三大产业的比重是衡量一个国家发达程度的重要标志，因此很多国家和城市都追求较高的三产比重水平。按照钱纳里产业阶段划分方法，佛山早在2005年就已经进入工业化中后期阶段，从理论上说，佛山理应出现第三产业飞速发展的现象，并成为拉动佛山经济继续持续发展的主导力量，但佛山并没有按规律发展，相反出现与规律背离现象，第三产业的比重不升反降，在2008年的时候工业增加值占GDP比重曾高达65.6%，工业依然是佛山的主导产业。

佛山本地并没有足够的资源、市场、原料、服务和产品来支撑佛山发展制造业，但是佛山通过输入和输出完成投入产出循环，也就是通过整合区域外的各种资源源源不断地提供给佛山的制造业，由此使得佛山的制造业继续保持强劲的发展态势并不断保持比较优势。佛山制造业的发展表面上是三产发展悖论，但是实际上佛山是面对现实，实事求是。

佛山在大力发展制造业的同时，从 2010 年以来，也开始重视第三产业的发展，在把金融、研发设计、专业化、现代物流等生产性服务业继续加大力度发展的同时，也对生活服务业给予重视。此外，佛山也希望通过广佛同城的优势，吸收广州的信息、现代商贸、咨询等优势服务业的辐射，以便改善经济产业结构。

近几年，佛山在提升第三产业发展的同时，也毫不松懈地提升第二产业尤其是制造业的转型升级，当前也能看到企业利润率逐年上升、要素驱动逐渐转变为以创新为主的内生驱动、一般贸易和民营经济占比位进一步优化的趋势。

佛山一直以来都是市场化改革的先锋，在产业集群和品牌效应方面有着不俗的表现。但佛山的二、三产业比例一直不协调，强大的制造业未能有效带动第三产业发展。佛山产业转型升级，既要抓好原有产业的提升，也要抓好新产业形态的形成，只有将两者有机统一起来，佛山经济发展才能从根本上克服传统路径依赖。推动先进制造业和创新型经济在佛山的雄起，必须马上补强第三产业。

（七）佛山制造业综合改革试点前期发展存在问题

1. 佛山制造业综合改革探索前期总体结构水平较低

佛山市制造业综合改革试点前期呈现出总体结构水平较低的现状，主要表现为劳动力密集型产业、高能耗以及高污染产业占比较大，高新技术产业占比较小，也就是图 2-3、2-4、2-5 中所显示的那样，航空航天器制造业、电子及通信设备制造业、医药制造业、电子计算机及办公设备制造业和医疗设备及仪器仪表制造业等高新技术产业的比重依然偏低。到了2016 年的时候，高新技术产业的企业总共只有346 个,总产值为1590.5 亿元,无论是数量或总产值都是偏低的。由此判断，佛山制造业仍是以劳动密集型产业为主加工业、装配业为辅，制造业产品大部分仍然处于价值链低端，并且在 346 家高新技术产业企业生产出的产品也主要处于劳动力密集型的加工环节，很少有高新技术产品做支撑。即使是六大生产总值过千亿的支柱性产业也大都属于劳动或者资本密集型的传统制造业，说明佛山市制造业综合改革试点前期总体结构水平较低，制造业转型升级依然迫切，转型空间压力依然巨大。

2. 佛山制造业综合改革探索前期企业 R&D 经费投入相对不足

根据我们课题组的调查，佛山本土制造业企业主动进行创新的还相对较少，多数仍然是被动进行的自主创新，有些企业家意识到创新对企业的重要性，但对政府出台优惠政策来促进科研创新却表示不太感兴趣，觉得手续麻烦、各种证明麻烦，此外，他们大多只关心当前企业的产品销路和利润，而对创新则没有上日程。即使有部分企业创新意识较强，但其创新路径也是技术模仿为主，侧重于产品的实用性改良，真正的创新活动还比较少。"重模仿"的发展模式，主要体现在两方面：一方面佛山本土制造业企业的发展大量依赖技术引进，而如果技术引进没能很好地消化吸收，会引发产品同质化问题和产能过剩问题。同时当国外新技术面世了，又继续进入死循环，又重新引进技术。也就是说，没有自己的技术创新，最终没能跳出微笑曲线的低价值区位。另一方面，如果是引进生产设备和装备的话，也同样面临着本土水土不服问题，设备体系难以形成，最终也只能成为配套型企业。当然，如果引进的技术和设备能够投入足够多的消化吸收投入的话，那效果还是可以的，但通过相关调查得知，佛山本土企业技术消化吸收上的投入还不到技术引进的十分之一，而日、韩等国在吸收消化技术上面的投入恰恰与佛山相反，他们在技术消化吸收的投入是技术引进费用的 5 到 10 倍甚至更多。

总体来说，佛山制造业企业在综合改革试点前期的创新层次还相对较低，主要体现在制造业企业科技投入严重不足，自主研发能力偏弱方面，形成的产品专利数量也较少。2014 年佛山研发投入规模占 GDP 的比重达到了 2.41%，与当年全省研发规模占 GDP 的比重旗鼓相当，但同江苏省 2014 年研发投入占 GDP 的比重达到 2.52% 相比明显偏低，与省内的深圳市超过 4% 的比重相比，差距甚大，与先进发达国家就更不能相提并论了。截至 2016

年底，佛山市有 1772 家 R&D 企业，有 1356 家科研机构企业，R&D 经费投入是 194.88 亿元。申请专利数为 23533，有效发明专利数为 12357。但是 2015 年规模以上产业生产总值为 4842.4 亿元，R&D 经费投入仅占的 4.02%。而同为珠三角城市深圳市有 109652 家科研院所，规模以上工业企业 R&D 企业就有 2117 家，研发机构 2147 家，专利申请量为 145294，其中发明专利数为 56336，PCT 国际专利申请量为 19648，科技经费支出为 1234.6 亿元，R&D 经费支出为 760 亿元，R&D 经费支出占主营业务收入的比重为 2.84%。由此不难看出，佛山市在科技投入和自主创新方面远远低于深圳市，佛山市的制造业发展受制于 R&D 经费的投入。

佛山企业 R&D 经费投入不足，还有一个硬伤就是佛山的高素质高技能人才不足，这在一定程度上限制了企业的自主创新能力，在调研的过程中我们发现几乎所有的企业都无一例外地把高素质人才的匮乏作为其创新面临的最主要障碍，认为企业创新不足是因为创新性人才不足导致的。调研中，我们还发现佛山企业研发滞后的局限，不仅仅是高级科研人才的缺乏，就连操作层面的、懂技术的高级技工也严重不足，这就导致了技术创新性的活动没法开展，而通过引进的技术或设备也没有足够的操作层面的人才来顺利实施，最终导致企业科研创新能力弱，模仿能力也不足的局面。

3. 佛山制造业综合改革探索前期制造业企业竞争力依然较弱

佛山制造业企业以中小企业为主，大规模的、产业链整合能力强的大企业还依然偏小，总体呈现的制造业竞争力依然较弱。按照统计数据，截至 2016 年，像美的、格兰仕、佛山照明、东鹏瓷砖等知名品牌较少，且装备制造业也较少，而全力推动装备制造业的快速发展恰恰是佛山制造业转型升级的关键点。此外，在制造业产品设计方面的能力依然不强，表现在专业的设计服务机构还偏少，已有的广东工业设计城、1506 创意产业园、顺德创意产业园等成立时间短，基本还比较薄弱，吸引的设计人才还不够多不够强，因此服务佛山制造业的能力依然不足。还有在产品开发上，佛山制造业企业的市场反应速度还依然较慢，导致上市的周期过长，平均研发周期长达一年半，而国外先进发达国家如美国同行业的平均研发和试制周期仅为 3 个月，相当于佛山的六分之一。

4.佛山制造业转型升级支撑体系依然有待提高

佛山制造业企业转型升级综合改革试点的顺利实施，必须要有国家层面的宏观政策和制造业产业方面的制度保障和体系保障的推动，也需要有地方层面的配套制度和体系的出台，制造业转型升级综合改革才有可能顺利展开。佛山在地方制度方面，出台了"佛十条"，这为佛山制造业转型升级提供了较好的制度保障。但在制度体系方面，佛山仍然有短板：第一个是对私有财产权和知识产权的保护意识方面还比较淡薄、相关的法律制度还没有健全，经常会存在多头执法或执法不严等问题，甚至还存在很多企业商标被抢注的情况；由于制度层面对财产权和知识产权的保护不力，往往导致制造业企业主对转型升级缺乏动力，缺乏激情，担心因财产权和知识产权的保护不力而蒙受损失，从而更愿意通过低水平的模仿和重复建设继续生存。因此，在佛山转型升级的路上，政府层面对财产权和知识产权的保护制度必须要做到位，从而让佛山制造业企业更顺利地向高附加值产业或知识技术密集型产上升。第二个是佛山的同地不同权不同价依然存在，城市和农场土地制度还没有实现真正的不平等，还没有实现真正的同地同权同价，这样的土地制度十分有利于房地产投机，但不利于制造业转型升级。这种土地制度，会给地方政府、企业和投资者带来投机心态，导致他们也没有心思在实业方面进行突破和发展，更不可能花大力气去推动制造业领域的转型升级了。第三个是，政府对转型升级的扶持力度有待提高。制造业企业的转型升级，是需要巨大投入的，而且风险也大，万一转型失败了，企业基本上是无法承受的，因此，在转型升级过程中需要政府的扶持，不仅是制度上的扶持，还得有财政上的扶持。当前，佛山针对发展战略性新兴产业等出台了很多财税金融政策，但还不完善，配套性、针对性还不够完善和便利，在减税、风险补偿等方面也落实不够到位。第四个是生产性服务业发展水平滞后，表现在佛山制造企业普遍对生产性服务业的投入较少，制造企业产业链条普遍较短，处于全球价值链加工组装环节的居多，制造业服务投入系数一直偏低，目前大多数佛山制造企业服务投入系数低于10%，明显低于发达工业国家15%以上的水平。此外，佛山制造业"大而全""小而全"

现象较为普遍，"服务内置化"仍然是主流。国际经验表明，实现一元制造业增加值需要一元以上的生产性服务业相配套，据此计算，佛山的生产性服务业存在十分巨大的缺口，这也从侧面说明了佛山的生产性服务业规模依然较小。只有新型生产性服务业快速发展起来，佛山制造业的转型升级才有希望。第五个是佛山的人才教育依然滞后。佛山的高等教育发展水平与本市的经济实力相比较为落后，尤其是高等教育、职业技术教育在对接市场需求方面依然不足，存在不同程度的脱离市场需求的现象，不但造成原本不足的教育资源浪费，也造成制造业专业人才的短缺。如何培养高层次人才，如何吸引高水平人才，是佛山在制造业转型升级过程中必须正视的一个问题，必须想尽一切可能的办法来为制造业的转型升级配备必要的人才队伍。佛山建设制造业强市，必须加强人才队伍建设，要大力实施人才优先发展战略，特别要瞄准"高精尖缺"，大力引进吸纳高层次领军人才和高技能紧缺人才，大力培育提升本土优秀人才，建设高素质人才队伍，为制造业强市建设提供智力支持。最后一个是政府考核制度问题，在当前中国的大环境下，政府当前的考核方式依然偏重于 GDP 增速、财政收入、工业增加值和固定资产投资等，而对投入多、风险大、对短期政绩贡献不明显的制造业产业转型升级却很难做到科学考核，这也会导致对制造业转型工作投入力度不够大。

二、佛山制造业"强市"评价

制造业强市，是指制造业具有强劲综合发展能力和自主创新能力的城市，包括强劲的经济创造能力、科技创新能力和环境资源保护能力。具体的指标详见表 2-4，我们选择了经济创造能力、科技创新能力和环境资源保护能力三个一级指标，然后在"经济创造能力"一级指标中设置 A1-A6 六个指标，在"科技创新能力"指标中设置 B1-B4 四个指标，在"环境资源保护能力"中设置 C1-C4 四个指标。我们从经济、科技、环境三维角度出发，基于宏观和微观层面，从指标体系分析佛山是否属于制造业强市，与深圳、广州、珠海、东莞、中山、江门、阳江等广东省主要制造业城市进行比较，同时与长三角地区的苏州、宁波、南京、杭州等城市比较，分析佛山制造业在广东省所处的地位。

表 2-4　制造业强市评价指标体系

经济创造能力	A1	制造业增加值
	A2	制造业增加值占 GDP 的比重
	A3	制造业就业人数占全部就业人数的比重
	A4	全员劳动生产率
	A5	资产贡献率
	A6	市场占有率
科技创新能力	B1	制造业 R&D 投入强度
	B2	R&D 人员全时当量
	B3	制造业新产品产值
	B4	制造业新产品销售收入
环境资源保护能力	C1	单位产值工业废水排放总量
	C2	单位产值工业废气排放总量
	C3	单位产值工业烟尘排放总量
	C4	单位产值工业固体废物产生量

本报告采用主成分分析法基于 14 个指标进行测评。主成分分析法从研究相关矩阵内部的依赖关系出发，把一些具有错综复杂关系的变量归纳为少数几个公因子，当这几个公因子特征值都大于 1 或者累计贡献率达到某一百分比时，就说明他们能够集中反映问题的大部分信息。

（一）经济创造能力评价

经济创造能力是制造业综合发展能力的重要组成部分。只有具有经济效益才会有持续发展的可能，才能为科技创新、提高效率、保护环境提供支持。以 A1-A6 为基础指标，对各城市制造业经济创造能力进行综合评价。

从表 2-5 可以看出,佛山的制造业经济创造能力综合得分为 0.579395,在排名上,佛山制造业的经济创造能力相对来说还可以,位于广东省的前列,仅次于深圳,与长三角地区的制造业城市相比,位于苏州之后,但是高于宁波、南京和杭州;但在得分上与苏州的差距很大,与深圳的差距也不小,说明佛山制造业的经济创造能力依然有待提高。

表 2-5 城市制造业经济创造能力综合评价

城市	F1	F2	综合得分	排名
苏州	1.43803	1.60243	2.206089	1
深圳	0.70402	0.22403	0.767632	2
佛山	0.31411	0.52497	0.579395	3
中山	0.93903	-0.65643	0.491423	4
宁波	0.12749	0.63872	0.472419	5
东莞	0.83403	-1.12754	0.132963	6
珠海	0.71427	-0.93716	0.129742	7
南京	-1.24896	1.41696	-0.35046	8
广州	-0.84765	0.44786	-0.52425	9
杭州	-0.8717	0.11725	-0.73049	10
江门	-0.34953	-1.55107	-1.18368	11
阳江	-1.75314	-0.70001	-1.99077	12

(二)科技创新能力评价

科技创新能力主要考察区域制造业在经济、资源约束下,通过集约式发展(利用科学技术成果)以科技支撑、引领发展,提高效率,使经济效益和社会效益"双赢"的能力。以 B1-B4 为基础指标,对各城市制造业科技创新能力进行综合评价。

从表 2-6 可以看出,佛山制造业科技创新能力综合得分为 0.107122,排名第 5,深圳、苏州、杭州、广州的科技创新能力高于佛山,而且排名第一的深圳的综合得分为 4.979757、排队第二的苏州综合得分为 1.994387，排名第三第四的杭州和广州分别为 0.787887 和 0.279148，都远远高于佛山的综合得分。说明佛山的科技创新能力虽然高于广东省的其他城市，但于水平高的城市比较，就发现佛山的科技创新能力仅仅处于中等水平，还有很大的努力和提升空间。

表 2-6　城市制造业科技创新能力综合评价

城市	F1	综合得分	排名
深圳	2.53726	4.979757	1
苏州	1.01617	1.994387	2
杭州	0.40144	0.787887	3
广州	0.14223	0.279148	4
佛山	0.05458	0.107122	5
南京	-0.01063	-0.02086	6
宁波	-0.2253	-0.44219	7
东莞	-0.48297	-0.9479	8
中山	-0.64518	-1.26626	9
珠海	-0.778	-1.52694	10
江门	-0.90366	-1.77357	11
阳江	-1.10593	-2.17055	12

（三）环境资源保护能力评价

以 C1-C4 为基础指标，对各样本城市制造业环境资源保护能力进行综合评价。佛山市环境资源保护能力比较强，排名第三，仅次于深圳和中山，高于长三角的其他地区。从表 2-7 可以看出，佛山制造业环境资源保护能力综合得分为 0.363301，与排名第一的深圳和排名第二的中山差异显著，尤其是与深圳比较发现，佛山根本不能与其相提并论。说明佛山的制造业环境资源保护能力虽然高于广东省的其他城市，但与水平高的城市比较，就发现佛山的制造业环境资源保护能力还比较弱，还有很大的努力和提升空间。

表 2-7　各城市制造业环境资源保护能力综合评价

城市	F1	综合得分	排名
深圳	2.98061	5.644303	1
中山	0.42236	0.799812	2
佛山	0.19185	0.363301	3
广州	0.14607	0.276609	4
苏州	-0.3445	-0.65237	5
东莞	-0.3508	-0.6643	6
宁波	-0.35542	-0.67305	7
珠海	-0.4052	-0.76732	8
杭州	-0.48452	-0.91752	9
阳江	-0.52143	-0.98742	10
南京	-0.53319	-1.00969	11
江门	-0.74583	-1.41236	12

（四）制造业强市综合评价

综合全部 14 个指标进行主成分处理，得到各个城市制造业综合发展能力可持续程度。佛山市制造业综合发展能力排名第四，低于深圳、苏州、广州。总体来看佛山市制造业经济创造能力和环境资源保护能力都比较强，但其科技创新能力还有待进一步提高。通过对佛山制造业强市的综合评价分析，佛山的制造业有一定的实力，多年来有了长足的发展，但整体发展排名还不够靠前，还不是制造业强市，充其量可以称之为制造业大市。

表 2-8　城市制造业综合发展能力

城市	F1	F2	F3	综合得分	排名
深圳	2.75305	-0.16418	-1.3267	4.455543	1
苏州	0.733	0.07846	2.37198	1.801593	2
广州	0.11883	0.95019	-0.49523	0.405796	3
佛山	0.17404	-0.12372	0.43382	0.35489	4
南京	-0.29926	1.75414	0.39602	0.124098	5
杭州	-0.10754	0.96395	-0.13386	0.092866	6
宁波	-0.21109	0.23793	0.76732	-0.12884	7
中山	-0.1236	-1.50717	-0.09137	-0.71622	8
东莞	-0.36488	-1.24351	0.00307	-1.03162	9
珠海	-0.57602	-1.13064	0.18573	-1.32416	10
阳江	-1.13598	0.75283	-1.32564	-2.01547	11
江门	-0.96055	-0.56827	-0.78514	-2.01847	12

三、佛山制造业企业转型升级的紧迫性

(一) 调查问卷的设计

为了进一步了解佛山制造业企业的情况,本章对佛山制造业企业进行了问卷调查。问卷的设计是根据本章要研究的佛山制造业如何由大变强,分析其现状而设计的。问卷具体内容详见本章附录。共印发了 200 份问卷,回收的有效完整的问卷共 165 份。

调研中制造业企业的类型既有生产型的又有服务型的,从图 2-6 得知生产型的企业最多,占比高达 87.93%。按照生产要素的划分,从图 2-7 得知 58.62% 的企业属于技术密集型,48.28% 属于劳动密集型,8.62% 属于资本密集型。从图 2-8 得知,企业产品的销售市场以兼顾国内外市场为主,其比例为 68.97%,面向国内市场的有 20.69%,面向国际市场的有 10.34%。

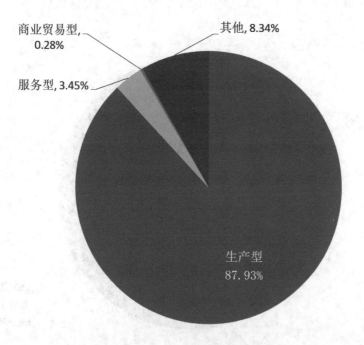

图 2-6 企业的经营模式

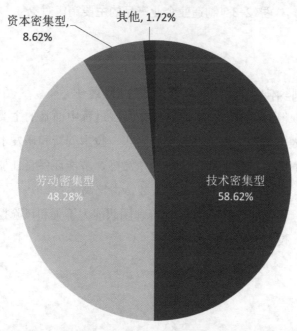

图 2-7 企业按生产要素的划分

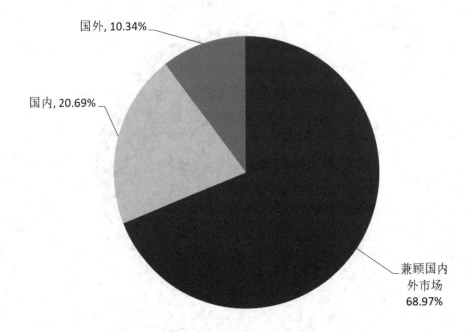

图 2-8 制造业企业产品的主要销售对象

(二) 制约佛山制造业企业发展的因素

从图 2-9 得知,佛山制造业企业在发展过程中面临的主要问题包括: 缺乏人才、人力资源成本上涨、资金紧张、技术创新和研发水平低、订单压力凸显、原材料价格上涨、市场竞争激烈、节能环保责任加重、风险控制能力不足。其中第一位的是缺乏人才,占比高达 62.07%,第二位的是人力资源成本,占比 58.62%;而经营管理团队能力不强和风险控制能力不足则占比较低,仅为 3.45% 和 6.09%。

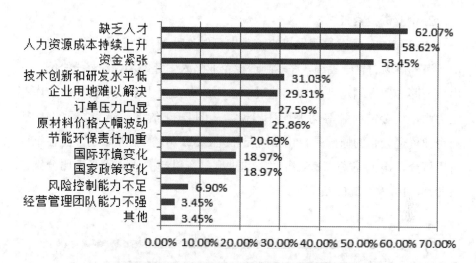

图 2-9 制约制造业企业经营发展的主要因素

1. 人力资源成本上升

从图 2-10 中得知，制造业企业中有 75% 以上的企业都面临着劳动力成本上升和高端人才紧缺的问题，39.66% 的企业表示劳动力不足，25.86% 的企业表明新劳动法带来困扰。经济的发展，使原来低廉的劳动力已不再低廉，招工难、民工荒时有发生，而随着新《劳动合同法》的颁布，制造业尤其是劳动密集型企业的劳动力成本进一步增加，原来靠劳动力红利来保持制造业企业竞争力的优势已经远去。

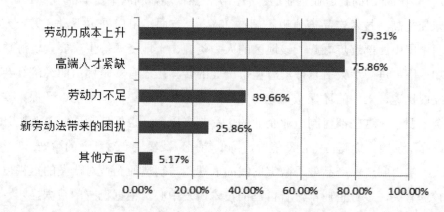

图 2-10 制造业企业在人力资源方面面临的问题

2. 企业资金紧张

2008 年的金融风暴爆发以来，外向型制造业的舒服日子不再舒服了，由于海外市场的急剧萎缩，许多制造业企业陷入生存困境，甚至纷纷倒闭。出口斩腰导致了制造业企业产能过剩，再加上内销也不太顺畅，导致库存压力大，资金链断裂等问题连环出现。从图 2-11 的调研结果显示 34.48% 的企业资金紧张的原因是自由资金量不足，32.76% 的企业表示下游经销商占用资金，银根缩紧、第三方债务和过度投资引起的资金紧张占比分别是18.97%、10.34% 和 5.17%。

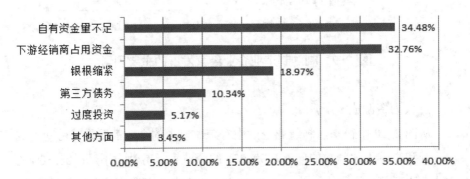

图 2-11　造成制造业企业资金紧张的原因

3. 技术创新和研发水平低

当前佛山的制造业企业的产品档次依然低端，利润率基本都不超 10%，即使是高新技术产品产值也不超过 20%。一方面，出口外贸下滑，另一方面中国中西部逐步崛起，该地区的人力资源、土地资源等生产要素资源更加低廉，进一步吸引东部沿海城市产业的转移；还有就是佛山的经济社会发展迅速，人们的环保意识逐步觉醒，对企业有着更高的节能、环保、安全的要求；这些都对制造业企业的生存带来压力，也促使制造业企业提升产品附加值，提高自主创新能力，降低能耗，减轻生产对环境的污染。

佛山制造业产品处于微笑曲线的低端，与制造业企业对研发的重视度较弱有关，多数企业都没有自己的技术研发中心。根据已有的数据显示，佛山的研究与试验发展（R&D）的投入占销售收入总额的比例在 1% 以下，分摊平均到每家企业连1项专利授权量都没有，发明专利就更少了。此外，高技术工程人员的人数占比低于4%，高层次人次及复合型人才稀缺。佛山制造企业的原始创新能力依然较弱，主要研发模式依然是"引进－消化－吸收"，导致佛山原创性的新兴产业较少，示范效应还没形成。

4. 订单压力凸显

当前，佛山制造业的订单压力主要由两方面导致的：一是由于全球金融风暴以及环境的复杂变化，海外订单下滑；二是客户对交货期越来越苛刻，制造业企业快速响应能力跟不上，在争取订单方面常常处于落后的境地。从图2-12的调查显示71.43%的企业订单都不太饱和，只有28.57%的企业处于订单饱和状态。

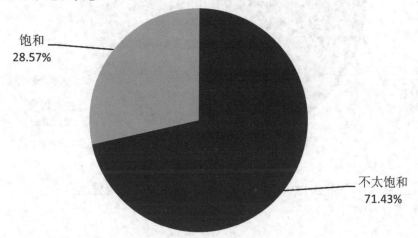

图 2-12　企业订单饱和情况

5. 原材料价格上涨

近年来，能源、粮食和原材料开始了全球性的涨价，这给依靠价格优势取胜的传统制造业带来了很大的危机，甚至是一次洗牌式的打击。价格大幅波动导致企业承担巨大的库存风险，甚至威胁到企业的生存。从图2-13的调查显示89.47%的企业都表明原材料价格波动对企业经营造成影响，其中31.58%的企业受原材料价格波动的影响非常大，仅有8.77%的企业认为只有很小程度的影响，而认为根本没有影响的更低，仅有1.75%。

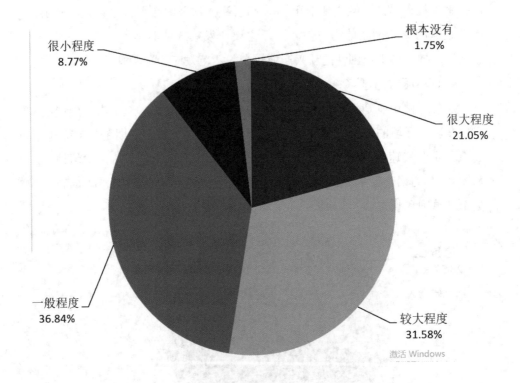

图 2-13 原材料价格成本对企业的影响程度

6. 节能环保责任加重

全球性环保意识的增强，对传统制造业的生产和发展提出了更高的环保要求。但从图 2-14 的调查显示，只有 9.26% 的企业表明节能环保对企业造成很大程度的影响，38.89% 的企业表明节能环保对企业的影响程度很小或者没有影响。

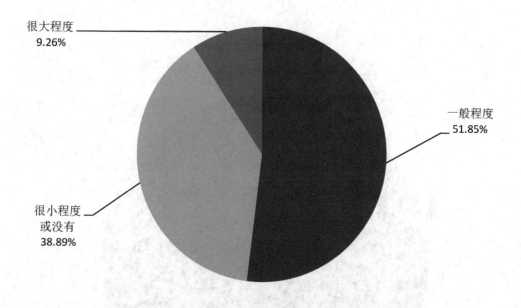

图 2-14　节能环保对企业的影响程度

7. 市场竞争激烈

为了与全球经济接轨，中国勇敢地加入了 WTO 组织，传统的制造业随即要站在世界的舞台与其他先进发达国家的制造业进行较量，国内制造业市场也暗流涌动地进行着竞争激烈。在国内外的白热化竞争的背景下，制造业必须从过去的以价格来赢得市场转变为以提升技术增加产品附加值来取胜。18.97% 的企业都表明环境变化对企业经营发展造成了影响。

（三）制造业企业实行转型升级的迫切程度

佛山是制造业大市，以传统制造业为主，在变化莫测的国内外市场环境下，佛山要在制造业领域继续高歌，那么就必须进行转型升级。从图 2-15 调查显示 65% 以上的企业已经迫切地需要进行转型升级，其中认为最为迫切和非常迫切的合计接近 26%。

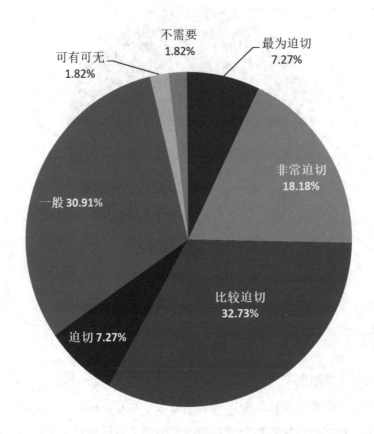

图 2-15 转型对企业的迫切程度

    制造业企业考虑转型的目标主要是为了提升企业核心竞争力和从企业长远发展考虑，这两个原因在调查中的占比分别是 74.14% 和 65.52%，详细调查结果详见图 2-16，除此之外，新产品或技术研发成功、发现新的市场机会、对当前的形势判断、产能过剩、恶性竞争、企业成本难以消化、市场萎缩、行业发展前景黯淡、融资需要等方面也是企业考虑转型的原因。

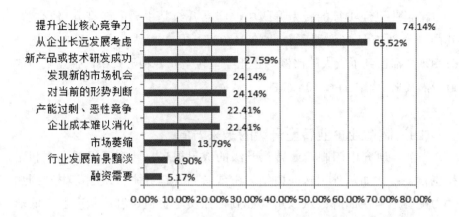

图 2-16 企业已经转型或者考虑转型的原因

企业未考虑转型主要是基于人才的缺乏和资金风险问题，图 2-17 的调研结果显示：27.59% 的企业表明缺乏高端人才是企业未考虑转型的主要原因，24.14% 的企业表明资金投入过大是其未考虑转型的原因。企业未考虑转型的其他原因还包括：市场风险太大、不掌握关键技术、缺乏进入新行业的门路、土地限制、企业员工素质偏低、市场准入的限制、产业政策的限制等。

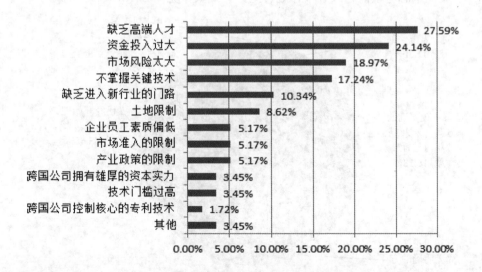

图 2-17　企业未考虑转型的原因

在企业已经实行的转型升级中，产品升级是主要的转型升级形式，其中开发新产品占到调研企业的 81.03%，提高产品技术含量占比达到 68.97%，都占到了较大的比例。企业类型转型在各种形式中，企业采用的最少，其采用率维持在 10% 左右。

（四）制造业企业转型升级的未来方向

当前，研究中国制造业转型升级的成果很多，转型升级的方式和路径也很多：比如从外销转向内销为主或者内外销并举；从贴牌生产到加大力度打造自主品牌；从以量取胜到以品质与价值取胜；从产业链低端攀升到高端；从纯生产到生产和服务并举；从单打独斗到抱团发展；从粗放经营到精细管理；从看运气到重视风险管控……但无论是哪条方法和路径，都必须要求制造业企业本身能力的提升，佛山是制造业大市，同样在思考和探索未来的转型方向。

当问及是否考虑从附加值低的产品与服务向附加值高的产品与服务、从产业链低端向产业链高端升级时，45.45% 的企业表明已经开始向该模式转变；18.18% 的企业表明有比较明确的方案，未来 1 至 2 年内进行转型；22.73% 的企业表明有初步想法，尚无明确的方案和措施；只有 14% 以下的企业尚未思考该问题或者不计划转型，详细数据见图 2-18。

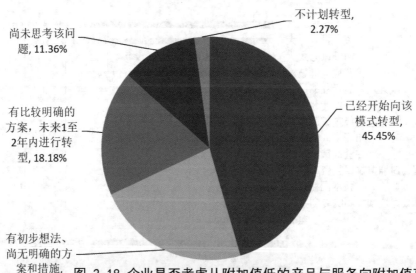

图 2-18 企业是否考虑从附加值低的产品与服务向附加值高的产品与服务、从产业链低端向产业链高端升级的比例图

从图 2-19 所示，19.51% 的企业表明已经开始向服务型转变；12.20% 的企业已经有了比较明确的方案，未来 1 至 2 年内进行转型；21.95% 的企业对于服务型转变有了初步想法，但尚无明确的方案和措施；仍然有 45% 左右的企业尚未考虑该问题或者不计划转型。

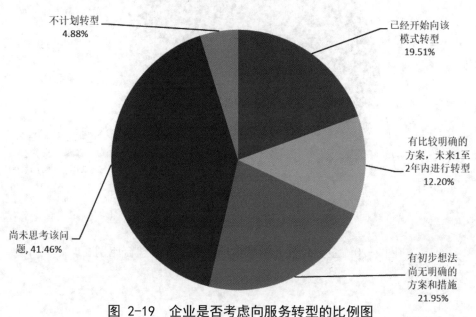

图 2-19　企业是否考虑向服务转型的比例图

图 2-20 是企业是否通过产业链上下游整合来实现转型升级的调研结果，结果显示：18.18% 的企业表明已经开始向该模式转变；20.45% 的企业表明有比较明确的方案，未来 1 至 2 年内进行转型；22.73% 的企业表明有初步想法，尚无明确的方案和措施；但仍有 40% 左右的企业尚未思考该问题或者不计划转型。企业通过产业链上下游整合实现转型升级的目的主要是为了在行业快速发展过程中提高企业参与竞争的能力，有 46.55% 的企业选择了此项，同时有 36.21% 的企业通过产业链上下游整合实现转型时为了稳定经营、应对经营风险，31.03% 的企业是为了多元化经营开拓新业务、增加利润增长点，27.59% 的企业是为了降低成本，20.69% 的企业是通过商业模式创新重新定义行业、确立产业链核心地位，调研主要数据详见图 2-21。

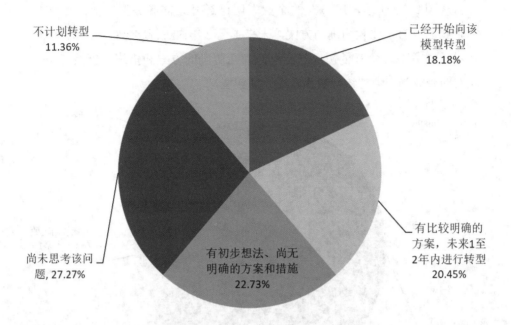

图 2-20　企业是否开始考虑产业链上下游整合比例图

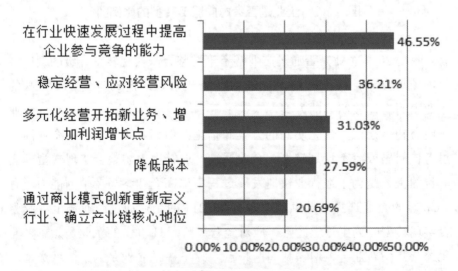

图 2-21　企业考虑产业链上下游整合的目的

如果企业准备通过进入新的产业实行转型升级，从图 2-22 的调研可知 43.10% 的企业会选择与本行业相关联的产业，36.21% 的企业选择高新技术产业，节能环保产业和装备制造业的选择占比分别都为 15.52%，商贸服务业为 6.90%，而文化创意产业、房地产业、金融业等选择比例较少。

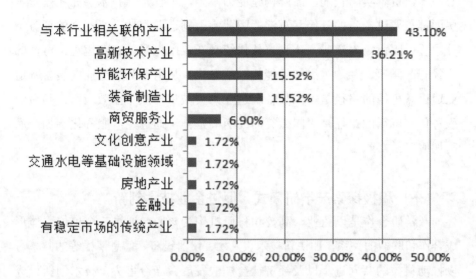

图 2-22　企业最希望进入的产业

具体来说，从产业转型、产品升级、企业类型转型、商业模式转型、进入新的市场、管理转型、创业者自身的转型、战略转型和企业文化转型等九个方面来看，企业不仅关注产品的升级，更加关注产品的品牌战略以及企业文化的构建。

四、佛山制造业由大变强的路径

近十二年来，佛山市制造业无论是企业数、生产值，还是资产总量、从业人数都有较大幅度的增长，制造业规模和总量已达到相当水平。依据发达国家制造业发展的基本规律，维度 1：从传统制造业到先进制造业；

维度 2：从消费品制造业到装备制造业；维度 3：制造业服务化。本部分提出佛山制造业由大变强可循的路径也遵循这三个维度。

虽然佛山有佛山照明、美的集团等知名企业，但其他大部分企业起步较晚，底子较薄，基本没有真正的研发投入，创新能力弱，没有自己的核心技术，资本实力较弱，品牌构建能力不强，不管是从技术层面还是资本层面都需要进一步的升级和沉淀，因此佛山制造业整体升级变强的任务十分艰巨。因此，本章研究认为，从传统制造业向先进制造业迈进，可循的路径有产学研、并购重组和智能化、信息化；从消费品制造业向装备制造业迈进，可循的路径是"以装备制造业为突破口形成集团效应"；制造业服务化，可循的路径是"向微笑曲线两端延伸，通过生产服务化增加产品附加值"。

（一）积极探索产学研模式，促进企业技术创新

产学研合作是以企业、高校和科研机构为核心，通过三个单位主体形成合作和联盟的关系，加快新技术、人才、仪器设备、信息情报等的共享，以推动科技的共同进步以及经济社会加快发展。当今世界，技术创新已成为企业乃至社会经济发展的必然选择。而产学研合作发展则是技术创新的有效途径，同时也是企业实现可持续发展的重大举措。通过产学研合作，充分发挥高校、科研院所的人才智慧，能在很大程度改善企业人才短缺、技术弱储备不足、新产品开发缓慢的状况，能从根本上为企业的技术创新提供动力，从而培育新的经济增长点，并促进区域经济快速发展。

按照合作内容不同，可以将产学研合作分为四种典型模式：一是合作技术创新。即通过产学研合作支持企业进行新技术的研究开发和应用，形成新产品或新工艺，产生经济效益。二是合作人才培养。既包括企业通过设立实习基地等方式支持高校人才培养，也包括企业委托高校帮助培养各类技术和经营管理人才。三是合作利用高校和科研机构的先进实验设备和仪器。通过产学研合作支持企业应用高校先进的实验设备和仪器进行分析、检测和计量等，为企业技术创新提供社会化的服务，降低成本。四是通过合作获得其需要的信息。一方面企业可以从高校和科研机构及时了解所处

行业和领域的技术发展现状和未来发展趋势，为制定更加科学的技术创新战略、更有效利用技术发展机会服务。另一方面高校和科研机构也可以及时了解企业的技术开发和技术创新需求，为研究开发更具应用前景的科技成果服务。

在以上产学研合作各种典型模式中，合作技术创新处于特别重要的位置，其优势是将高校和科研机构的新科学、新知识和新技术直接嫁接到企业，与企业共融，既能大大促进科学技术转化成产品的速度，也能大大增强企业的竞争力。

1. 佛山广工大数控装备协同创新研究院成功模式借鉴

这种模式是技术研发、成果转化、人才培养与引进的开放式、网络化、集聚型的公共服务平台。该研究院的发展目标是通过"向上延伸、向下延伸、向内延伸"三大发展路径，围绕产业转型升级的重大需求，从集中突破一批行业关键技术和产品开始，再到培育一批创新创业的高水平团队，进而孵化一批科技型企业，最后推动企业核心技术革新，最后成为珠江西岸先进装备产业带的重要创新引擎。具体而言，"向上延伸"，即高端聚集，通过引进"海外高端人才团队""科学家创业团队""大学生创业团队""全球知名企业家"以及国内外重点实验室资源等方式，汇集全球高端装备创新创业资源；"向内延伸"，即高效协同，建设支持创新创业的体制机制、孵化育成、创新文化等三大体系，对接高校重点学科、重大项目、重大平台和重点人才，孵化培育创新创业团队，提升协同创新效率；"向下延伸"，即高位嫁接，构建"点、线、面、体"四维一体的服务模式和产学研合作长效机制，助推企业创新，全面提升行业和区域科技创新能力，支撑创新型广东建设。

广工大数控装备协同创新研究院依托国家驱动运动控制实验室、微纳米加工技术及装备重点实验室、机器人技术与系统国家重点实验室、国家数控系统广东分中心及制造物联网地方联合工程实验室等科研机构，针对陶瓷、家具、五金、铝型材、家用电器、纺织服装、专用设备、新兴产业等产业的技术需求，聚集全球高端装备创新人才和技术资源，初步建立机器人、3D打印、精密装备三大创新创业中心，通过创新创业中心进一步孵化技术团队，完善研究院公共服务平台，并在孵化成功盈利后回馈研究院，支持研究院的未来发展，形成良好的运营机制。

因此，佛山可推广研究院的运作模式，使更多希望技术创新却苦于自身创新能力不足而无法升级转型的企业能受益。

2. 强化意识，政府应加大对产学研合作的组织和调节力度

首先，佛山要从加强对产学研合作工作的领导入手，提高认识，充分发挥政府的组织和调节作用，把产学研合作工作纳入领导科技进步任期目标责任制的重要考核内容中去。大力改善产学研合作的基础设施、客观和政策环境，以优越的合作条件吸引国内外更多的高校和科研院所加盟佛山产学研合作项目。政府各相关部门要互相配合、积极发挥各自的职能，加强对产学研工作的支持、指导、协调、监督和服务，全力保障产学研的顺利开展，加快科研成果在企业落地开花。

其次，要充分利用新闻媒体强化对产学研合作的意义、作用和产学研合作成果的宣传，深化高校、科研院所和企业对该工作的认识，营造全社会支持产学研合作工作的氛围，推动产学研合作工作持续、健康发展。

再次，充分发挥企业的主体地位。市场的事情交给市场做，企业是市场的主体，所以必须进一步确立以企业为竞争主体的理念，当然也要鼓励高校和科研院所积极参与，形成产学研风险共担、利益共享的合作共赢机制。及时把握住科技成果转化为现实生产力、高新技术改造传统产业这个有利时机，坚持市场为导向的战略不变，集中精力引导高校和科研院所突破及时瓶颈，加快新产品开发上市的周期。总之，就是通过产学研合作，不断提升企业技术创新能力。

3. 健全机构、制定政策，积极引导企业与高校、科研院所实行多种形式的合作

首先，加大产学研专项基金的投入力度。目前，佛山产学研专项基金投入较少，极不适应产学研合作的现实需要和未来发展前景。所以，政府有必要加强对产学研合作专项基金的投入，并多方筹集资金，建立风险投资机制，积极吸纳企业、私人、机构或者海外资金的投入，通过按市场经济的规则运作，促进产学研合作项目的顺利开展。同时，提高专项基金使

用效率，加强监督管理，促使其真正发挥推动作用。

其次，建立协调机构。即由佛山相关部门与相应的高校、科研院所为主建立产学研合作协调小组，加强相互间的沟通和信息交流；制定佛山产学研合作的中长期发展规划，研究激励政策；组织企业技术难题招标，收集和发布高校、科研院所科技成果信息；协调省外高校、科研院所与佛山企业合作的联络；指导佛山产学研合作的有关工作。

再次，联合相关企业、高校、科研院所建立佛山产学研合作情况和相关主导发展产业的信息数据平台。并在今后的发展中进行长期跟踪反馈，从宏观上发挥政府在产学研合作过程中的监控、调适、指导作用。

4.充分调动高校和科研单位参与产学研合作的积极性，使其真正成为科技推广的主力军

首先，通过土地、信贷、税收、引进设备等方面的优惠政策以及营造良好的营商环境来鼓励和吸引高校、科研院所的科研机构、经济实体到佛山设立研究开发机构或科技型企业，实现就地转移科技成果。此外，还可以通过发挥高校和科研院所人才集聚的优势，允许其科技人员在企业兼职，相互支持彼此的研究、开发工作，形成稳定的合作关系；当然，还可以通过发挥高校的教学和培训职能，定期不定期为企业输送人才或提供培训功能，为产学研合作提供必要的智力支持。

其次，调整分配政策，鼓励高校、科研院所的科技人员以其科技知识参与企业生产经营，并按劳动量取得一定的合作收益。通过企业期权或其他分配报酬的方式，吸引高校和科研院所的科技人员积极投身企业技术研发当中，对取得显著经济效益的新技术新产品，还能通过申请各种返还奖金等。

再次，各高校、科研院所具有高级职称以及博士学位的科技人员到佛山参与研究开发项目，连续工作达一定期限的，要在住房、亲属就业、子女上学、工资外津贴等方面给予优惠照顾；对积极到佛山完成博士后科研课题的高校或科研院所人才，除资助一定的科研经费外，可发给一定比例的工资外津贴。此外，对符合佛山主导产业发展方向及重大在研项目的需要的硕士、博士、博士后，在其攻读学位期间也能提供一定额度的奖学金。

5. 充分发挥企业的主体作用，推动产学研合作向纵深发展

首先，鼓励企业和高校、科研院所合作开发。由企业提出急需突破的技术瓶颈，然后委托高校、科研院所进行研究开发或合作开发，以市场为引领，以项目为纽带，充分发挥企业、高校、科研院所人的各方面的优势，推动产学研合作向纵深发展。由于佛山民营企业多，产品科技含量和附加值较低，企业技术更新改造项目较多，因此创新任务繁重。

其次，鼓励联合建立技术开发中心、中试基地及股份制科研经济实体。也可以以高校和科研院所为基点，通过引入企业的资金和管理模式，直接把高校和科研院所作为试错和孵化基地，试验成功后把科技成果转化为生产力，并逐步实现产业化进军市场，以此降低企业的市场风险，也能更加有效地发挥高校和科研院所科技成果的市场化。

（二）利用资本市场并购重组，增强企业竞争力

企业并购重组是当今企业做大、做强的战略选择，也是当今企业发展的一个重要手段。

世界 500 强公司大部分都经历过并购。近几年来，随着经济全球化趋势的进一步发展，各国政府都极其关注企业的并购重组问题。在中国，企业并购重组已经发展成为国有企业优化结构和加快发展的重要形式，国有资本进一步向关系国家安全和国民经济命脉的关键领域和重要行业集中，形成了一批具有较强竞争力的大公司和大企业集团。对于民营企业而言，并购也能让企业快速增长，扩大规模，增强综合竞争实力。相比内部发展而言，并购是获取市场、产品、技术、管理技能的迅速的而且风险较小的方法。通过并购能扩大企业规模来实现规模经济；能整合各类资金、技术等资源，实现资源共享，减少市场竞争，提高自身产品在市场的占有率，为自己企业在商海竞争添加一定的砝码；也能实施品牌经营战略，提高企业的知名度，以获取超额利润；通过并购还能改善企业的经营效率，降低交易成本，增加融资能力，引进人才；通过收购还可以比较轻松地跨入新的行业，实施多元化战略，分散投资风险。

1. 合理确定并购方向，正确评价目标公司

并购重组前，首先需要合理确定并购方向。通过分析各国公司并购与产业发展的关系，我们发现随着产业发展阶段的不同，那么企业所采取的并购模式也会有所不同。一般来说，产业一般分为成长阶段、迅速扩张阶段、成熟阶段和生命周期的衰退阶段。处于成长阶段的时候，企业一般应该采取横向并购模式；处于迅速扩张阶段的时候，首选的竞争战略是纵向并购；处于成熟阶段的时候，应采取混合并购，从当中开辟新的市场与产业领域；处于生命周期的衰退阶段的时候，企业没有必要进行横向、纵向并购，退出或清算也许是合理的选择，在选择之余,应该考虑重新布局进入新的行业。

在正确评价目标公司方面，需要有专业人士及专门系统的科学地对标的公司进行评价。在评价过程中，尽可能多的采用现金流量法、重置成本法、市盈率法及市场价值法等不同的方法和多角度来进行综合评估，以便实现企业购后的价值收益最大化。

2. 利用资本市场机制，降低并购成本

企业的并购重组实质是产权的交易，是资本的运作，其实风险很大，那么企业要实施并购过程中，企业要时刻考虑如何才能减低并购风险，而当中充分利用资本市场应该是很多企业的选择，为此，企业得千方百计地深入了解资本市场的运作，以便做到驾驭自如，减低并购的风险和成本。

3. 重视企业并购后的整合，真正实现协同效应

企业并购重组后，如何整合新旧公司的战略、定位、市场开拓、存量资产、人员等都是相当关键的工作。整合得好，能促进企业发展进程，整合得不好，有可能产生很大的负面影响，甚至导致并购失败。并购合同的签订并不意味着并购的结束，而恰恰是并购整合工作的开始。企业并购后，应不失时机地进行并购后的整合，使双方资源有效配置，内在要素优化组合，达到真正意义上的融合。只有这样才能使并购后的企业达到最大的协同效应，获得价值最大化，从而实现并购重组的目标。具体包括：业务整合、企业机制整合、财务整合、文化整合、人力资源整合。

4. 发展中介机构为并购搭桥牵线

并购是一项专业化要求很高的行为。在企业并购活动中，仅有并购市

场主体还不能很好地实施并购战略。这是由于产权交易的复杂性，决定了其于信息、人员、专业知识等方面的局限，很难独自完成并购工作。

并购中介机构以其规模大、拥有信息量大、专业经验丰富等特性，能更好地为并购主体进行并购市场战略分析与预测、方案策划、资产评估、并购技术分析等工作，使企业在尽可能大的范围内对并购对象和并购方式进行最佳选择；能对上市公司的并购活动，向公众投资者出具报告书，客观而又公正地详细说明并购事件和可能产生的影响。有他们的参与，降低了供需双方的交易成本，能更好地传递信息，为投资者判断投资价值和风险提供公允、客观的投资依据。而且，由于企业并购业务的复杂性，还需要各中介机构如投资银行、律师事务所、会计师事务所等之间的有机配合。

企业并购是一项操作复杂、专业性较强的活动，因而大力培育有资金实力、业务水平较高的中介机构，为并购双方提供不同的需求服务，从而可以大大节约并购的搜寻成本、信息成本、合同成本以及多种风险成本，有助于企业并购的顺利实施。

（三）用智能化、信息化改造和提升传统产业

1.传统产业成功转型升级的典范——维尚集团

佛山产业结构中传统产业仍占半壁江山，随着竞争的白热化，这些企业亟须提升产品设计开发效率和工艺制造水平，提升大型连续加工工业的过程控制水平，确保产品质量，同时，也亟需提升管理水平，提高管理效率。事实证明，利用智能化、信息化是一条可靠路径。

维尚集团成立于 2004 年，经过了十多年的发展，现在已经发展为高科技创新家具集团。

集团高度重视自主技术的研究和开发，并积极引进、消化、吸收和创新，结合现代科技技术，通过生产设备的改造升级，建立了"家具企业大规模定制生产系统"。各地专卖店的订单信息通过"网上订单管理系统"集中到总部，然后通过各种先进生产技术和信息系统，既实现了个性化的定制目的，也能实现低成本的大批量生产，从而大大提升了企业的竞争力。该发展模式最大的亮点就是通过信息技术改造，企业实现了销售接单网络化、

生产排程电脑化和制造执行信息化等一系列生产经营过程的全方位创新，才有可能彻底突破传统生产销售管理模式的制约和束缚，迅速占领了竞争优势和市场先机。

2. 实施"企业转型"计划，促进传统企业信息化改造

（1）以传统企业为着力点，通过信息技术的渗透、集成和融合，利用信息智能工具、仿真实验、协同研发等模式的应用，促进企业实现多业务集成应用转变、产业链上下游协同应用转变，促进生产流程的自动化和智能化，提高生产效率和能源综合利用率，减少污染排放，最终实现传统制造业的转型升级。

（2）推进信息技术与研发设计融合，提升产品创新能力。进一步提升研发设计手段的信息化水平，积极推进计算机辅助制造（CAM）、计算机辅助设计（CAD）、计算机辅助工艺计划（CAPP）等技术的广泛应用和嵌入式软件、专用芯片融入研发过程的积极探索，努力提高产品的智能化水平和附加值水平，加快促进传统产品的升级换代。

（3）推进信息技术与生产过程融合，提高企业精益化生产水平。积极推进制造执行系统（MES）、计算机集成制造系统（CIMS）、计算机柔性制造（FMS）等技术应用，促进生产过程的柔性化、敏捷化转型和生产控制的智能化、精准化转变，全面提高企业的精益化生产水平。

（4）推动信息技术与企业经营管理融合，促进企业管理过程智能化。重点推广应用企业资源计划（ERP）、财务管理（FM）、知识管理（KM）等技术的有效应用，积极推进其与制造执行系统、产品生命周期管理、产品数据管理等其他系统的协同集成，实现企业管理中的信息流、物流、资金流的集成，提高企业综合效益。

（5）推进电子商务与采购和营销体系融合，优化企业市场服务水平。大力发展电子商务，推动传统企业建立完整的供应链管理（SCM）系统，探索 B2C、B2B 等模式在传统产业的应用模式，积极推广网络交易、支付及物流的综合集成系统，提升企业采购和营销的信息化水平。

3. 实施"中小企业推广"计划，推动信息化集群发展

（1）加大力度梯度推进中小企业信息化建设。政府在推动中小企业信

息化建设过程中可做的事情比较多，比如简单的网络基础设施服务；又比如利用第三方信息化公共服务平台收集发布信息，帮助中小企业开展商务活动；还有可以通过推广应用计算机辅助设计、自动化设备、工艺设计优化软件、工业控制系统、精细化生产管理系统等信息化手段，促进中小企业信息建设，从而提高产品质量，实现转型升级。

（2）充分发挥行业协会的重要平台作用。建议建立企业信息化促进会，依托企业、园区、行业协会、大学和有关科研机构，建立信息化促进工业化服务中心，为中小企业提供各类专业化服务。充分发挥行业协会的桥梁作用，通过行业协会建立相应的行业知识库、数据库和信息库，然后为中小企业提供信息资源指导和帮助。推动建立"信息化促进工业化"技术创新和服务联盟，对接两化人才培养和引进工程，建立一批"信息化促进工业化"人才培养基地，开展"信息化促进工业化"系列培训。

（3）推进"信息化促进工业化"的产业集群。积极开展调查，对中小企业的一些共性需求、发展瓶颈和关键环节进行深入研究，寻找切入点，全面展开试点工作，循序渐进地推进"信息化促进工业化"的产业集群。鼓励传统企业将其信息技术研发应用业务机构剥离，成立专业软件和信息服务企业，从而不仅为自己的企业进行信息化建设，还能为全行业提供服务。还可以以政府采购的方式组织信息化专家为中小企业提供信息化规划和业务咨询，支持一批面向产业集群、市场化运作的信息化服务平台建设，供需合作模式；采用措施有效降低集群内中小企业使用信息化服务平台的成本，提高其使用效率。

4. 实施"电子商务创新"计划，加快商业模式创新

统筹推进电子商务发展。支持传统企业利用中国制造网、阿里巴巴等大型电子商务平台开展商务活动。支持建设一批面向全球市场的专业化第三方电子商务服务平台，鼓励大型传统企业电子商务平台尽快形成面向本行业的独立第三方平台。建设一批大宗商品电子商务交易市场，扶持一批具有全国影响力的电子商务平台和龙头企业，完善一批支付结算、交易保障、诚信服务、物流配送、安全认证等电子商务支撑体系。还有就是加快商业模式的创新，具体从定义顾客开始，或者为顾客独特的产品或服务，或者

改变传统的销售渠道，或者改变销售收入模式，又或者改变对顾客的支持体系，也可以发展独特的价值网络。

（四）以装备制造业为突破口形成集团效应

实践证明区域产业集聚程度大，产业越发达；产业集聚往往体现了产业发展状态以及竞争优势，表现为生产成本优势、交易成本优势、国内市场竞争优势、国际市场竞争优势、产业组织优势、区域营销优势、创新优势和信用优势等。因此，佛山装备制造业的发展应该依靠产业集群的竞争优势作为支撑力量。

1.科学规划装备制造业特色产业集群和产业链

装备制造业的科学规划，早在2014年8月14日国家工业和信息化部、广东省政府共同推进珠江西岸先进装备制造产业带发展暨项目签约活动的时候就悄然开始了，会议对珠江西岸先进装备制造产业带的各城市做了分工布局，各个城市在产业发展上有所侧重。而佛山的重点在于发展关键智能基础共性技术、发展节能环保和资源循环利用技术和装备、发展高倍聚光型太阳能发电成套系统、发展汽车整车生产、发展新能源汽车生产和专用车生产、发展新能源汽车关键零部件生产、发展卫星通信、发展卫星导航、发展卫星遥感等领域。佛山应通过分析经济实力、产业活力、市场竞争力和科技竞争力等指标并依据上述布局、产业的资源优势等条件，筛选重点装备制造产业部门加以培育。根据现有基础、市场发展潜力、当前的比较优势等为参考因子，科学确定和合理规划的产业集群。发展优势产业链，应有利于完善优势产业的配套体系建设，全面降低综合成本，提高产品加工深度和附加值，推进大企业与中小企业的协调发展。

2.以龙头企业带动产业链的整合

在整合产业链、发展产业集群中，龙头企业具有不可替代的资本、市场、技术、管理等方面的优势，是产业链中"四链"（价值链、企业链、供需链和空间链）整合的引擎。例如一汽大众项目的落户，带来的不仅是一个企业，而是一个完整的产业链。根据有关数据统计，在2006年至2010年期间，佛山汽配产业产值年均增长超过 40%。其实，这样的发展模式已成为产业集群形成的基本路径。

在龙头企业整合产业链的过程中，一应充分发挥市场机制作用，防止用行政手段搞"拉郎配"；二要充分发挥价值链纵向整合效应，积极延伸上下游产品，强化产业内上下游企业的配套协作；三是通过收购、兼并、重组等形式，以产权交易为纽带，迅速实现企业的扩张和超常规发展，以获得规模经济和范围经济；四是应谨慎进入非相关行业的整合当中，因为不熟悉的、不相关的领域往往水很深，不容易摸透和驾驭，风险相对较大，产生范围经济的难度较大；五是注重跨区域产业整合中的经济交易量以及与税费相关的经济法务问题，总体建立总量增加的分享共赢机制。

3. 以垂直分工与协作生产体系促进中小企业集聚

目前，佛山大多数企业各扫门前雪，生产流程相对封闭，非能形成企业与企业之间的紧密合作关系。应支持大企业与当地企业联合创办企业，通过企业价值链、技术链、供需链的分解，在当地发展配套型中小型企业。而对于中小企业方面，政府应该树立战略意识，以龙头企业为整合龙头，其他生产制造环节，或者基础人力资源等尽可能地分解外包，给中小企业的衍生和成长创造市场机会，也能把配套的中小企业紧紧包围在龙头的周边，这不管对龙头企业还是对中小企业都是很好的。当今市场的竞争已经不是一家家单独企业之间的竞争，而是整个产业链条的竞争，产业链条配套得越好，反应速度越快，越容易整体在行业中胜出。此外，由于配套产业链条不够紧密，导致信用关系不够牢固、社会资源不够丰富等逐步成为阻碍分工向纵深发展的重要因素，因此，培育以龙头企业为首的社会资本在当前显得十分重要和紧迫。

4. 以装备制造业专业园区促进企业集聚

通过装备制造业在园区集中发展，可避免布点分散、占地量大、成本增大、浪费资源、破坏环境的弊端，促进专业化生产、社会化协作和集约化发展。集群的形成必须以园区的科学规划建设为基础：一要提升产业园区总体规划水平，还要根据当地产业发展方向对园区进行定位和整合，要围绕园区特色进行打造；二是在招商引资过程中，应重点引进与现有产业关联度大的项目，使引进的项目能够弥补本地产业集群在核心技术和核心链条上的缺位，拉长集群的产业链；三是对同一地区的各个园区进行必要的整合，进行适度错位发展，避免过度竞争；四是提升园区的综合服务能力，进一步完善园区功能配套。

（五）向微笑曲线两端延伸，通过生产服务化增加产品附加值

"微笑曲线"是宏碁集团董事长施振荣在 1992 年为了"再造宏碁"提出的理论。后来"微笑曲线"被加以拓展运用，从而形成"产业微笑曲线"，应用于中长期发展策略方向制定上。施振荣发现，由研发、生产、流通三个基本环节构成的产业链附加值呈现"两端高、中间低"的形态，一般情况下，处在两端的利润率在 20% 至 25% 之间，而处在中间的生产制造利润率只有 5% 左右，甚至更少。如果用图 2-23 来表示制造工序流程中的附加价值，呈现的红色曲线就像一个微笑的嘴型，称其为"微笑曲线"。

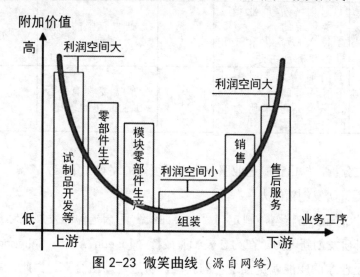

图 2-23 微笑曲线（源自网络）

总的来说，"微笑曲线"主要表达的是企业的竞争力取决于产品的附加值的高低。企业只有努力往利润空间大的位置移动，那么才有可能赢得更多的利润。通常企业一开始会在利润空间小的微笑曲线的最低端进行打拼，当

积累了足够的经验和能力之后，拥有创新进取思维和努力的企业会往"微笑曲线"两端逐步转移，直到在两端站稳位置，然后继续创新继续领先。

从企业服务化转型的路径或服务的拓展方向上看，一般有以下几种，如表 2-9 所示。

表 2-9　制造业服务化的路径特点及路径演进关系归纳表

可能的路径	主要特征	对企业的要求	适合对象	所属制造业服务化阶段
下游产业链服务化	①增加产业链下游环节的介入力度 ②基于产品服务系统的产品导向	低	还没有服务化经验、希望逐渐实现服务化的企业	初级
上游产业链服务化	①增加产业链上游环节的介入力度 ②能够形成为第三方提供研发设计服务能力且为实现更高级服务化提供技术支撑	较	还没有服务化经验、希望积累技术力量逐渐实现服务化的企业	初级
上下游产业链服务化	①同时增加产业链上下游环节的介入力度 ②投入服务化和产出服务化齐头并进	高	竞争力较强的大型制造业企业	高级
完全去制造化	①同时增加产业链上下游环节的介入力度 ②完全退出低附加值的制造领域	最高	一般需要拥有路径3服务化的基础	最高级

经过分析，佛山在制造业服务化方面可循的路径如下。

1. 提升研发创新能力

企业实施战略转型，制定向"微笑曲线"两端延伸的发展战略途径之一是提升研发创新能力。在约瑟夫·熊彼特（Joseph Alois Schumpeter）看来，企业家的职能就是实现"创新"，引进"新组合"。据此，熊彼特对企业家与企业做出如下定义："将这些新的组合加以推行的组织，我们称之为企业，把职能是实现新组合的人们称之为企业家。"由此可见，创新对企业以及企业家的重要性。民营企业应根据战略发展需要，制定技术研发创新的目标与计划。

（1）加大研发创新的资金投入。目前，通过研发创新和技术升级来增加企业技术的科技含量，增强市场竞争力是佛山企业面临的急切问题，而研发创新能力的提升则需要资金的持续大量投入，国际经验表明，研究开发基金占销售额1%的企业难以生存，占2%仅能维持生存，占5%才有较强的竞争能力。"世界500强"企业在技术研发方面的投入通常高于其他普通企业，一般占其销售额8%～15%左右，投入不可谓不大，这是因为它要占据微笑曲线的两端，而我国多数企业这一比例在2%以下。所以，佛山企业应加大研发创新的资金投入，否则提升研发创新能力就缺乏保障。

（2）强化科研人才管理。彼得德鲁克曾说过，21世纪最重要的管理将是对知识员工的管理。比亚迪的王传福曾经感叹说，中国的企业只学会了如何管理低级别的工人群体，而没有完全学会管理有知识有技术的工程师群体，因此表现在制造业上，中国的制造业企业大多数在传统生产型制造业地带活着。如果某一天，中国企业也学会了如何更好地管理有知识的工程师群体，那么中国的制造业企业将会冲到微笑曲线的两端。因此，佛山企业研发创新活动应始终以"人"为主体，贯彻"以人为本"的科技人才战略，坚持"引进、培养"双重并举，积极引进高级技术人才，同时重视企业原有技术人员的培养，加强人才梯队建设，不断提升企业的整体研发水平。 如在已成功闯入世界500强的第二家中国民营科技企业——华为的所有员工中，技术研究及开发人员占比最大，接近半壁江山，而市场营销和服务人员约占36%，管理及其他人员占进为9%，其余是生产人员约占12%。公司成立20多年来，华为一直大约以4：4：1：1的比例保持技术、市场、管理、生产的人员结构，人力资源配置呈"研发和市场两边高"的"微笑曲线"。

（3）着力构建研发创新体系。佛山企业应根据自身条件构建包括决策与管理系统、研究开发系统、技术成果转化系统和群众性技术创新系统等技术研发创新体系，建立有效的创新激励机制，通过广泛采用新标准、新技术、新工艺，不断提高自主研发创新能力。同时，通过与科研院所等战略合作伙伴密切合作，积极探索产学研的创新合作模式。

2. 提升市场开拓能力

企业实施战略转型，制定向"微笑曲线"两端延伸的发展战略途径之二是提升市场开拓能力。

（1）实施品牌化战略，拓展国内外市场空间。我国经济增长的可持续性和成功转型，为企业大力拓展国内消费市场提供了广阔的空间。在国内消费市场上，从需求的内容和结构看，居民的消费需求将越来越多地从标准化产品转向具有非物质文化内涵的、多样化、个性化的消费品，转向对个性化和人性化要求极高的消费服务，认牌消费和品牌忠诚度提高将成为需求新趋势；从需求的区域看，广大农村市场、中西部区域市场潜力巨大。而且，国内未来需求快速增长的消费服务是不可贸易品，具有不可移动的性质而不能从国外进口只能由本土提供。佛山企业根据自身的优势在各细分市场中找准自己的位置，在目标市场上实施品牌化战略，提高服务水平以提升核心竞争力。同时，佛山企业应抓住国际金融危机带来的机遇，积极稳妥地"走出去"开拓国际市场，充分利用国内外两个市场进行资源的优化配置，提高企业国际化经营水平和国际化竞争力。

（2）通过产品延伸策略开拓市场。由于国内外消费市场的需求呈现出多样性、个性化和多层次性等新特征，佛山企业可以通过实施产品延伸策略把各类产品升级或产品下移，更大程度地满足不同的市场需求。假如技术设备和营销能力都足够强大，已经具备加入高档产品市场条件的时候，企业可以考虑进行产品的重新定位，通过产品升级和增加高档产品来提高自己的产品形象；原有品牌形象突出的企业则可利用高档名牌产品的声誉在适当的时机果断向低端延伸，以提升市场占有率和销售增长率，增加企业的产品线空白。

（3）整合供应链资源，完善渠道网络。企业整合供应链资源既可以包括与上游供应商的整合和与下游的中间商整合，还可以包括同行竞争对手的水平整合，通过整合供应链资源，进一步完善渠道网络，提升市场的服务能力和竞争能力，不断拓展目标市场的空间。

3. 分立生产性服务业

生产性服务业，是指从制造业内部生产服务部门独立发展起来的与制造业直接相关的配套服务业。往往依附于制造业企业而存在，无论是企业的上游、中游还是下游环节都有它的身影，它总是以人力资本和知识资本作为主要的投入要素，用专业的人力资本和知识资本来服务制造业，是促进第二第三产业有效融合的关键环节。

很多企业集研发设计、生产制造、检测、销售、运输物流等于一体，其服务性部门只为企业内部服务，长期吃不饱，还占用企业资源成为巨大的包袱，限制了企业实现做大做强的目标。若将生产性服务业分立出去，一旦面向市场，不断提高企业经营的专业化程度与生产效率，无疑拥有着强大的生命力和竞争力。

对佛山 165 家企业进行的调查显示，近半数企业进行了一项或多项产业转型。其中 36.21% 的企业主业维持不变暂不进入新行业，29.31% 的企业在本行业中向上游产业延伸，17.24% 的企业在本行业中向下游产业延伸，8.62% 的企业从制造业转向商贸业、服务业。

第三章 佛山制造业转型升级综合改革前的影响因素分析及实证

　　党中央的各种会议中都反复强调，我国的工业处于重要的转型阶段，其中制造业的创新发展被认为是极为重要的突破主题。如何促进制造业转型升级，如何实现中国制造业由大变强的历史跨越，在当今时代要实现的关键。在国内外制造业市场风平浪静的背后其实已经风起云涌，消费者对制造业产品的需求也迅速转变，制造业依然是一个国家或一个地区经济的重要增长点。近些年来，先进发达国家提出了"制造业回归"计划，说明制造业的发展仍然是促进地区发展的关键，也是提供就业岗位的主要行业。而我国的制造业处于微笑曲线的低端，竞争力弱，利润微薄，已经到了不得不转型升级的阶段，那么制造业转型升级的核心是什么呢？制造业转型升级的核心就是制造产品由粗放型向集约型转变；由低附加值、高能耗及高污染向高附加值、低能耗及低污染转型；由价值链低端向价值链高端升级。

　　佛山一直都有重视制造业的转型升级问题，但是到了2015年被定为国家制造业综合改革试点前，佛山制造业的整体结构调整不大，劳动密集型行业依然占据制造业的大头，而劳动技术、资本技术和技术型密集型行业的比重依然较小。佛山制造业技术含量低、耗能高、污染重等问题依然没有得到根本的解决，依然是制造业转型升级要冲破的重点。佛山制造业要实现可持续发展，就必须放弃粗放型发展模式，必须实行转型升级。影响制造业转型升级的因素有很多，而本章选取需求、供给和国际贸易等因素来考量转型升级，通过建立模型，找出关键影响因素，从而提出有针对性的政策建议。

　　在第二章中，我们已经分析了佛山市制造业发展现状及存在的问题，本章将对佛山制造业转型升级综合改革前的情况做个简单介绍，然后从影响制造业转型升级的众多因素中选取了 10 个解释变量，对佛山 2002—
2015 年的数据进行分析，主要采用因子分析和线性回归方法来加以论证。
城镇居民可支配收入（X1）、农村居民纯收入（X2）、制造业就业人数（X3）、
制造业技术开发人员数（X4）、制造业企业科研经费支出（X5）、国外投
资占 GDP 比重（X6）、进出口贸易额占 GDP 比重（X7）、政府财政支出占
GDP 比重（X9）、制造业固定资产投资占 GDP 比重（X10）都对佛山市制造
业转型升级具有正向影响作用，而城市化率（X8）对制造业转型升级呈现
出负相关影响，这是因为佛山市的城市化早就非常高，因此出现不相关甚
至负相关情况。本章最后结合佛山市制造业转型升级综合改革前的问题、
现状，以及通过构建模型找出的关键影响因素，从科技创新层面、从对外
开放促制造业企业"走出去"层面、从人才环境角度及大力发展生产性服
务业角度对佛山市制造业转型升级提出若干对策建议。

一、　佛山制造业转型升级综合改革前 2015 年节点介绍

在第二章我们对佛山制造业转型升级综合改革前的概况已有叙述，在
此不再赘述。在这里仅介绍一下佛山制造业转型升级综合改革 2015 年节点
情况。在 2015 年年底佛山成为"国家制造业转型升级综合改革试点市"，
借此契机佛山提出打造"制造业一线城市"和"国家制造业创新中心"的
目标，并希望能从制造业大市向制造业强市迈进。2015 年，佛山全市规模
以上工业总产值是 19774.93 亿元，排名广东第二，全国第五；规模以上工
业实现增加值 4406.95 亿元，增长 7.9%，是名副其实的制造业大市。

规模以上工业中，计算机、通信和其他电子设备制造业约为 1235 亿
元，比上年同比增长了 14.6%。此外，电气机械和器材制造业、通信设备、
计算机及其他电子设备制造业、金属制品、电器机械和器材制造业及其专
用设备制造业也逐渐呈现出较高增长趋势，分别同比增长 10.2%、19.2%、
17.0%、9.7% 和 18.7%。2015 年佛山市规模以上工业总产值为 4675.1445 亿元，
增加值为 231.0436 亿元；制造业就业人数 235.5942 万人；制造业技术开

发人员数 68198 人；制造业企业技术机构 1187 个；制造业企业科研经费支出 1929893.3 万元。

截止到 2015 年底佛山高技术制造业产值为 1112.8 亿元，而在 2011 年的时候为 1032.3 亿元，说明从 2011 年到综合改革试点以来，佛山的高技术制造业产值并无较大变化。

二、佛山制造业转型升级综合改革前的影响因素分析

(一) 制造业转型升级影响因素的测量方法

1. 技术部门比重法

制造业的转型升级多指制造业结构的转型升级，指制造业结构高级化过程，该过程从低附加值转向高附加值升级，从高能耗高污染向低能耗低污染升级，从粗放型向集约型升级；这个过程的实现，主要通过技术创新、金融集聚和制造业集聚来实现，也就是不断提升技术以及知识密集型制造业的比重，技术密集型制造业也叫知识密集型制造业，介于劳动密集型制造业和资金密集型制造业之间，由此，对制造业转型升级的测量可以采用技术型制造业占制造业的比重来进行衡量。

一般来讲技术密集型制造业或知识密集型制造业，在其生产结构中，科研支出一般比较高，劳动者拥有的文化技术水平也相对较高，而生产出来的产品的附加价值也会比较高，从而企业的增长速度也快，比如电子计算机工业、机器人工业、航天工业、生物技术工业、新材料工业就属于新兴的技术密集型制造业的代表。

2. 全要素生产率 (TFP) 法

全要素生产率通常叫作技术进步率，是指全部生产要素（包括资本、劳动、土地）的投入量都不变时，而生产量仍能增加的部分，也就是指除去劳动、资本、土地等要素投入之后的"残差"；换句话说就是因技术进步而产生的增长率，当然也可以是因组织创新、专业化和生产创新等而产生的。从微观的角度看，提高企业的全要素生产率，可以通过采用新技术、

新工艺从而开发了新产品，也可以是通过开拓了新市场或者是改善了企业内部管理而激发了员工们的积极性；从宏观的角度看，提高企业的全要素生产率，可以通过对资源的重新配置而实现，比如劳动力从低生产率的部门转移到高生产率的部分。

一般来说，处在较低发展阶段的国家主要依靠资本、土地和劳动力的投入实现经济增长；而对处在更高经济发展阶段上的国家则主要靠全要素生产率的提高。因此，当前我国经济迫切需要实现增长动力的转换，从资本、土地、劳动力等生产要素投入的增长，转到更多依靠提高全要素生产率的轨道上来。而把全要素生产率应用于制造业转型升级的测量，主要认为制造业转型升级的过程是一个集劳动技术、资本技术、技术创新及资源不断优化配置的过程，但制造业转型升级包含的内容也是极其庞大复杂的，因此找到一种完美的测量制造业转型升级的方法是比较困难的，但用全要素生产率（TFP）法进行测量，即选择用索洛残差法（生产函数法）应该说是合理的。全要素生产率（TFP）法的基本思路是估算出总量生产函数，采用产出增长率扣除各种投入要素增长率后的残差来测量全要素生产率增长率。

（二）制造业转型升级的影响因素

制造业转型升级的过程是一个不断由低附加值、高能耗和高污染向高附加值、低能耗和低污染转变与演进的过程，在这一过程中会受到许多因素的制约与影响。比如创新、科技投入、资本投入、区域开放度、投资需求等都会影响制造业的转型升级。由于影响制造业转型升级的因素特别多，我们主要归为三大类进行说明，第一大类是需求因素，主要包括消费者需求、中间生产者需求和扩大再生产需求。第二大类是供给因素，包括自然资源、劳动力、资本和科技。第三类主要是政策制度、国际投资、国际贸易以及佛山市地区经济发展水平等其他方面因素。

1. 需求因素

（1）消费者需求影响着制造业转型升级

制造业产品是否能够满足消费者的偏好，是其能否持续发展的先决条件。随着一个国家或区域经济的不断发展，人们的收入水平的不断提高，恩格尔系数随之下降，消费水平出现升级化和个性化，需求也从满足基本生活需求到满足享受娱乐转变。制造业企业必须从消费者不同的收入水平、交易方式的改变以及不同的年龄结构等因素出发，生产符合消费者偏好的产品，本质上来说，制造业的转型升级就是为了满足消费者的消费升级而服务，谁抓住了消费者的消费偏好谁就能赢得市场，谁就能存活下来。客观上说，消费者的消费升级推动了制造业的转型升级，也推动着传统产业向高级化转变，向智能化、人性化、节能化、环境友好化方向发展。

（2）中间生产者需求影响着制造业转型升级

中间生产者需求是不以消费或者投资为目的，而是继续投入生产形成最终产品，其最终的目的依然是为了满足消费者需求。当然中间生产者需求与消费者需求有很多的不同点，中间生产者的购买者数量较少、购买规模较大、生产分布地理位置集中；生产者市场的需求是一种派生需求，常常表现出需求波动性较大、缺乏弹性的特点；另外，生产者市场上的买卖双方倾向于建立长期的业务联系；生产资料的购买程序或检测等要求较为严格。中间产品的需求结构对消费者需求结构产生影响，其专业化协同水平、产能或资源利用效率、终端消费品的功能及生产技术的先进程度确定中间需求和终端产品需求的比重关系。

（3）扩大再生产需求影响着制造业转型升级

扩大再生产是指在扩大的规模上进行的再生产过程，是指企业把剩余价值中的一部分用于生产性积累，主要包括内含型扩大再生产和外延型扩大再生产两种类型。扩大再生产的前提条件有两个，第一个是第一部类的可变资本价值与剩余价值之和，必须大于第二部类的不变资本价值；第二个是第二部类的不变资本与用于积累的剩余价值之和，必须大于第一部类的可变资本与资本家用于个人消费的剩余价值之和。扩大再生产本质上就是投资，消费品产业和工业品产业的占比是由消费和投资的占比来决定的。其比例会影响制造业的转型升级。在制造业转型升级过程中，交通设施建设、城市生产生活配套设施建设、大型装备制造业等的投资需求量逐渐增长，从而推动了制造业的转型升级。

2. 供给因素

供给因素对经济增长的贡献率在不同发展时期是有所不同的，先由土地、自然资源、劳动力等为主导，过渡到以资本为主导，最后发展到知识、科技为主导，而本部分所讲的供给因素主要指的是自然资源、劳动力、资本和科技等。

（1）自然资源影响制造业转型升级

自然资源也叫天然资源，多指矿藏、水土、生物、气候、海洋等资源，具有数量的有限性、分布的不平衡性、资源间的联系性和利用的发展性等四个特点，它既是人类生存和发展的基础，又是环境要素，更是一个国家和地区经济发展的基石。按照 H-O 理论模型，一个国家的产业结构与其自然资源丰富程度有着密切相关的联系，资源禀赋客观存在，不以人的意志为转移。但随着科学技术的不断进步，资源禀赋在经济结构中所起的作用越来越低，有些资源相当缺乏的国家或地区通过外围输入资源的方式，实现了从无到有，佛山的制造业发展过程就证实了资源从无到产业集聚的过程，但由于资源是产业发展的基础，佛山发展到一定阶段，也必定要重新布局新兴产业，加快传统制造业的转型升级。

（2）劳动力影响制造业转型升级

劳动力影响制造业转型升级从理论上来说，主要有劳动力数量、劳动力结构、劳动质量层次、劳动择业行为等方面影响制造业的转型升级，而劳动力供给变化却根本性地影响产业的转型升级，有学者认为劳动力成本上涨既降低了传统比较优势，又提高了消费水平，有利于产业升级。从实证方面也有很多学者证明了低成本劳动力资源是一国或地区吸引 FDI 的核心因素，一旦受资国劳动力供给减少、成本上升，FDI 和产业都将发生转移，这将倒逼受资国产业升级，当然持有相反观点的学者不在少数。相对而言，劳动力质量较低的发展中国家和地区，更多是引进外部资本和技术来发展其产业，但是，难以短时间提升效率和优化产业结构，促进产业迭代。因此，制造业的转型升级，增加劳动力的供给是重要的，但更重要的在于提高劳动力的质量，从而提高劳动生产率。

（3）资本影响制造业转型升级

资本是一个重要的生产要素，在推动制造业转型升级的进程中，资本发挥着极其重要的作用。通过依托资本市场，能有效推动市场化的并购，促进制造业产业整合；通过培育创新型和中小型企业，还能最大限度地推动战略性新兴产业的发展和成长。投资是多元化的，资本总是从利润低的产业转移到利润高的产业，资本能引领制造业转型升级的发展方向，同样也能催生新兴产业出现的发展，不同的资本投资强度也会对制造业发展速度快慢和规模大小产生影响。资本能促进制造业在结构上进行调整、转型升级和提质增效。

（4）科学技术影响制造业转型升级

科技既是第一生产力，又是对制造业转型升级的第一推动力，是制造业发展的源泉。科技创新可以使企业扩大规模，应用规模效应，提高自身竞争优势；只有在技术上实现突破，生产出与现存市场上产品有差异，并且更切合消费者需求的产品，企业才能够在未来市场的占领上抢得先机，为以后能够引领市场打下坚实基础；科技创新能让企业实现垄断超额利润。科技创新不仅能改变制造业产业结构，还能加快新型产业的发展，当然也可以带动新兴产业的兴起。总之科学技术影响制造业转型升级。

3.其他因素

（1）区域经济发展水平影响制造业转型升级

特定地区特定阶段的经济发展水平制约着当地当时的产业结构，随着经济发展水平跃升，其产业结构也随之升级，也就是经济发展水平发生改变会相应导致产业结构水平的改变。较快的经济发展水平有助于产业结构升级，较慢的经济发展水平促进产业结构升级的速度相应变慢，甚至导致停滞不前。经济发展初期，产业发展通常依靠自然资源、劳动力、土地等要素的投入来发展经济，而经济发展到一定程度，便会引导企业依靠科技和知识来发展经济，最终促其产品走向高端化，反过来又一进步促进区域经济的发展水平。

（2）地区制度政策影响制造业转型升级

制造业企业的经营管理是在一定的制度环境下发生的，不可避免地受到外部制度环境的制约或约束，这些制度包含外部政策、行业规范、同行的实践模式或者企业与企业之间的交易规则等。而其中政府层面的制度比如产业规划政策、财税金融政策等产业政策是当地政府调节产业接头的常用手段，政府通过制定合理的扶持政策，使得部分产业得以优先发展；通过制定产业规划，来鼓励或制约某些行业的发展步伐；政府还可以通过颁布财税政策来调节相应产业的市场供需及贸易状态；最终影响地区制造业产业结构的优化升级。

（3）国际贸易影响制造业转型升级

国际贸易主要分出口和进口两部分，其对地区制造业转型升级的影响主要表现在商品和技术进出口数量和质量上，通过国际贸易的进出口来配置资源和带来技术变革，从而改变制造业的产业结构。具体来说，通过进口国外技术，特别是具有先进技术的生产线和机械设备以及专利，促使国内技术的转型升级。而出口则通过规模经济效应、竞争效应、"出口中学习"效应和产业关联效应等四个效应来促进国内技术进步，进而推动经济发展，从而实现制造业的转型升级。

（4）国际投资影响制造业转型升级

国际投资包括对外投资和引进外资两部分，其中对发展中国家而言，引进外资对制造业的转型升级影响更大。引进外资既能提高国民收入、增加就业、解决发展中国家资金不足、弥补基本生产工艺技术管理方面的不足、提高资源开发能力、提高劳动生产率，还能通过"示范 —— 模仿效应、人力资本效应、竞争效应"引发产业内溢出，从而促进国内制造业转型升级。

三、佛山市制造业转型升级综合改革前的影响因素实证

制造业转型升级是一个十分复杂的过程，当中受多种因素影响。本章在选择变量的时候是基于数据获得的便利性以及变量的重要性来选择的。数据的截取是以 2002 和 2015 年为节点的，之所以选取 2002 年的数据，是因为我国是 2001 年入世的，所以 2002 起的数据相对来说更具国际意义；

另外选取 2015 为节点，是因为 2015 年是佛山被选定为制造业转型升级综合改革试点的年份；因此本章以 2002—2015 年佛山市制造业的面板数据为样本，对佛山市制造业的转型升级过程中的影响因素运用因子分析的方法进行分析和考量，以便了解佛山制造业转型升级综合改革前的影响因素以及影响程度如何，从而为第四章提出佛山转型升级逻辑思维和方向奠定基础。

（一）变量选取和模型建立

根据对制造业转型升级的相关文献的整理和分析，本章从需求因素、供给因素及其他因素三个方面来构建指标，将选取城镇居民可支配收入（元）、农村居民纯收入（元）、制造业就业人数（万人）、制造业技术开发人员数（人）、制造业企业科研经费支出（万元）、制造业固定资产投资占 GDP 比重（%）、国外投资占 GDP 比重（%）、进出口贸易额占 GDP 比重（%）、城市化率（%）、政府财政支出占 GDP 比重（%）等十个变量来进行定量分析，通过构建模型来研究这些因素对佛山制造业转型升级的影响。

对于因变量（Y）的选取，我们按照前文按技术部门比重（生产要素）划分的劳动密集型制造业、劳动技术密集型制造业、资本密集型制造业、资本技术密集型制造业和技术密集型制造业中的劳动技术、资本技术和技术密集型制造业占制造业增加值的比重这一指标表示，通过运用这一指标来衡量佛山市制造业转型升级。

而自变量则涉及需求因素、供给因素及其他因素三大方面。其中，需求因素中，我们选取城镇和农村居民收入水平以及可支配收入来考量佛山的消费水平，并分别用 X1 和 X2 来表示；地区居民人居工资水平可以反映当地居民对商品的需求量，当然城镇居民工资收入和农村居民纯收入会有比较大的差距，这种差距会给制造业转型升级带来城镇和农村的差异。

劳动力要素我们用 X3 来表示，通过选择当地制造业就业人数来反映对制造业转型升级影响程度。制造业技术开发人员数用 X4 来表示；制造业企业科研经费的支出情况用 X5 来表示。用国外直接投资占该地区生产总值的比重来表示国外对佛山市投资情况，并用 X6 表示；用佛山市对外贸易的情况来表示佛山的开放程度，并用 X7 来表示；实际上，X6 和 X7 这两个解释变量都能反映佛山的对外开放程度和水平。佛山的城市化率用 X8 表示，代表佛山的政策制度和经济发展状况；政府支出占当年生产总值的比重用 X9 来表示，实际上 X8 和 X9 这两个解释变量可以归为佛山市政策制度因素。用制造业固定资产投资占该地区生产总值的比重来表示资本指标，并用 X10 表示。在理论分析的时候，我们提到了自然资源对制造业转型升级的影响，但考虑到佛山的自然资源比较稀缺，而佛山的很多制造业产业都是在没有自然资源的情况下发展壮大起来的，所以，自然资源对制造业转型升级的影响在此忽略不计。

（二）因子和回归分析法

1. 因子分析

因子分析技术最早是由英国心理学家斯皮尔曼提出，是指从众多变量中提取共性因子的技术方法，其主要目的是用来描述隐藏在一组测量到的变量中的一些更基本的，但又无法直接测量到的隐性变量。因子分析的方法有两种：一类是探索性因子分析法，另一类是验证性因子分析。本章所用的方法是探索性因子分析法，具体是通过用较少的解释变量取代较多的解释变量，将相关性较强的解释变量归类为同一影响因子，用公因子的线性组合来表示各解释变量以此来反映原始解释变量和各因子之间的相关性，并且本质的信息并没有发生根本改变，并能让人们从较多的变量中找出较少的有关键意义的变量。

2. 回归分析

回归分析是一种非常常用的建模方法，它研究的是因变量和自变量之间的关系。这种方法多用于预测分析，时间序列模型以及发现变量之间的因果关系。回归分析是建模和分析数据的重要工具，种类比较多，如线性回归、逻辑回归、多项式回归、逐步回归、岭回归、套索回归、ElasticNet 回归等，而本章采用的是最基本的线性回归模型，通过拟合回归线，在我们所选择的 11 个自变量与一个因变量之间建立关系。

（三）实证分析

1. 佛山制造业转型升级影响因素的因子分析

根据上述所取的因变量和自变量，本章采用 2002 年至 2015 年佛山制造业的相关数据进行分析，相关数据如表 3-1 和表 3-2。因子分析在 SPSS19.0 软件进行。

表 3-1 变量数据1

年份	城镇居民可支配收入（元）X1	农村居民纯收入（元）X2	制造业就业人数（万人）X3	制造业技术开发人员数（人）X4	制造业企业技术机构（个）X5
2002	13582	6228	74 .731	6182	65
2003	14827.2	6613	88.288	8154	80
2004	16044.2	7086	115.6321	8772	79
2005	17424	7575	126.8494	7664	111
2006	18894	8224	14 7.8529	7197	157
2007	21754	8962	199.21	261	19805
2008	22494	9656	196.64	265	17973
2009	24578	10699	208.53	377	35017
2010	27245	12202.28	248.08	452	40890
2011	30718	13862	249.85	620	56984
2012	34580	15683.51	243.1077	491	71576
2013	38038	17502.79	24 2.2377	537	75811
2014	36555	20094	243.164	565	78933
2015	39575	22063	235.5942	1187	68198

表 3-2 变量数据2

年份	制造业企业科研经费支出（万元）X5	国外投资占GDP比重（%）X6	进出口贸易额占GDP比重（%）X7	城市化率（X8）	政府财政支出占GDP比重（X9）	制造业固定资产投资占GDP比重（X10）	劳动技术、资本技术、技术密集型比重（%）
2002	92687.3	6.88	55.19	76.09	8.86	8.43	55.21
2003	121637	7.30	60.88	76.48	8.72	13.32	55.04
2004	165138.3	8.57	68.70	77.21	7.90	14.23	55.60
2005	240310.2	3.16	58.06	78.39	6.33	12.75	61.10
2006	277391	3.15	58.47	90.92	5.99	13.48	58.66
2007	434359.5	3.22	47.30	90.98	5.56	12.80	60.72
2008	526043.9	2.86	43.72	91.82	5.56	11.39	61.16

续表

年份	制造业企业科研经费支出（万元）X5	国外投资占GDP比重（%）X6	进出口贸易额占GDP比重（%）X7	城市化率（X8）	政府财政支出占GDP比重（X9）	制造业固定资产投资占GDP比重（X10）	劳动技术、资本技术、技术密集型比重（%）
2009	627591.1	2.65	33.79	92.36	5.56	11.57	60.64
2010	922224	2.32	38.84	94.09	6.65	10.77	56.15
2011	1158853.2	2.30	41.82	94.25	6.63	11.70	61.72
2012	1468785.4	2.23	40.34	94.56	6.60	12.79	62.18
2013	1611530.1	2.18	55.17	94.88	6.97	12.99	61.47
2014	1829276.9	2.16	55.95	94.89	7.06	12.94	66.78
2015	1929893.3	1.84	51.06	94.94	9.99	15.22	52.82

（1）解释变量之间相关性检验

首先，我们采用 KMO 和 Bartlett 来检验各数据之间的相关性，检验结果见表 3-3。通常情况下，如果 KMO 的值大于 0.7，那么所选取的数据就适合运用因子分析，当然随着 KMO 的值越接近 1，那么对数据进行因子分析的效果就越好，而 Bartlett 检验是对各相关矩阵进行是否为单位矩阵的检验。根据表 3-3 的检验结果得知，KMO 的值为 0.731，说明所采用的数据可以进行因子分析。

表 3-3　KMO 和 Bartlett 的检验

取样足够度的 Kaiser-Meyer-Olkin 度量		0.731
Bartlett 的球形度检验	近似卡方	202.824
	df	45
	Sig.	0.000

（2）提取主要因子

当初始特征值大于 1 的时候，那么因子可以被有效提取。通过运行 SPSS19.0 软件，得到解释的总方差情况，结果见表 3-4。从表 3-4 得知只有成分 1 和成分 2 的初始特征值是大于 1 的，所以从 10 个自变量中可以提出两个成份作为主要因子，而这两个成分的方差和累积方差的值较大，说明变量特征值占特征总和的比例，前两个成分的累积占比为85.324%，说明这两个主要变量可以解释所有的变量。

表3-4　解释的总方差

成分	初始特征值			提取平方和载入			旋转平方和载入		
	合计	方差的%	累积%	合计	方差的%	累积%	合计	方差的%	累积%
1	6.429	64.286	64.286	6.429	64.286	64.286	6.319	63.191	63.191
2	2.104	21.038	85.324	2.104	21.038	85.324	2.213	22.133	85.324
3	0.876	8.764	94.088						
4	0.271	2.711	96.798						
5	0.180	1.800	98.598						
6	0.091	0.910	99.509						
7	0.029	0.295	99.803						
8	0.014	0.138	99.942						
9	0.005	0.048	99.990						
10	0.001	0.010	100.000						

提取方法：主成分分析。

（3）因子碎石图

各因子的特征值除了可以用表3-4解释的总方差来表示外，还能用图3-1因子碎石图来加以表现。从图3-1可以看出，因子1与2、2与3的特征值差值很大，到了3与4的特征值差值还相对较大，其他从因子4一直到因子10之间的特征值都比较小。从直观上也可以看出1至4处于陡坡状态，而4至10则处于平缓状态。由此，我们两个公因子，分别是因子1和因子2。

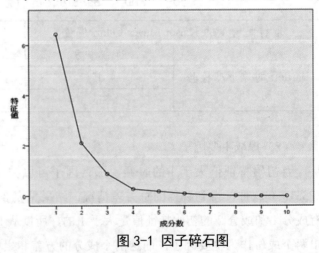

图3-1　因子碎石图

（4）因子命名

表 3-5 是因子成分矩阵，表示的是每个自变量具有可以用成分表示的系数矩阵，用 X=Af 表示，A 为因子旋转后的载荷矩阵、f 为因子解释变量、X 为自变量。那么，表 3-6 的城镇居民可支配收入 =0.993f1+0.115f2，制造业企业科研经费支出 =0.977f1+0.152f2。

从表 3-6 旋转的因子载荷矩阵中可以看出，城镇居民可支配收入、制造业企业科研经费支出、农村居民纯收入、制造业技术开发人员数、制造业就业人数等在一般情况下具有较大的载荷值，说明制造业转型升级过程中对城镇居民可支配收入、制造业企业科研经费支出、农村居民纯收入、制造业技术开发人员数、制造业就业人数的依赖性比较强，而对进出口贸易额占 GDP 比重、制造业固定资产投资占 GDP 比重的载荷值较小。

表 3-5　因子成分矩阵

指标	成分	
	1	2
城镇居民可支配收入	0.971	0.216
制造业就业人数	0.960	-0.188
制造业企业科研经费支出	0.940	0.306
制造业技术开发人员数	0.933	0.221
城市化率	0.926	-0.248
农村居民纯收入	0.921	0.361
国外投资占 GDP 比重	-0.859	0.338
政府财政支出占 GDP 比重	-0.129	0.821
进出口贸易额占 GDP 比重	-0.542	0.708
制造业固定资产投资占 GDP 比重	0.242	0.631

提取方法：主成分。

a. 已提取了 2 个成分。

表 3-6 旋转成份矩阵

指标	成分	
	1	2
城镇居民可支配收入	0.993	0.115
制造业企业科研经费支出	0.977	0.152
农村居民纯收入	0.967	0.210
制造业技术开发人员数	0.956	0.459
制造业就业人数	0.918	-0.338
城市化率	0.874	-0.392
国外投资占 GDP 比重	-0.794	0.470
政府财政支出占 GDP 比重	0.667	0.831
进出口贸易额占 GDP 比重	-0.422	0.786
制造业固定资产投资占 GDP 比重	0.339	0.584

提取方法：主成分。

旋转法：具有 Kaiser 标准化的正交旋转法。

a. 旋转在 3 次迭代后收敛。

（5）因子得分

表 3-7 是成分得分系数矩阵，该矩阵反映了每个因子有所有解释变量线性表述的系数矩阵。用公式 $f=XB$ 表示，式中 X 为解释变量，B 为成分得分系数矩阵，f 为因子变量。根据表 3-7 的数据结果，旋转后的因子 $f1$ 和 $f2$ 可以表示为：

$f1=0.165X1+0.169X2+0.133X3+0.160X4+0.168X5-0.106X6-0.030X7+0.123X8+0.042X9+0.085X10$

$f2=0.078X1+0.147X2-0.112X3+0.081X4+0.120X5+0.180X6+0.346X7-0.139X8+0.388X9+0.290X10$

表 3-7 成分得分系数矩阵

指标	成份	
	1	2
城镇居民可支配收入	0.165	0.078
农村居民纯收入	0.169	0.147
制造业就业人数	0.133	-0.112
制造业技术开发人员数	0.160	0.081
制造业企业科研经费支出	0.168	0.120
国外投资占 GDP 比重	-0.106	0.180
进出口贸易额占 GDP 比重	-0.030	0.346
城市化率	0.123	-0.139
政府财政支出占 GDP 比重	0.042	0.388
制造业固定资产投资占 GDP 比重	0.085	0.290

2. 基于因子分析的回归分析

通过上面的因子分析，对所选取的 10 个自变量中提取两个主要因子 f1 和 f2 ，将其作为自变量，并以劳动技术、资本技术和技术型制造业占整个佛山制造业的比重作为因变量，建立线性回归模型方程：$Y = A + Bf1 + Bf2$，通过运用 SPSS19.0 软件对相关数据进行处理和分析。首先经过检验模型得知 R 方等于 0.733，说明模型的拟合度尚算可以，不存在共线性或自相关问题。模型回归系数表如表 3-8 所示。

表 3-8 模型回归系数

模型		非标准化系数		标准系数	t	Sig
		B	标准 误差	试用版		
1	（常量）	59.232	0.898	——	65.964	0.000
	REGR factor score 1 for analysis 1	1.414	0.932	0.374	1.518	0.157
	REGR factor score 2 for analysis 1	1.664	0.932	-0.440	-1.785	0.102

因变量：劳动技术资本技术技术密集型比重

由表 3-8 中的模型回归分析估计结构，我们可以得到一个制造业转型升级的影响因素的回归方程式：Y=59.232+1.414 f1+1.664 f2，从线性回归方程式中可以看出第一主因子和第二主因子对制造业的正向影响效应大。结合因子旋转得分系数矩阵写出的 f1 和 f2 的表达式带入上述回归方程式中得到：

Y=59.232+1.414（0.165X1+0.169X2+0.133X3+0.160X4+0.168X5-0.106X6-0.030X7+0.123X8+0.042X9+0.085X10）+1.664（0.078X1+0.147X2+-0.112X3+0.081X4+0.120X5+0.180X6+0.346X7+-0.139X8+0.388X9+0.290X10）

经计算得以下方程：

Y=59.232+0.363X1+0.483X2+0.001X3+0.361X4+0.437X5+0.149X6+0.533X7-0.057X8+0.705X9+0.705X10

3. 实证结果分析

从回归方程中的各自变量的系数可以看出，城市化率对制造业转型升级呈现出负相关影响，这是因为佛山市的城市化率在 2002 年的时候已经是 76.09%，到了 2006 年及以后一直超过了 90%，到了制造业转型升级综合改革的 2015 年佛山的城市化率高达 94.94%，佛山的城市化水平一直都非常高，所以城市化率对佛山市制造业转型升级影响较小，在佛山的产业转型升级中作用不明显，呈现出负相关的特征。其他的解释变量都呈现出正向影响。城镇居民可支配收入（X1）、农村居民纯收入（X2）、制造业就业人数（X3）、制造业技术开发人员数（X4）、制造业企业科研经费支出（X5）、国外投资占 GDP 比重（X6）、进出口贸易额占 GDP 比重（X7）、政府财政支出占 GDP 比重（X9）、制造业固定资产投资占 GDP 比重（X10）对制造业转型升级的系数分别为 0.363102、0.483574、0.001694、0.361024、0.437232、0.149636、0.533324、0.70502、和 0.60275。

从因子得分和线性回归分析可以得出城镇居民可支配收入（X1）和农村居民纯收入（X2）对佛山市制造业转型升级具有正向影响作用，且系数分别为 0.363102 和 0.483574，意味着城镇居民可支配收入和农村居民纯收入每增加一个单位，因变量 Y 值就会提高 36.3% 和 48.3%，这是因为居民收入会导致人们对消费需求在结构产生变化，从而导致制造产业结构上也发生了相应的变化。随着人均收入的不断增加，消费需求结构呈现出不同的变化：首先，人均收入的增加，消费需求结构的变化表现在食物占收入份额逐渐减小，恩格尔系数在不断变小。对制造业行业的结构影响主要体现在有关食品和饮料制造业在制造业行业的占比逐渐减少。所以，居民收入对制造业转型升级有着重要的影响作用。其次，随着经济社会的不断发展，制造业的生产过程逐步由机器大生产代替过去的劳动力生产，人们对产品的需求也逐渐倾向于机器大生产带来日新月异的多样化和个性化产品。在制造业产业结构中表现为通用专用设备制和电气机械等制造业的需求日益上升。最后，在工业化时代，日常生活中人们对初级制成品消费需求的收入弹性逐渐变小，而对服务类消费需求的收入弹性在逐渐变大。当前，佛山市处于工业化时期，城乡居民的收入不断提高既对其制造业的不断转型升级起到了推动作用，也对高技术产品的需求起到了刺激作用。

从因子得分和线性回归分析可以得出制造业就业人数（X3）对佛山市制造业的转型升级的系数为 0.001694，具有正向影响作用。这说明制造就业人数每增加 1 个单位，因变量 Y 值就会提高 0.16%，按照常理理解，随着制造业结构不断优化和升级。在同样的生产条件下，制造业产品在生产过程中投入产出率在不断增加，同时由于机器生产代替了部分劳动力生产，所以所需要的劳动力也将随之减少。但是个人认为，佛山市地处珠三角，相比深圳市和广州市而言，其生产的产品较为低端，需承接深圳和广州的劳动密集型产业。因此，劳动力对佛山制造业的发展具有正向影响作用。

从因子得分和线性回归分析可以得出制造业技术开发人员数（X4）对制造业转型升级的系数是 0.361024，表明了制造业技术开发人员数对制造业转型升级的影响作用为正，且制造业技术开发人员数每增加 1 个单位，因变量 Y 值就会提高 36.1%，这说明技术开发人员数越多，这个区域的科学技术就越发达，经济发展的增速就越快。从因子得分和线性回归分析可以得出制造业企业科研经费支出（X5）对制造业转型升级的系数是 0.437232，表明了制造业企业科研经费支出对制造业转型升级的影响作用为正，且制造业企业科研经费支出每增加一个单位，因变量 Y 值就会提高 43.7%，这说明制造业企业科研经费越多，这个区域的科学技术就越发达，经济发展的增速就越快。佛山市在科研支出的费用情况，几乎每年的科研经费支出都呈现出增加态势，这加快了佛山市制造业转型升级的步伐。实际上，制造业的转型升级与技术创新具有相互影响的作用。技术创新推动着地区制造业的转型升级，相反，制造业的转型升级带动着地区技术的创新。

从回归方程中的各解释变量的系数可以看出，国外投资占 GDP 比重（X6）在对制造业转型升级正向影响的因素中系数最小的为 0.149636，这是因为佛山的制造业多以本土的民营企业为主，国外投资的制造业企业相对较少。所以，国外投资对佛山市制造业转型升级影响较小。另外，佛山制造业在参与国际竞争过程中，深深意识到创新的重要性，于是，近年来都加大研发投入力度，希望通过自主研发来提升竞争力。因而，国外直接投资在佛山市的产业转型升级中发挥作用不及其他因素明显，系数相对较小。

从回归方程中的各解释变量的系数可以看出，进出口贸易额占 GDP 比重（X7）、政府财政支出占 GDP 比重（X9）、制造业固定资产投资占 GDP 比重（X10）对制造业转型升级的系数分别 0.533324、0.70502、和 0.60275，都超过了 50%，比重都很高，意味着进出口贸易额占 GDP 比重（X7）、政府财政支出占 GDP 比重（X9）、制造业固定资产投资占 GDP 比重（X10）每增加一个单位，因变量 Y 值就会提高 53.3%、70.5% 和 60.2%。佛山市地处沿海地区，对外开放程度较高，对外贸易较为发达，通过回归分析得出进出口贸易额占 GDP 比重（X7）对佛山市的影响弹性较大，这是因为佛山市进出口的产品在 2015 年的时候依然处于价值链低端向高端转化的产品。

政府支出占 GDP 的比重（X9）对制造业转型升级也具有正向影响作用，这是因为政府加大财政支出，同时，通过需求有效性的提高以及需求结构的调整，推动制造业结构的优化升级。

制造业固定资产投资占 GDP 比重（X10）对制造业转型升级也具有正向影响作用，资本不断积累以及企业有效投资率逐步增加对其整体的发展具有重要的作用，从近几年的佛山市年鉴数据可知，除了 2010 年以外，资本和技术密集型制造业在整个制造业中的占比都是 52.5% 以上（见附

表 5，按 EXCEL 数据画个图出来）。在资本和技术问题上，同行业国外企业较国内企业具有资本优势和技术优势，为了使国内企业转型升级，需进一步招商引资，出台优惠政策吸引外商直接进行资本和技术投资，以此增加国内资本和技术密集型中外合资企业。（资本投资的作用过程：在工业化进程初期，相比较丰富的劳动力资源而言，技术和资本相对缺乏，由于在此阶段一个国家或地区经济社会的发展的出发点是人民物质上的解决，即切实解决温饱问题。所以，在此阶段，轻工业发展迅速，表现在衣食等方面的劳动密集型制造业占据着经济社会主导地位；随着生产力的不断发展，工业化水平也在不断地提高，再加上合作分工横向和纵向的深化。此时，重工业在一个国家或地区的经济社会地位也在逐步上升，资本密集型制造业也在不断发展壮大。比如装备制造业、通用专用设备制造业和化工制造业部门在整个工业中的占比逐渐增大，而劳动密集型制造业在整个工业的占比有所下降，资本密集对劳动密集具有一定程度上的挤出效应。到工业化进入高速发展时期，制造业结构进一步优化，技术在此时大幅度地集约化。技术密集型制造业在制造业行业占比也有较大幅度的上升，比如高技术制造业计算机、通信电子设备、航空航天和仪器仪器等在制造业中的占比呈现逐渐增大的趋势。）

四、佛山制造业转型升级综合改革前发展状态小结

随着佛山对外程度和工业化程度的不断推进，制造业的发展以及转型升级对佛山市经济的发展显得尤为重要，对经济的发展贡献率也越来越大。通过上述对佛山市制造业综合改革前的发展状况、制造业转型升级影响因素的定性和定量分析，可以得出以下结论：

1. 从佛山市制造业综合改革前的发展状况来看。佛山市制造业综合改革前的发展速度较快，但是存在着产业结构层次较低、对外资的利用率较低、科研经费的投入相对不足和制造产品竞争力较弱等一系列问题，迫切需要优化产业结构。

2. 从佛山市制造业转型升级综合改革前的状态看。第一，按照五种类型密集型制造业在整个制造业中的比重来看，劳动密集型、劳动技术密集型和资本密集型制造业占主导地位，资本技术密集型制造业的占比也比较大，而技术密集型制造业的比重一直处于较低状态，这充分说明佛山市技术要素集约程度比较低。第二，佛山市规模以上制造业增加率处于波动状态，但是整体稍有下降趋势，制造业增加率的下降，说明佛山市制造业处于产业价值链的中低端，制造产品的附加值较低。第三，佛山市单位制造业生产增加值对各类型能源的消耗，以及各类型废弃物的排放量都在不断地下降，这说明了佛山市制造业正处于由高消耗、高污染向低消耗、低污染转型的阶段。第四，佛山市绝大部分制造业属于超前发展，其中对废水、废气以及固体废物的利用率在不断地提高。

3. 从佛山市制造业转型升级综合改革前的因素来看。本章选取了需求因素、供给因素和其他因素三大类，而这三大类中包含有技术创新因素、市场驱动因素和政策因素等。本部分选取的城镇居民可支配收入（X1）、农村居民纯收入（X2）、制造业就业人数（X3）、制造业技术开发人员数（X4）、制造业企业科研经费支出（X5）、国外投资占 GDP 比重（X6）、进出口贸易额占 GDP 比重（X7）、城市化率（X8）、政府财政支出占 GDP 比重（X9）、制造业固定资产投资占 GDP 比重（X10），对这 10 个解释变量进行因子和线性回归分析得出：上述 10 个解释变量中除城市化率（X8）对佛山市制造业转型升级具有负相关影响外，其余解释变量均对制造业转型升级具有正相关的影响。其中政策导向因素中的政府支出占 GDP 的比重，市场驱动因素中的制造业固定资产投资占 GDP 的比重、对外开放程度，技术创新因素中的制造业企业科研经费支出等对制造业转型升级的影响较大，佛山市制造业正处于从劳动密集型向资本密集型和技术密集型转型的过程中，资本和技术二要素对佛山市制造业转型升级具有重要作用，而从模型结果看，由于佛山市对外资的依赖性相对较弱，在显性因素中倒数第二，这将不利于佛山市制造业的转型升级，充分发挥对外资的利用率这将对佛山市制造业转型升级具有重要的促进作用。

五、佛山制造业转型升级综合改革的可行性路径

（一）从科技创新层面促进佛山市制造业转型升级

创新是民族进步之魂。马克思主义认为，社会生产力是推动社会进步的根本力量，而科学技术是第一生产力，是首要的生产力。如今科技创新是发展生产力的第一动力。佛山市制造业转型升级的一大困难就是自主创新能力不强，核心技术极大程度制约发展。因此，加强自主创新是佛山制造业转型升级的不二之选，自主创新也是实现制造业转型升级的最佳途径。只有提高自主创新能力，开发自身制造业核心技术，才能够为佛山制造业提供新动力，提高其竞争力，创造竞争优势，实现制造业的转型升级。

（二）建立对外开放新经济，积极主动"走出去"

坚持高举改革开放旗帜，努力增创开放新优势，构建开放新格局，是习近平总书记对广东工作作出的重要批示之一。在新的历史时期，佛山市要实现制造业的转型升级，必须牢牢高举对外开放的旗帜。首先，应该积极利用"一带一路"倡议发展布局，加强自身与周边城市之间的联系，以及利用自身优越的地理位置，以铁路、公路等重要的交通要点，推进与东南亚地区开展更高层次、更深领域、更广范围的区域合作。其次，扩大对港澳地区的开放，推动粤港澳大湾区的建设。加强基础设施对接。打通佛山与香港澳门之间的交通对接，推动规划一体化、交通一体化、产业协作化和环保联动化，促进港澳资源向佛山流动，促进佛山内部产业资源流动，促进东盟国家资源向佛山流动。优化佛山市产业资源配置的空间格局。最后，要扩大对外开放的领域和标准，积极引入外来资金，以及发挥自身产业优势，走出去。深化对外开放的格局。形成健全的开放型经济新体制。

（三）从人才环境角度促进佛山市制造业转型升级

营造良好的人才环境，一是打造佛山"宜创"空间。构建集产业链、资金链、创新链、服务链、政策链于一体的创业创新生态系统。从产业链

出发，谋划创新链，从创新链完善服务链，围绕服务链完善资金链，强化政策链的统筹支撑。加快构建科技孵化器与创业育成孵化体系，营建触手可及的学习环境和生气蓬勃的创新环境，迎合和满足大众创业和万众创新的需求。二是打造佛山"宜业"空间。根据佛山地区的特色，以其独具特色的产业为基础，聚焦于战略性新兴产业和特色传统产业，按照全产业链区域布局的要求，重点发展新兴产业，着力提升经典产业，吸引新兴产业的高端企业和研发、设计、服务等机构进驻，逐步形成以核心为平台，周边园区（开发区）为制造基地，大中小城市为支撑的产业集群，从而形成具有独特宜业、创业、就业、兴业的新型发展空间。三是打造佛山"宜居"空间。按照公认的宜居城市建设标准，补足基础设施和公共服务短板，完善和提升配套各项生活和服务功能，营造高效舒适、绿色低碳、人与自然和谐的生态环境，并注重适应科技创新人才和外来经商旅游人群需求，营造多样化社交空间，将佛山建设成功能完善、环境优美、安全舒适、生活便利的宜居城市。四是打造佛山"宜游"空间。保护佛山旅游资源，加强生态建设和环境整治，统筹规划生产、生活、生活空间，建立多层次生态系统，彰显传统文化和地域特色，强化对佛山历史文化的保护与利用。人才资源是最具有增长优势，最具有可持续性发展的战略性资源，佛山制造业的升级，人才是第一推动力。因此通过打造"四宜"空间，营造良好创新、创业氛围，搭建人才创业平台，健全人才保护机制，以包容谦让、海纳百川的社会氛围，吸引资金和创新创业人才的集聚。开辟人才引进、人才服务等绿色通道。同时注重自身人才培育，落实培训促就业政策。

（四）大力发展生产性服务业，以制造业服务化促佛山制造业转型升级

在过去的几年，我国制造业出现两大发展趋势，一是制造业向服务业领域的延伸，以高铁、三一重工等为代表，从制造向高端研发、设计等服务业领域延伸。二是生产性服务业企业的发展，以阿里巴巴、腾讯、华为等为代表，大批企业形成了生产性服务业的新优势。生产性服务业贯穿于制造业的全过程，为企业生产的上、中、下游环节提供服务。它是为制造

业配套服务的，依附于制造业存在，不直接提供向消费者提供服务。佛山制造业的发展给生产性服务业提供了很大的发展空间，因此大力发展生产性服务业是未来佛山产业发展的重点内容。大力发展生产性服务业，提高现代化水平，可以从两个方面促进产业结构的优化升级：一是供给方面，推动服务业供给总量的增加。二是需求方面，有利推动需求结构改善，减少经济增长对高投资、高资本的依赖，增加人力资本的积累，改善投资率高、产出率低的情况。佛山市应该大力发展物流、金融、信息咨询等服务产业，形成生产性服务业对制造业的综合性服务，促进制造业向高质量、高附加值、低投入和低污染转型。

第四章 佛山制造业转型升级的逻辑思维和模式

第二章和第三章在对"佛山制造业转型升级综合改革前的概况及转型升级紧迫性调查"和"佛山制造业转型升级综合改革前的影响因素分析及实证"进行研究的基础上，我们得知佛山制造业转型升级综合改革前的概况及影响因素，在这一章，我们从理论上提出佛山制造业转型升级的逻辑思维和模式，以便为第七、第八和第九章的综合改革实践提供理论基础。

一、制造业发展的基本逻辑

当前制造业仍然是我国国民经济的支柱产业，制造业仍然是人们就业的主要行业，制造业也是国际实力较量的主战场。制造业的重要性不言而喻，近年来，发达国家实施制造业回流战略可见一斑。

本章以技术作为参照，可以将制造业分为传统制造业和先进制造业。根据生产内容的不同，可以分为装备制造业和最终消费品制造业。

发达国家的经济起飞起源于工业革命之后，世界制造业的发展由劳动密集型、资源密集型到资源资本要素投入型，再发展到技术资本密集型和知识技术创新型；由传统制造业到高新技术产业、先进制造业，然后是先进制造业与现代服务业的共融发展；由传统生产方式到先进制造模式，并最终实现循环经济发展模式。从产业转型升级的实践来看，制造业转型升级总的规律是从低附加值转向高附加值、从高能耗高污染转向低能耗低污染、从粗放型转向集约型的转型升级。具体来看，如图4-1所示，不外乎从三个维度进行，首先是制造业内部的产业结构调整，产生维度1和维度

2的制造业转型升级，其次是制造业与服务业的融合，产生维度3，实现制造业的转型升级。

维度1：从传统制造业到先进制造业；

维度2：从消费品制造业到装备制造业；

维度3：制造业服务化。

根据制造业转型升级的逻辑思维图，佛山市要打造成为制造业强市，需要从三个方向打造：

方向1：加快传统制造业的转型升级；

方向2：大力发展装备制造业；

方向3：促进制造业服务化。

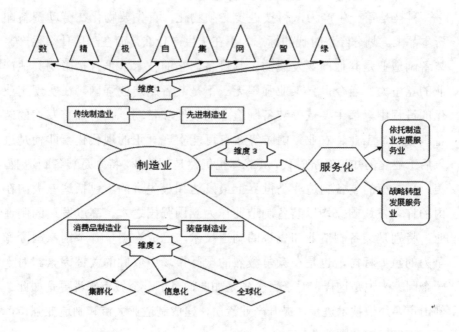

图4-1 制造业转型升级逻辑图

（一）从传统制造业到先进制造业

科学技术是第一生产力，科技每时每刻都在影响着人类的生产和生活。近年来由于人力成本的急剧上涨，全球制造业都同样面临着程度不同的压力，转型升级已经成传统制造业走向现代化的重要标志。传统制造业转型升级为先进制造业可以以"数""精""极""自""集""网""智""绿"等八个方面作为着力点。"数"是转型升级的核心，即数字化。"精"是转型升级的关键，即精密化。"极"是转型升级的焦点，即极端条件。"自"是转型升级的条件，即自动化。"集"是转型升级的方法，即集成化。"网"是转型升级的道路，即网络化。"智"是转型升级的前景，即智能化。"绿"是转型升级的必然，即"绿色环保"。

（二）从消费品制造业到装备制造业

科技是第一生产力，科技进步必须物化，首先要物化在劳动资料即资本品上。划分经济时代的标志，不在于生产什么，而在于用什么生产。装备制造业是其他产业发展的工具设备，它的技术水平直接影响其他产业的竞争力。当今世界工业强国无一不是装备制造业强国，在实现工业化的进程中，都主要依赖装备制造业的发展和带动。唯有拥有发达的装备制造业，工业、农业、国防等才有可能实现真正的现代化。即使是进入后工业化的知识经济时代，其载体也仍然是制造业，特别是装备制造业。美、日、德的装备制造业是世界上最发达和最先进的，包括这三大国在内的许多发达国家均以装备制造业作为立国强国之本。高度发达的制造业，特别是装备制造业和先进的制造技术，已成为衡量一个国家国际竞争力的重要标志，也是在竞争激烈的国际市场中取胜的关键因素。对于一个国家来说是这样，对于一个省是如此，对于一个城市来说更是如此。佛山市要加快技术进步，提升产业素质，建成制造业大市和制造业强市，不可不发展装备制造业。

发达国家装备制造业的发展模式主要有两种，一种是以美国为代表的发展模式，一种是以日本为代表的发展模式，前者主要走的是"研发与生产——出口——进口"的路径，而后者则采用"进口——国内生产——出口"的模式。不同的国家的国情不同,在产业发展过程中该采用什么模式,也没有定论,要按国情实际情况来定夺。借鉴国外经验,制造业从消费品制造业转向装备制造业,进一步提升装备制造业可从三个方面考虑。

装备制造业走向集群化:同产业或相关技术产业的制造业企业群在某区域有机地集聚在一起,通过企业群的不断发展创新而赢得市场竞争优势。

装备制造业走向数字化和信息化:信息技术为装备制造技术带来革命性的变化,通过与装备制造业企业相融合,使装备制造业朝产品智能化、生产过程智能化和产品服务智能化方向发展。数字化和信息化同时贯穿于产品的全部环节和全部周期。

装备制造业分工走向全球化:由于网络技术和计算机技术的发展和成熟,装备制造业企业的生产、销售、服务、资本运作和研发等各个环节出现明显的分工趋势,并能很好地实现异地设计、制造和销售等任务环节。当然,网络技术和计算机技术进一步缩短全球的距离,使得现代制造业能把设计、生产、销售乃至服务都实现一体化。

(三)制造业服务化

制造业服务化指由单纯的产品提供者转变为产品与服务相结合的提供商。制造业领域的微笑曲线是两段附加值高,中间凹槽的附加值低,而设计和销售环节是属于制造业的服务环节,因此,制造业服务化就是让制造业从微笑曲线的凹槽延伸到两端的位置中去。当制造业从纯粹的生产环节攀升到服务环节的时候,制造业就开始走向高级化了。制造业的高级化,就意味着制造业企业不仅仅关注产品的生产,还关注产品的整个生命周期及环节,也就是从产品的设计、生产、销售、售后服务等都被重视的过程。制造业服务化是非常广泛的,除了产业链前端产品设计、市场调研、咨询服务外,产业链后端的服务化项目也有很多,比如集成服务提供商、整体解决方案、设备成套、工程总包、零部件定制服务、再制造、第三方物流、供应链管理优化等。

总的来说,制造业服务化转型有两种基本模式:一是传统意义上的制造业服务化模式，也就是通过核心技术的服务化来实现，比如耐克、米其林等公司就是这种模式，他们通过产业链重组，把企业的重心从制造过程转变为产品研发、市场营销、客户售后管理等生产性服务环节上，也就是转型为生产和服务相结合的提供商。第二种模式是通过业务多元化战略，增添服务业类项目，逐步缩减纯生产性环节。

二、制造业转型升级的模式

（一）制造业产业内转型升级

制造业产业内的转型升级一般有三个特点，第一个是政府和企业共同发力，企业作为市场主体，出于成本的考虑会导致其创新激励不足，因此在转型升级过程中需要发挥政府的作用，政府要搭建好服务企业发展的平台，要从土地、能源、劳动力和资本供给上提供便利和帮助，尤其是在土地资源的盘活上，政府要矫正土地等生产要素扭曲配置的情况，要做到腾出笼子，吸引优质的企业进驻，才能让原有的企业变好变高端。第二个是从传统的加工纸质转型为先进制造，近年来发达国家纷纷实施"再工业化"战略，导致我国传统制造业转型升级困难重重，佛山作为制造业大市，也同样面临这样的困境，不仅面临国内生产要素成本上升的压力，还要面临国际竞争对手强劲的挑战；如果单纯依赖企业单打独斗进行竞争，恐怕只有死路一条；而要转型成功，除了依靠市场力量，还得需要政府的助力，比如需要政府构建相关的科技平台、服务平台、抱团平台、产业平台、共享平台等，才有可能实现制造业产业内的转型升级。第三个是依靠互联网和大数据信息推动制造业产业内的转型升级，佛山的制造业企业以传统制造业为多，这些传统制造业受到发达国家和发展中国家的双重挤压，转型升级步履维艰；而互联网和大数据信息却为传统制造业带来了生机，主要通过电子商务和数据信息来实现传统产业的数字化，也促进传统产业内的协同创新。下面详细分析佛山制造业产业内转型升级的表现：

第一，制造业产业内固定资产投资情况

从《2015 年佛山市国民经济和社会发展统计公报》得知，佛山在 2015 年的固定资产投资完成 3035.52 亿元，分三次产业看，第一产业投资 11.35 亿元，与 2014 年相比下降 26.9%；第二产业投资 1218. 26 亿元，与 2014 年相比增长 26.5%：第三产业投资 1805.91 亿元，与 2014 年相比增长 10. 5%。从表 4-1 可见，佛山第一产业的固定资产投资有减少的趋势，而第二产业的固定资产投资呈现上升趋势，其中 2019 年的第二产业中先进制造业增加值 1568.87 亿元，增长 15.7%；高技术制造业增加值 321.71 亿元，增长 10.8%。2019 年工业固定资产投资为 1311.11 亿，比 2015 年高 100 亿左右，与 2018 年比有所下降，但其中的工业技术改造投资增长 4.5%，装备制造业投资增长 1.5%。

表 4-1　固定资产投资主要统计指标（2015—2018 年）
计量单位：万元

指标	固定资产投资				
	2015	2016	2017	2018	2019
第一产业	120942	195305	193992	39768.36	61919.34
第二产业	11540072	14177102	16166640	13757810.64	13111193.53

第二，制造业逐步向先进制造方向发展

从表 4-2 可以看出，2019 年佛山的半导体分立器件等较高技术的制造业明显比 2015 年的产量多，而传统的服装、布、铝材、家具、家用电冰箱、微波炉等制造业的产量则明显较少；新的工业机器人、太阳能电池、光电子器件等产业门类在 2015 年的时候还没有在统计年鉴中找到，而在 2019 年的统计年鉴中产量已经比较可观，这为战略性新兴产业的培育和发展提供了良好的机会，这是佛山制造业产业内的转型升级表现，也是追求生态文明的发展，向生态友好型产业发展迈进的表现。

表 4-2 佛山 2015 年和 2019 年制造业产品产量比较

产品名称	计量单位	2015 年产量	2019 年产量
服装	亿件	4.36	4.43
布	亿米	6.92	5.77
铝材	万吨	369.27	271.26
家具	万件	2544.44	3516.07
家用电冰箱	万台	1039.75	344.03
微波炉	万台	5856.56	4547.24
半导体分立器件	亿只	187.66	728.46
工业机器人	套	——	968.00
太阳能电池	万亿瓦	——	192.34
光电子器件	亿只	——	883.73

第三，"互联网+"驱动传统产业信息化发展

佛山是制造业大市，但大多以传统制造业为主。当期传统制造业面临着发达国家技术优势和其他发展中国家成本优势的"双向挤压"，特别是服装、布、铝材、家具、纺织等行业，原有产销模式已无法满足消费者的多样化需求，转型升级压力较大。电子商务的蓬勃发展既给传统行业带来了机遇，也给企业的创新发展带来了挑战。佛山大力支持推进互联网技术和思维在传统制造业行业的应用和创新，制造业企业的交易成本不断降低，互联网优势逐渐凸显。佛山市深化"互联网+先进制造"发展工业互联网，于 2020 年 6 月颁布了若干政策措施，加大力度推动工业企业上云上平台，支持工业互联网标杆示范项目建设，支持开展工业互联网标识解析建设及应用，支持开展工业互联网平台建设，支持建设工业互联网产业集群试点、支持建设工业互联网产业示范基地、支持开展工业互联网公共服务、鼓励建设公共创新服务载体。通过这些措施提升传统制造业行业的信息化程度，从而实现"互联网+"促进制造业产业内协同创新、协同发展和开放创新平台的形成，成为佛山制造业产业转型升级过程中新旧动能转换的加速度。

第四，通过参与展会促进产业内转型升级

通过购买者驱动升级路径一般有两种方法，第一是要与国内外的购买商建立紧密联系；第二是把价值链低端环节重新配置给低工资的地区或国家。展会是企业之间展示自身产品并与购买商建立密切关系的重要途径，佛山的企业行业协会组织企业参展的积极性较高，比如表4-3是2019年佛山企业参与国内外展开情况，佛山政府共组织了19场次的国内展会给佛山的企业参与。另外还组织了34场次的国外境外展会给佛山的企业参与，具体的展会名称和时间见表4-4。此外，为了促进企业参会的积极性，政府通过发放参与展会补贴的形式促进企业积极参加，从政府层面引导企业通过参与展会来促进产业内转型升级。

表4-3　2019佛山企业参与国内展会项目一览表

序号	展会名称	时间
1	2019广州陶瓷工业展	2019年6月18-21日
2	2019广州国际照明展览会	2019年6月9-12日
3	第43届中国（广州）国际家具博览会	2019年3月18-21日（民用家具展）；3月28-31日（办公环境展）
4	2019中国内衣文化周暨中国（深圳）国际品牌内在展	2019年4月19-21日
5	第25届中国国际纺织面料叠辅料(秋冬)博览会暨辅料展览会、	2019年9月1日
6	第二十一届中国（广州）国际建筑装饰博览会	2019年7月8-11日
7	第20届中国（深圳）国际机械制篷工业展览会	2019年3月28-31日
8	第22届国际檀具、金属加工、塑胶及包装展	2019年11月1日
9	2019广州国际模具展览会	2019年3月10-12日
10	2019中国（广州）国际机器人、智能装备及制篷技术展览会	2019年9月26-28日
11	2019大湾区智能装备博览会	2019年11月28日-12月1日
12	第81届中国国际医疗器械（春季）博览会	2019年4月17-21日

序号	展会名称	时间
13	第 82 届中国国际医疗器械（秋季）博览会	2019 年 10 月 1 日
14	2019 年第二十四届华南国际口腔展	2019 年 3 月 3-6 日
15	2019 广州国际汽车零部件暨售后市场展览会	2019 年 9 月 24-26 日
16	2019 上海国际汽车零部件、维修检修诊断设备暨服务用品展	2019 年 11 月 28 日 -12 月 1 日
17	第三届中国（广州）国际新能源、节能及智能汽车展览会	2019 年 9 月 12-14 日
18	81 届全国药品交易会	2019 年 5 月 15 日
19	82 届全国药品交易会	2019 年 12 月 1 日

表 4-4　2019 年佛山企业参与境外国际展会项目一览表

序号	展会名称	时间
1	德国汉诺威工业博览会	4 月
3	2019 年第 33 届泰国（曼谷）国际建筑建材展览会	4 月 30 日 -5 月 5 日
4	中国（波兰）贸易博览会	6 月
5	中国品牌商品（中东欧）展	6 月
6	中国消费品（俄罗斯）品牌展	6 月
7	广东（墨西哥）商品展览会	6 月 4-6 日
8	2019 年泰国（曼谷）国际机械制造展览会	6 月 19-22 日
9	香港家庭用品展	7 月
10	粤澳名优展	7 月
11	南非约翰内斯堡国际贸易博览会	7 月
12	俄罗斯（莫斯科）国际汽车零配件及售后服务展览会	8 月 26-29 日
13	2019 年第 22 届越南河内国际建筑建材展暨 2019 中国建筑建材（越南河内）品牌展	9 月 4-8 日

续表

序号	展会名称	时间
14	土耳其秋季国际家庭用品、礼品及家用电器展览会	9 月 12-15 日
15	第45届2019年法国巴黎国际面料博览会	9 月 16-19 日
16	广东（南非）商品展览会	9 月 23-25 日
17	2019 印尼国际电子消费品展	9 月 25-27 日
18	美国拉斯维加斯国际汽车零配件及售后服务展	11 月 5-7 日
19	2019 年第8届柬埔寨建材五金展览会暨2019中国建筑建材（柬埔寨）	12 月 5-7 日
20	广东（印度）商品展览会	12 月 5-7 日
21	第43届达累斯萨拉姆国际贸易博览会	07 月 3-9 日
22	巴西国际消费类电子及家用电器产品展览会	7 月 29 日 -8 月 1 日
23	2019 年中国广东（越南）进出口商品交易会	08 月 29 日 -31 日
24	日本东京国际礼品、消费品博览会（秋季）暨广东（日本）商品展览会	9 月 3-6 日
25	广东（泰国）商品展览会	9 月 5-7 日
26	2019 中亚 - 广东商品交易会	9 月 6-9 日
27	越南国际金属加工机械展览会	10 月 10-12 日
28	卡塔尔建筑与装饰展	10 月 22-24 日
29	2019 香港秋季灯饰展	10 月 27-30 日
30	国际环保博览	10 月 30 日 -11 月 2 日
31	广东（马来西亚）商品展览会	11 月 7-9 日
32	2019 年肯尼亚内罗毕国际五大行业展览会	11 月 7-9 日
33	中东迪拜五大行业展	11 月 25-28 日
34	2019 第14届越南国际工业机械设备及原材料展览会	11 月 27-30 日

第五，要素转换促进转型升级。

由于劳动要素成本不断攀升，很多企业不得不寻找资本、技术等要素来替代劳动力要素，从而实现产品从劳动密集型转换为资本密集型，也就是通过要素转换了实现产业内的转型升级。此前，佛山凭借人口红利，大力发展劳动力密集型产业，较早地实现了经济发展，但，近些年来，佛山的"用工荒"和"用工成本上升"的现象频繁出现，表明佛山的"人口红利"正在逐渐消失。另外，从表4-5可以看出，虽然佛山的常住人口总数以及户籍人口总数依然在增加，但是出生人数从2017年的99018人达到了高峰，2018年减少到78611人，省内迁入人数和省外迁入人数都在2017年达到最大值，到了2018年都开始回落，流动人口的减少，意味着佛山迁移人口红利也逐步衰微。流动人口数量的下降以及人口结构的变化使得佛山劳动力市场供需出现失衡，工资上涨压力增加。从图4-2可知无论城市还是农村，佛山人的工资收入是逐年攀升的。面对劳动力优势的消失，虽然从长期来看，积极寻找其他替代要素（资本、技术），通过改造原有技术，增加设备和技术引入、资本和技术等要素的投入，从而实现从低附加值的加工产品转向高附加值的资本、技术等高级要素密集型产品是有利的，但是从短期来看，由于新设备投入和技术引进或者技术研发都需要很大的前期投入，企业可能缺乏资金，因此佛山制造业产业内转型升级的要素转换需要政府、市场和企业的共同努力才可能比较好地实现。

表4-5 佛山人口流动情况

指标名称	计量单位	2014年	2015年	2016年	2017年	2018年
年末常住总人口	万人	735.06	743.06	746.27	765.67	790.57
年末户籍总人口	人	3856084	3889720	4001834	4195870	4369767
出生人数	人	45523	56124	60822	99018	78611
省内迁入人数	人	13036	14390	46454	71364	70051
省外迁入人数	人	12952	12521	37456	64883	63617
出生率	‰	11.87	14.49	15.41	24.16	18.36
自然增长率	‰	5.61	6.69	9.94	17.38	12.85

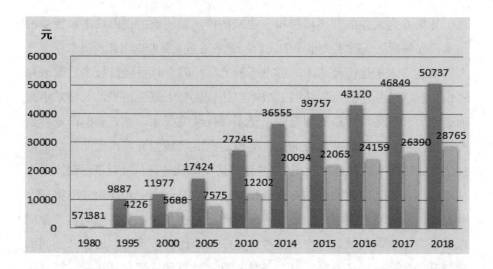

注: 因实施城乡一体化住户调查改革, 2014年"城镇居民人均可支配收入"和"农村居民人均纯收入"指标名称分别改为"城镇常住居民人均可支配收入"和"农村常住居民人均可支配收入", 其内涵也有所变化, 数据与之前不完全可比。

图4-2 城乡居民收入

(深色的为城市居民收入, 浅色的农村居民收入)

第六, 通过并购和走出去实现转型升级。

佛山的制造业企业中, 美的是通过并购和走出去实现转型升级的典范。美的通过收购日本家电巨头东芝的白电业务, 获得超过5000项与白色家电相关的专利, 也带来了闻名遐迩的产品品牌和先进技术, 为美的的转型升级带来了支撑; 通过并购库卡让美的海外声名大大提升, 也使美的获得了更多海外消费者的青睐。另外, 美的还通过走出去战略, 实现海外业务份额超过50%的佳绩, 成了名副其实的大型跨国企业, 不仅实现了自身的转型升级, 还为佛山企业乃至佛山制造业注入了新的生命力。

(二) 制造业产业间转型升级

佛山一直以来都以民营经济大市著称, 大量的民营企业也构成了佛山制造业的基础, 民营制造业企业构成了佛山传统制造产业支柱。四十多年来,佛山凭借敢为人先的开拓精神和企业家精神，以较低的进入成本和较少的技术投入创建了无数大大小小的民营制造业企业，佛山也因此变得富裕了，人们的生活水平也提高了，工资也不断上涨。随着社会经济技术的发展，佛山传统制造业产业所依赖的低成本"比较优势"逐渐消失，低技术水平的劳动力和高环境污染的制造业已经不可持续发展了，制造业的产业转型升级成为佛山迫切需要解决的重大问题。产业间转型升级，无非是从低附加值产业转向高附加值产业，从高能耗高污染产业转向低能耗低污染产业，从粗放型发展转向集约型创新驱动型发展。从第一产业转向第二或第三产业发展，从劳动密集型转向资本密集型和技术密集型，从传统制造产业向以高新技术为导向的技术产业发展。对于佛山而言，佛山制造业产业间的转型升级主要有三条路径，第一条是从重视数量到重视创新质量，第二条是从强调市场的作用到重视需求，第三条是模仿型创新到完全创新过渡。下面详细分析佛山制造业产业间转型升级的表现：

第一，满足国际市场需求的产业间转型升级。

一般来说，企业通过不断满足消费者需求来获得成长和持续发展，但在当今快速发展的时代，传统制造业光靠推出新产品来长期占据较大的市场份额是比较困难的，需要企业适时进行转型升级，或进行技术升级或增添服务品质，这就要求企业敏锐捕捉到消费者需求并通过转型升级及时跟进。企业通常在满足了国内市场以后，或者在满足国内市场的同时也满足国际市场，而国际市场的满足主要表现在出口额上，图4-3是佛山2015-2019年出口总额，从图4-3得知佛山的出口总额是持续增长的，2015年的出口总额为2999.0亿元，到了2019年的时候出口总额涨为3727.7亿元，可见佛山企业满足国际市场需求的能力也是在不断提升的。佛山企业及时跟进海外市场消费者需求，并推出符合国际消费潮流的产品，从而满足国际消费者的消费意愿，这个满足过程，必须通过企业的转型升级来实现。其实无论是国际市场还是国内市场，都是企业满足市场的过程，都要通过市场来指挥劳动力或资源的重新配置，并引导企业在产业间及时进行转型升级。

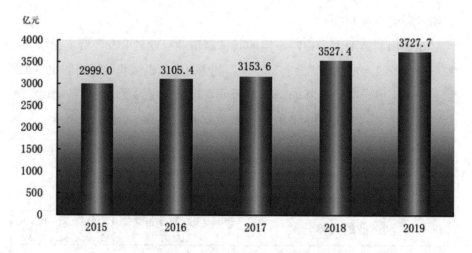

图 4-3　佛山 2015-2019 年出口总额

第二，从模仿到自主创新来实现产业间的转型升级。

经过四十多年的发展，佛山的经济得到了快速发展，成绩有目共睹。但改革开放这四十二年来，佛山经济的快速发展主要依靠的是土地、资本、劳动力等要素的投入，而不是更具竞争力的创新来驱动的。到了今天，土地、资本、劳动力等要素的红利不断丧失，成本条件已经发生了很大变化，佛山不能再主要依靠这些要素实现可持续发展，而必须加快从要素驱动发展为主向创新驱动发展转变，必须依靠科技创新的力量来实现经济的可持续发展，必须从原来的模仿发展转变到自主创新中来。专利是衡量企业乃至区域创新实力的关键指标。2007 年上半年，佛山全市的专利申请量仅为五千多件。2011 年之后，佛山专利申请量得到了较快增长，早在 2012 年上半年的时候，就突破了 1 万件的大关。2013 年上半年，佛山专利申请量出现了超过 20% 的同比增速。到了 2014 年，佛山全年专利申请量已接近 3 万件。到了 2015 年，佛山成为制造业转型升级综合改革试点，此后，佛山进一步加大力度促进制造业的转型升级，于是乎专利数量持续增加。2016 年，佛山在上半年突破 2.4 万件的基础上，全年专利申请量达到 56456 件，再创新纪录。2019 年的时候，佛山规模以上工业企业法人单位中，有 R&D 活动的企业有 2881，R&D 经费内部支出 235.17 亿元，专利申请量 31953 件，发明专利申请量 11799。

在佛山制造业大类中，不同的具体制造业行业的 R&D 经费支出及 R&D 经费与营业收入之比，也会有所不同。其中，电气机械和器材制造业的 R&D 经费内部支出额度最多为 988508.8 万元，排第二位的是通用设备制造业为 162447.8 万元，他们的 R&D 经费与营业收入之比为 22.4‰和 16.9‰，其他类型的具体数据见表 4-6。

表 4-6　佛山规模以上工业企业法人单位 R&D 经费支出及 R&D 经费与营业收入之比

制造业的具体分类	R&D 经费内部支出（万元）	R&D 经费与营业收入之比（‰）
农副食品加工业	15146.0	3.8
食品制造业	25134.9	9.6
酒饮料和精制茶制造业	9731.4	5.0
纺织业	35359.3	4.2
纺织服装、服饰业	14305.3	3.3
皮革、毛皮、羽毛及其制品和制鞋业	10042.4	4.0
木材加工和木、竹、藤、棕、草制品业	5593.1	4.9
家具制造业	39738.8	6.8
造纸和纸制品业	28412.5	8.6
印刷和记录媒介复制业	14498.9	7.6
化学原料和化学制品制造业	105979.1	10.9
医药制造业	30031.7	21.9
化学纤维制造业	1973.1	5.0
橡胶和塑料制品业	90901.4	8.6
非金属矿物制品业	119015.5	9.3
黑色金属冶炼和压延加工业	15090.8	2.5
有色金属冶炼和压延加工业	100760.7	9.1
金属制品业	167305.8	8.3
通用设备制造业	162447.8	16.9
专用设备制造业	101060.7	12.4

续表

制造业的具体分类	R&D 经费内部支出（万元）	R&D 经费与营业收入之比（‰）
汽车制造业	88764.1	9.8
铁路、船舶、航空航天和其他运输设备制造业	13459.5	9.3
电气机械和器材制造业	988508.8	22.4
计算机、通信和其他电子设备制造业	88462.4	11.1
仪器仪表制造业	29988.0	27.9
其他制造业	1939.1	12.4
废弃资源综合利用业	891.9	0.2
文教、工美、体育和娱乐用品制造业	11673.4	2.0
石油、煤炭及其他燃料加工业	27972.3	16.2
合计	2344188.7	11.6

除了专利申请量成绩不俗外，2019 年佛山全市新申请商标量也不错，申请数量超过十万件，同比增长 3.14%，在全省排名第 4，占广东省新申请商标总量的 6.94%，说明佛山市商标注册人积极性较高；另核准注册商标84174 件，同比增长 25.21%。近五年来，佛山市的核准注册商标量平均增长率为 50.75%，增长趋势明显，表明佛山市商标发展情况良好，市场主体的商标品牌意识逐步增强，市场主体质量不断提升。此外，截至 2019 年底，佛山市累计认定中国驰名商标 162 件，占省总数比例为 20.96%，紧跟深圳，排名第二；累计注册集体商标数和累计注册地理标志证明商标数，都位居全省前列。

第三，市场和政府共同协作实现制造业的转型升级。

产业间的转型升级不像产业内转型，产业间的转型方式对于企业而言的成本更高，抉择的时候会更加困难，即便企业想转型，成本和能力都是企业转型的拦路虎。而这个时候，努力的不应该仅仅是企业，也应该有政府的参与，政府可以通过各种方式和措施引导企业往战略性新兴产业转，只有越来越多的企业从事统一技术水平较高的产业，产业技术的商业化才会更加容易。当前，佛山在战略性新兴产业政策方面有三大主要方向，第一个是提高补贴广度，通过制定更普惠、覆盖度更广的补贴政策，刺激更多潜在企业进入行业从而促进竞争和创新，最终由市场决定出真正的战略性行业，也最终引导更多的企业朝战略性产业方向发展，当然这也是政府和市场协作推动制造业企业转型升级的表现。第二是实施适中的补贴强度，因为补贴强度一旦太高，会导致企业过于依赖而丧失对市场的敏感性。第三是实施动态调整补贴时间跨度和强度，政府通过关注行业竞争度变化，随着竞争程度加强，不断调低补贴强度，当行业竞争程度超过有效值时，及时退出激励机制，实现功成身退的目的。在落实制造业转型升级试点中，佛山在扶持高新企业方面也做出了很大的努力，表 4-7 是佛山 2018 年全市规模以上高技术制造业的相关情况，在佛山市政府和企业的共同努力下，2018 年高新技术制造业的数量、营业收入以及从业人员平均数还是比较可观的，取得的成绩也是不错的，具体为：规模以上高技术产业（制造业）企业法人单位 387 个；营业收入 1173.79 亿元；从业人员 120733 人。从佛山市第四次全国经济普查公报中得知，电子及通信设备制造业单位数多达 261 个，营业收入接近 800 亿元，从业人员超过 8 万人，分别占全市高技术产业的 67.4%、67.3% 和 67.7%。但佛山市制造业企业的数据巨大，市场和政府共同协作实现制造业企业转型升级，转为高新企业的空间仍然很大。

表 4-7　2018 年佛山规模以上高技术制造业主要指标情况

行业	企业数（个）	营业收入（亿元）	从业人员平均人数（人）
医药制造业	41	138.96	14153
电子及通信设备制造业	261	789.34	81751
计算机及办公设备制造业	15	76.20	4751
医疗仪器设备及仪器仪表制造业	69	168.89	20001
信息化学品制造业	1	0.40	77
合　计	387	1173.79	120733

（三）制造业产业集群转型升级

佛山自古以来就是中国的四大名镇之一，是一个很特别的城市，是中国功夫、中国家电、中国家具、中国陶瓷的传统中心之一，近些年来又因大量的产业集群而闻名于世。产业集群是佛山产业经济尤其是制造业产业发展的显著特点。产业集群以介于企业和市场之间的方式，汇集了同一或相关产业内相互关联企业，形成内部垂直组织分工与横向协作网络，具有较为特殊的转型升级机制，并大致表现为三种转型升级道路：领导 —— 跟随型、自增强型和抱团整体升级型。

佛山的产业集群非常有特色，是一个由产业集群而形成的产业城市。在佛山，每个地区都是按产业专业化划分的，比如顺德大良是生产塑料的，乐从是生于家具的，陈村是生产花卉和园艺产品的，禅城石湾是生产陶瓷的；还比如南海东部以金融现代服务业为主导，中部以汽车产业、新光源产业、生物医药产业等为主，当前以一汽大众为核心的汽车城，已有超过 45 个上下游关联项目，以及 50 家汽配企业集聚，还有新光源产业基地已集聚了96 家照明相关企业、研发机构和孵化器等落户，初步形成了新兴产业的集聚；西部以旅游文化、现代物流等为主；这些都为南海实现新兴产业集聚的重要基石。佛山市主要产业集群见表 4-8，从表 4-8 可知，佛山市有 33 个主要的产业集群，而且基本是集中在制造领域。

表 4-8　佛山的主要产业集群

序号	集群名称	序号	集群名称
1	澜石不锈钢产业集群	17	盐步内衣产业集群
2	盐步内衣产业集群	18	乐从家具产业集群
3	小榄内衣产业集群	19	北滘家电产业集群
4	高明纺织产业集群	20	陈村机械装备产业集群
5	禅城陶瓷产业集群	21	勒流机械制造、小五金、小家电产业集群
6	龙江镇家具产业集群	22	伦教木工机械产业集群
7	顺德家具产业群	23	均安牛仔服装产业集群
8	顺德家电产业群	24	人和金属材料产业集群

序号	集群名称	序号	集群名称
9	佛山陶瓷产业群	25	大沥有色金属加工业产业集群
10	南庄陶瓷产业集群	26	佛山家电产业集群
11	石湾陶瓷产业集群	27	龙江家具产业集群
12	张槎针织产业集群	28	佛山（清远）产业转移工业园
13	环市童装产业集群	29	禅城经济开发区
14	西樵纺织产业集群	30	里水袜业产业集群
15	金沙五金产业集群	31	官窑玩具产业集群
16	平洲鞋业产业集群	32	松岗家电产业集群

佛山的产业集群主要经历了三个阶段，第一个阶段是产业集群之块状经济，第二个阶段是产业集群之产业园区，第三个阶段是产业集群之特色小镇。

块状集群经济：从1983年开始，佛山政府在一些镇里建设大规模的特定产业市场。乐从镇就是一个例子，当时的顺德县政府，在20世纪80年代鼓励建设专业化的家具市场。到2002年，以生产家具为主的市场共有566个，包括504个消费品市场、59个生产材料市场（例如钢材和木材）以及3个商业服务市场（物流、地产代理和车辆零售）。到2014年，乐从镇宣传自己是"世界最大的家具市场"，容纳了3500家企业，展厅占地面积为300万平方米。这种产业集群的出现极其有效地促进了经济增长。

产业园区集群经济：随着中国入世，佛山的块状经济得到了快速发展，部分块状经济发展成为影响全国甚至影响世界的产业集群。早在2004年佛山出台了《关于加快农村工业化城镇化和农业产业化建设的决定》，这被认为是佛山农村大规模工业化的标志性事件，此后十多年内，佛山形成了1000多个村级工业园及其他工业园区，总共建成了1602个工业园区，工业园区建设是这个阶段佛山经济建设的主旋律，人们经济收入得以显著提升。

特色小镇集群经济：特色小镇发源于浙江，最初也就是2014年的时候，在杭州云栖小镇中提出特色小镇的概念；2015年12月底，习近平总书记对浙江"特色小镇"建设做出重要批示："抓特色小镇，小城镇建设大有可为……" 2016 年 2 月 2 日，国务院发布《关于深入推进新型城镇化建设的若干意见》（国发〔2016〕8 号），提出加大保护传统村落民居和历史文化名村名镇的力度，争取尽快建设成为美丽宜居乡村，加快培育中小城市和特色小城镇……随后 2016 年住建部等三部委力推，2017 年李克强在十二届全国人民代表大会上肯定了浙江的特色小镇发展思路，之后特色小镇开始在全国开花。2016 年 10 月 11 日，住建部印发《住房城乡建设部关于公布第一批中国特色小镇名单的通知》，公布第一批 127 个国家级特色小镇名单，佛山顺德区北滘镇入围。2017 年 8 月 22 日，住建部印发《住房城乡建设部关于公布第二批全国特色小镇名单的通知》，公布第二批 276 个国家级特色小镇名单，其中佛山市南海区西樵镇和佛山市顺德区乐从镇入围。佛山为加快推进佛山全市特色小镇规划建设工作，率先建成一批示范效应明显、带动能力强的市级特色小镇，2017 年公布了《佛山市首批市级特色小镇创建名单》，具体如表 4-9。各特色小镇将生态居住功能、度假旅游功能与产业培育功能结合，创造出有利于吸引高端人才和全球投资者的产业氛围，从而集聚佛山制造业转型升级的各种高端要素。

表 4-9　佛山首批市级特色小镇创建名单

序号	小镇名称	所在地	序号	小镇名称	所在地
1	佛山陶谷小镇	禅城区石湾镇街道	9	佛山乐商小镇	顺德区乐从镇
2	佛山建陶小镇	禅城区南庄镇	10	佛山家居名镇	顺德区龙江镇
3	佛山绿能装备小镇	禅城区张槎街道	11	佛山鹭湖假日小镇	高明区杨和镇
4	佛山千灯湖创投小镇	南海区桂城街道	12	佛山东洲鹿鸣体育小镇	高明区明城镇
5	佛山岭南文旅小镇	南海区西樵镇	13	佛山水都小镇	三水区西南街道
6	佛山广佛里智慧慢城	南海区里水镇	14	佛山文创古镇	三水区白坭镇
7	佛山智造小镇	顺德区北滘镇	15	佛山广府印象小镇	三水区乐平镇
8	佛山花卉小镇	顺德区陈村镇			

此外，佛山在制造业转型升级综合改革的路上先行先试，下大力气推动产业转型升级，积极培育壮大创新型产业集群，比如以口腔医疗器械为代表的生物医药及高性能医疗器械产业、智能装备及机器人产业、电子信息行业、以新能源汽车为发展方向的汽车及新能源产业、依托传统产业技改逐步发展的新材料产业。创新型产业集群是集群发展的高级阶段，由企业、大学、科研机构、政府和中介组织等多主体、多元素组成，由这些创新主体积极参与到网络创新的经济活动。与传统的产业集群相比，创新型产业集群是新型的产业集群，不同主要体现在：一是创新内容不同。二是创新主体不同。三是创新软实力不同。

数以万计的高新技术企业群体有机地在一个地区或区域集聚就形成了创新型产业集群。2019年的时候，佛山的创新型产业集群情况如下：1729家企业通过高企认定，高企总量达4839家，同比增长22.54%，净增890家，同年的广州净增数量为465家，东莞净增数量为439家，珠海净增数量仅为162家；此外，佛山的规模以上高企数量为2726家，占了高企总数的56.33%。但从当前的企业总量看，佛山现有的产业集群多集中在以装备制造、家具家电、陶瓷建材等为代表的传统产业领域，产业链条附加值依然不高，企业依靠成本集聚依然占大多数。而以智能制造装备及机器人、新材料、汽车及新能源、生物医药、电子信息等为代表的战略性新兴产业虽然取得了一定的成绩，但规模依然偏小、总体体量仍然不大，集群效应依然不明显，未来需要更多谋划，重点要加强整体规划、强化创新引领机制、构建创新型产业体系和重视平台载体作用。

第五章 佛山制造业转型升级综合改革的成效测度

　　近年来，先进发达国家纷纷出台"制造业回归""重振制造业"等战略，谋求制造业回流，并期望在新一轮技术革新中抢占制造业先机。我国已经成了制造业大国，但是还远远不是制造业强国，我国的制造业仍然处于全球价值链中的低端环节，传统制造业高投入、高消耗、高污染和低效益的粗放型生产特征依然没有得到根本性的改变，我国的生态环境也不断恶化，人们生活在高危险环境当中。此外，我国的制造业还处于发展中国家对低端制造业低成本抢占的现象，在双重挤兑的现实下，我国制造业的转型升级是必然选择，于是我国在2015年底把佛山定为制造业转型升级综合改革试点城市，以便为全国的制造业转型升级探路。

　　从发达国家重夺制造业的战略不难看出，制造业必定依然是世界各国经济发展的主要阵地。中国的制造业发展，得益于二十世纪九十年代的西方发达国家通过资本、技术以及服务，从中国手上换取了大量的廉价工业品，从而慢慢地促使了中国的制造业崛起。虽然现在的中国是个制造大国，经济发展速度还比较快。虽然中国的制造业规模排在世界前列，虽然排在世界前列的位置上有很多种我国的产品产量，但我国制造业的硬伤依然还有很多，例如生产水平低下，生产能力过剩，知识产权保护缺乏等。随着中国制造业的崛起，佛山市在2019年创下GDP突破万亿元的关卡，成了中国名副其实的制造业大市。佛山的制造业不仅在广东省占有一席之地，在中国也具有举足轻重的地位。在中国制造业转型升级探索的路上，佛山也需要突破和升级，因此佛山顺理成章的光荣地承担了我国制造业转型升级综合改革试点城市。当然，转型升级是一个漫长和艰难的过程，需要经过时间的检验来证明转型升级后的制造业是不是能够更进一步，因此我们需要在转型升级这个过程中判断出来我们处在哪个阶段、这段时间以来所得到的成果，所以要对制造业转型升级进行测度，从而更好把握我们处于什么阶段，接下来的计划是否变更等，最终的目的是让我们的制造业综合改革走在正确的道路上。

本章将结合产业结构变迁理论、全球价值链理论和协调发展理论，构建本章制造业转型升级成效测度理论体系框架。本章主要从工艺流程、产品、功能三方面做佛山制造业转型升级测度研究。

一、佛山市制造业发展历程与现状分析

（一）佛山市制造业发展历程

佛山市制造业主要经历三个阶段：

第一阶段：从 20 世纪 80 年代初即改革开放之初至 20 世纪 90 年代中（1984—1994）。这个时间段，佛山制造业的发展主要依赖政策，当然市场需求也起到一定的作用；佛山一方面按照政策规划地去发展电子、电气机械和器械等方面的产业，另外一方面通过市场作用来实行对外开放，然后再利用地理优势（靠近港澳），通过"三来一补""前店后厂"等模式来发展工业。当时，全国都处在生活品短缺状态，佛山通过创建食品饮料、纺织服装、陶瓷建材、家具用品等制造行业，大量生产日常用品来满足人们的吃喝穿用；其后佛山逐渐形成三大支柱产业，分别为电子电气、纺织和陶瓷。当时的盛况从当年在佛山城门头广场上建立起三大支柱产业的雕像可见一斑。总的来说，佛山的制造业是在政府政策及市场需求共同作用下实现的。1994 年，佛山市所有工业总产量为 873.71 亿，但轻工业产值的占比较少，仅为重工业产值的 36%，显然，在这个阶段工业重轻工业的比例是失衡的。

第二阶段：20 世纪 90 年代到 21 世纪初（1995—2003）。随着经济实力不断增强以及市场活跃度不断提升，市场需求导向的影响趋势不断增加，佛山市制造业的发展渐渐从比较简单的来料加工为主，转变为提升技术水平和树立品牌方面为主。由于生产率水平的不断提升，很多工业产品出现产能过剩的现象,人们的消费水平也逐步提高,从过去的用得了到后面的用得好转变,这也导致企业制造的产品在功能上从一开始以弥补人民生活用品短缺为目的,变成以提升人民生活质量转变为目的。逐渐地浮现一些新兴技术企业,它们具有较高制造水平及技术含量,比如电气机械及器械制造、金属制品、高技术制造业、交通运输设备等重型制造业和电子通信设备制造等行业得到了快速发展。通过统计年鉴的数据得知 2003 年佛山市工业总产值为 3300.16 亿元,其中轻重工业产值比例进一步合理,分别为55% 和 45%,产业结构比相对以前更加平衡。

第三阶段:2004 年至今。规模以上的工业总产值轻重产业的比例进一步合理,工业生产一定程度上呈现出先进化、重度化和高级化的迹象。但此时工业产业的高污染、高能耗、对外依存度、低附加价值等弊端接连出现。为了应对这些传统制造业的劣势,佛山市通过政策加以引导,政府希望通过政策手段促使现有优势的传统制造业加快改造和升级,不断提高产品的技术含量和产品附加值;此外,政府与此同时也布局于装备制造和汽车配件等现代制造业,加大力度让传统制造业向高级化、智能化转型。

(二)佛山市制造业现状

2018 年佛山实现规模以上工业总值 2.16 万亿元,居中国中大城市的第六位。2019 年以来,佛山的发展势头良好,前三个季度地区生产总值总为7931.79 亿元,增加了 7%,增幅大于全国和全省,两者的增加比例分别为 0.8个百分点和 0.6 个百分点。2020 年元旦,佛山市市长朱伟在元旦的献词中宣布了一个激动人心的消息 —— 佛山市的生产总值在 2019 年创造的数值突破了万亿元的关卡,代表佛山的经济发展进入新的篇章,同时成为广东第三个 GDP 进入"万亿俱乐部"的城市,其他两个是广州和深圳,换句话说,佛山创造出全国接近 1% 的生产总值,这使之成为广东经济高速发展的代表之一。在详细分析佛山如何创造这么大的 GDP 的时候,我们发现占比最大的是第二产业,而当中的制造业占比是最多的。实行改革开放以来,佛山市的 GDP 从以前的 12.96 亿元,增长到前两年的 9935.88 亿元,这中间的增幅非常大,足足七百多倍,工业总产值从以前的 13.72 亿元攀升到 2.16

万亿元，增幅 1500 多倍。佛山市规模以上的工业增加值占广东的 14.2%，佛山的第二产业比较特殊，其占比经常超过五成。甚至一些行业规模排在广东省的第一名，例如家用电器、金属制品、陶瓷建材等。轻工业是佛山制造业对外的重要的名片。图 5-1 是佛山市工业 1994 年至 2018 年的工业生产总值，从图 5-1 我们得知佛山市工业 GDP 的发展趋势。此外，佛山的工业体系十分完整，基本覆盖了所有工业制造业，其中主要行业在当地的产业配套率高达 90%。制造业企业在 2019 年的佛山百强企业中具有很大的优势，十名以内的企业中有一半是制造业企业。

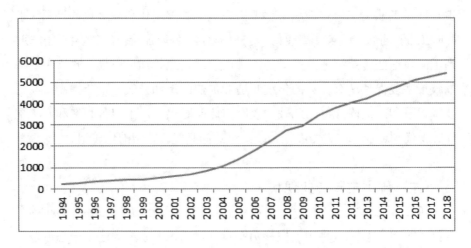

图 5-1 佛山市工业 1994 年至 2018 年的工业生产总值（亿元）

二、佛山制造业转型升级效率的测度

（一）制造业分类

选取佛山规模以上工业企业制造业 27 个行业（烟草制品业、其他制造、废弃资源综合利用业、金属制品、机械和设备修理业除外），将制造业 27 个行业分为两类：一类为技术密集型产业，另外一类为非技术密集型产业，具体的行业分布见表 5-1。

表 5-1 不同要素密集型产业分类表

产业类型	行业分布
技术密集型产业	化学纤维制造业，通用设备制造业，专用设备制造业，汽车制造业，铁路、船舶、航空航天和其他运输设备，电气机械和器材制造业，医药制造业，仪器仪表制造业，计算机、通信和其他电子设备制造业，化学原料和化学制品制造业
非技术密集型产业	食品制造业，农副食品加工业，酒、饮料喝精制茶制造业，纺织业，纺织服装、服饰业，木材加工和木、竹、藤、棕、草制品业，皮革、毛皮、羽毛及其制品和制鞋业，家具制造业，造纸和纸制品业，印刷和记录媒介复制业，文教、工美、体育和娱乐用品制造业，石油加工、炼焦和核燃料加工业，橡胶和塑料制品业，黑色金属冶炼和压延加工业，非金属矿物制品业，有色金属冶炼和压延加工业，金属制品业

（二）衡量指标体系的构建

参考全球价值链理论中产业转型升级的三种类型以及每种转型升级类型的具体表现，构建合理的指标体系。指标需要反映出转型升级类型的核心内容，同时揭示价值链提升的形成机理。本章按照产业升级的类型，将指标分为三类：工艺流程转型升级指标、产品转型升级指标以及功能转型升级指标。转型升级类型及选择的核心指标体系如表 5-2 所示。

表 5-2 佛山转造业转型升级测度指标体系

转型升级类型	衡量升级状况的核心指标
工艺流程转型升级	劳动生产率
产品转型升级	综合经济效应指数
功能转型升级	工业总产值增长率

1.工艺流程转型升级指标

工艺流程转型升级主要是指设备的更新换代及技术方面的提升。在引进先进的生产控制系统和先进的技术过程中，提高产业发展质量和提高生产管理效率，使产业的投入产出率更大程度地提升。从生产内部研究和探索可以改进的空间，改善工作流程，最终达到降低资源的消耗和提升企业的工作效率的目的。在各个工作环节之间还需重视供应链管理，与生产的各个环节加强沟通与交流，通过各个环节的通力合作来减短产品生产所需时间，争取获得企业最大利润。

从企业出发，工艺流程转型升级表明企业拥有了较先进的技术，也就是说企业具备了升级的硬件条件，可以实现向高价值的生产环节的转型升级。企业在进行生产环节的改造时，由于全球价值链内国外发达国家领导企业的控制，企业生产环节的转化即使取得一定的成功，但这也只是提高了企业在生产环节这方面的竞争力，全球价值链上的位置并没有得到实质提升，依旧处于价值链的最低端。

选取劳动生产率指标表示工艺流程转型升级，劳动生产率表示了生产效率水平的大小，反映了生产效率的变化起伏情况。佛山 2013-2017 年各行业劳动生产率的变化情况见表5-3。劳动生产率主要包括了以下几个方面：员工的工作积极性、对技术掌握的纯熟与否、生产企业的技术水平的高低和生产企业的运营方式。按照我国常用的计算劳动生产率的方法，它等于工业增加值除以在相同时期内从业人员的平均人数。

表 5-3 佛山 2013—2017 年各行业劳动生产率

具体行业	2013 年	2014 年	2015 年	2016 年	2017 年
制造业	22.16	23.45	25	26.53	25.99
非技术密集型产业	23.27	24.14	25.09	25.69	24.01
农副食品加工业	32.02	34.35	36.06	37.95	35.85
食品制造业	55.75	62.40	78.44	84.21	76.04
酒、饮料和精制茶制造业	53.69	56.06	58.21	62.68	69.96
纺织业	22.20	24.39	25.14	26.00	23.93
纺织服装、服饰业	17.04	13.28	12.88	13.75	14.65
皮革、毛皮、羽毛及其制品和制鞋业	11.24	12.50	13.34	12.99	14.03
木材加工和木、竹、藤、棕、草制品业	24.22	23.98	24.71	24.43	24.70

续表

具体行业	2013 年	2014 年	2015 年	2016 年	2017 年
家具制造业	15.81	16.95	18.34	18.65	18.50
造纸和纸制品业	22.31	24.64	26.33	26.80	25.06
印刷和记录媒介复制业	23.56	25.06	25.06	26.83	24.57
文教、工美、体育和娱乐用品制造业	24.15	28.20	25.64	27.25	16.84
石油加工、炼焦和核燃料加工业	139.71	145.63	152.68	129.08	128.00
橡胶和塑料制品业	24.50	25.94	27.50	27.41	26.07
非金属矿物制品业	20.87	22.62	24.58	25.63	22.62
黑色金属冶炼和压延加工业	43.14	43.51	40.63	43.13	35.30
有色金属冶炼和压延加工业	30.32	31.53	30.44	31.46	31.19
金属制品业	21.54	22.02	22.78	22.80	22.38
技术密集型产业	21.05	22.73	24.9	27.3	28.21
化学原料和化学制品制造业	33.30	34.92	36.00	37.50	34.63
医药制造业	35.75	34.65	32.18	31.39	31.37
化学纤维制造业	62.28	56.46	67.85	76.88	82.44
通用设备制造业	20.67	21.31	21.50	23.33	22.65
专用设备制造业	25.05	27.38	28.72	29.80	28.84
汽车制造业	26.71	29.06	32.43	35.84	37.46
铁路、船舶、航空航天和其他运输设备制造业	24.39	21.96	22.27	23.79	21.61
电气机械和器材制造业	19.46	20.88	23.19	25.86	29.83
计算机、通信和其他电子设备制造业	19.20	22.24	25.83	27.89	20.28
仪器仪表制造业	10.58	10.13	11.54	13.30	12.83

2. 产品转型升级指标

产品的转型升级主要是通过对外引进新的产品或者改进自身已有的产品从而提高产业效益,来达到提高产品的复杂性和附加值的目的。当生产设备达到一定的水平且市场工艺相对完善后,产品转型升级是实现产业转型升级的重要途径。在这一过程中,企业一方面要注重技术的改进与产品的创新,逐步树立自身品牌理念,另一方面要与客户合作开发新产品、加强营销方式与模式的改进。

对于企业而言，产品转型升级包括提高对产品的开发以及设计能力和提高企业的运营能力两个方面。提高对新产品的开发和设计能力要求企业关注市场动态，对市场内新产品的更新换代有所了解，从而能够快速及时地引进新产品。此外还要注重对设计人才的市场意识的培养。提高企业的运营能力，即提高企业的产品销售能力和资金周转能力。企业在拥有足够的资金流后，才能保证对新产品的研发能力的投入和自身品牌的培育。企业在拥有了自主设计能力和品牌培育能力后，其与其他企业的竞争力会有明显提高，在全球价值链上的位置也能得到显著的提升和巩固。此时产业大体上实现了从 OEM 到 ODM 的转变，但并未实现从 ODM 向 OBM 的转型升级。这是因为企业自主品牌的影响程度不够广泛，市场营销体系还未最终完善，经营能力尚不成熟，再加上受到全球价值链内主导企业的控制，难以实现其在全球价值链地位上的根本转变。由此可见，即使已经实现了产品转型升级，但其市场竞争力没有得到根本性的提高，企业还没有能力站在全球价值链的主导位置。

选取经济效益综合指数来表示产品转型升级能力水平，经济效益综合指数代表了整个产业获利能力、资产增值能力、偿债能力、资产利用效率、运营能力、产出效率、产销衔接等七个方面的综合经济效应，这些方面的能力正是产品的转型升级所要具备的基础。作为一个综合指标，共包含七个单项指标，这七个单项指标的设置和选择各自代表了企业的不同方面的能力。总资产贡献率表示企业获得利润的能力，资本保值增值率表示企业未来的发展能力，流动资产周转率代表企业的运营能力，企业负债率代表企业偿还债务的能力，成本费用利润率代表企业的产出的效率，全员劳动生产率代表企业的生产效率，产品销售率代表着企业的产销衔接情况。工业经济效益综合指数是反映工业经济运行质量的总量指标，它可以用来考核和评价各地区、各行业乃至各企业工业经济效益的实际水平和发展变化趋势，反映整个工业经济运行质量和效益状况的全貌，其计算方法是将各单项工业经济效益指标报告期实际数值分别除以该项指标的全国标准值并乘以各自权数，加总后除以总权数求得，表5-4为佛山市制造业经济效益综合指数。

表 5-4　佛山市制造业经济效益综合指数

各具体行业	2013 年	2014 年	2015 年	2016 年	2017 年
制造业	279.30%	281.04%	289.43%	300.59%	292.01%
非技术密集型产业	293.92%	293.60%	294.15%	299.52%	285.75%
农副食品加工业	358.75%	369.54%	374.97%	388.76%	387.90%
食品制造业	584.11%	610.44%	709.13%	745.06%	659.33%
酒、饮料和精制茶制造业	503.16%	491.82%	494.67%	523.14%	569.53%
纺织业	301.06%	306.54%	297.69%	308.51%	301.52%
纺织服装、服饰业	245.10%	210.91%	204.56%	214.79%	222.37%
皮革、毛皮、羽毛及其制品和制鞋业	211.04%	217.77%	216.49%	208.23%	212.70%
木材加工和木、竹、藤、棕、草制品业	296.14%	277.58%	279.46%	273.92%	299.18%
家具制造业	262.12%	266.32%	268.35%	275.05%	274.29%
造纸和纸制品业	267.98%	278.94%	288.37%	286.67%	275.72%
印刷和记录媒介复制业	279.47%	291.77%	296.80%	316.87%	303.99%
文教、工美、体育和娱乐用品制造业	296.89%	315.62%	284.33%	295.70%	228.35%
石油加工、炼焦和核燃料加工业	1023.60%	1050.07%	1107.91%	942.57%	926.40%
橡胶和塑料制品业	306.48%	304.14%	304.86%	306.74%	289.86%
非金属矿物制品业	268.42%	275.02%	275.33%	279.91%	254.94%
黑色金属冶炼和压延加工业	397.84%	403.64%	392.18%	426.80%	373.74%
有色金属冶炼和压延加工业	328.06%	351.85%	341.51%	348.96%	347.07%
金属制品业	289.25%	274.73%	280.32%	278.41%	278.33%
技术密集型产业	266.65%	270.08%	286.58%	304.30%	303.69%
化学原料和化学制品制造业	345.49%	347.59%	360.95%	368.47%	339.07%
医药制造业	363.83%	364.18%	362.76%	338.95%	324.80%
化学纤维制造业	496.50%	460.59%	522.83%	582.94%	624.23%
通用设备制造业	254.63%	262.30%	250.77%	265.85%	264.78%

续表

各具体行业	2013 年	2014 年	2015 年	2016 年	2017 年
专用设备制造业	289.34%	296.76%	307.00%	313.44%	310.62%
汽车制造业	302.34%	309.44%	330.43%	356.48%	382.05%
铁路、船舶、航空航天和其他运输设备制造业	283.43%	264.44%	273.63%	283.84%	269.32%
电气机械和器材制造业	254.55%	257.35%	273.28%	294.76%	316.26%
计算机、通信和其他电子设备制造业	279.01%	275.49%	320.31%	339.79%	240.47%
仪器仪表制造业	190.89%	176.42%	197.32%	194.11%	188.28%

3. 功能转型升级指标

产业内转型升级最后一个阶段是功能的转型升级。功能转型升级是指重组产业链条中价值创造的环节，在此过程中放弃低附加值环节和低利润环节，最终实现附加值的增加和全球价值链中位置的提升。为了实现功能转型升级，从而提高在全球价值链中的位置，企业一般会通过外包等方式放弃低附加值的低端生产环节，将重心置于微笑曲线的两端，通过营销或自主品牌建设等策略，获得价值链上的领导地位。

在产业转型升级的前两个阶段中，产业在全球价值链上的位置没有根本性的提高，但是在这两个阶段积累的生产技术和产品开发设计能力为产业功能升级打下了坚实的基础，同时，企业实现自主品牌的打造及营销经验的积累。产业在功能升级阶段，会随着经营能力的提高，最终取代原有全球价值链中的处于领导地位的企业，成为全球价值链内新的领导者。这时，先前处于附属地位的企业成为全球价值链的主导者，实现从 ODM 到 OBM 的转变。

功能转型升级的目标是改变企业在整个价值链中的低端位置和从属位置，实现位置根本性的提升。因此，选取工业总产值增长率来表示产业功能转型升级的水平。工业总产值增加率代表整个产业价值增加趋势和总的生产能力，它能直接表示价值变动的情况。表 5-5 是佛山制造业总产值增长率情况。

表 5-5　佛山制造业总产值增长率

各具体行业	2013 年	2014 年	2015 年	2016 年	2017 年
制造业	16.57%	9.89%	4.11%	8.48%	-1.63%
非技术密集型产业	18.85%	8.47%	2.94%	5.57%	1.84%
农副食品加工业	14.15%	9.95%	8.28%	9.01%	4.12%
食品制造业	24.12%	15.23%	9.37%	9.36%	-29.63%
酒、饮料和精制茶制造业	27.22%	12.15%	6.13%	5.67%	7.84%
纺织业	23.67%	1.36%	0.78%	4.79%	8.97%
纺织服装、服饰业	17.64%	3.00%	6.71%	-1.19%	3.89%
皮革、毛皮、羽毛及其制品和制鞋业	15.36%	11.48%	3.37%	1.67%	-10.08%
木材加工和木、竹、藤、棕、草制品业	19.55%	10.98%	7.17%	2.28%	-12.52%
家具制造业	24.61%	12.58%	5.61%	9.86%	8.04%
造纸和纸制品业	23.54%	4.70%	1.64%	-0.27%	12.20%
印刷和记录媒介复制业	21.76%	16.34%	7.84%	8.96%	1.30%
文教、工美、体育和娱乐用品制造业	7.24%	32.23%	-6.94%	8.38%	-7.45%
石油加工、炼焦和核燃料加工业	9.46%	-19.15%	-13.75%	-12.35%	13.27%
橡胶和塑料制品业	18.09%	7.64%	2.78%	5.75%	-5.76%
非金属矿物制品业	18.15%	10.26%	3.62%	3.26%	-2.14%
黑色金属冶炼和压延加工业	18.77%	-5.69%	0.76%	4.91%	4.89%
有色金属冶炼和压延加工业	16.05%	18.24%	0.57%	5.83%	2.40%
金属制品业	24.00%	2.77%	7.69%	9.37%	12.86%
技术密集型产业	3.62%	11.82%	5.66%	12.20%	-5.83%
化学原料和化学制品制造业	24.04%	8.75%	5.76%	9.00%	3.42%
医药制造业	24.63%	15.35%	12.09%	22.08%	-5.18%
化学纤维制造业	3.82%	11.78%	18.45%	23.86%	34.68%
通用设备制造业	3.84%	3.42%	2.36%	19.00%	3.89%
专用设备制造业	19.49%	15.62%	13.20%	16.97%	6.54%

续表

各具体行业	2013 年	2014 年	2015 年	2016 年	2017 年
汽车制造业	28.00%	32.20%	13.71%	10.53%	15.98%
铁路、船舶、航空航天和其他运输设备制造业	2.26%	6.38%	7.01%	9.05%	7.59%
电气机械和器材制造业	12.84%	13.10%	1.44%	10.40%	-8.59%
计算机、通信和其他电子设备制造业	16.39%	2.51%	13.96%	14.58%	-25.49%
仪器仪表制造业	18.75%	-3.17%	43.35%	0.62%	4.65%

（三）综合测评的计量分析

利用主成分分析法分别对佛山制造业、技术密集型产业、非技术密集型产业的转型升级水平进行评估。得出表 5-6 制造业成分得分系数矩阵，表 5-7 技术密集型产业成分得分系数矩阵，表 5-8 非技术密集型产业成分系数矩阵。制造业和技术密集型产业主成分只有一个主成分，由劳动生产率、经济效益综合指数和总产值增长率组成。非技术密集型产业主成分有两个组成，第一主成分主要由劳动生产率、经济效益综合指数组成，第二主成分由总产值增长率构成。

表 5-6　制造业成分得分系数矩阵

评价指标	主成分 F1
劳动生产率	0.396
经济效益综合指数	0.366
总产值增长率	-0.328

表 5-7　技术密集型产业成分得分系数矩阵

评价指标	主成分 F1
劳动生产率	0.390
经济效益综合指数	0.378
总产值增长率	-0.321

表 5-8　非技术密集型产业成分系数矩阵

评价指标	主成分 F1	主成分 F2
劳动生产率	0.573	0.032
经济效益综合指数	0.313	0.669
总产值增长率	-0.385	0.591

从表 5-6、5-7、5-8 的矩阵结果，得出佛山制造业、技术密集型产业、非技术密集型产业升级的综合评级得分如表 5-9。

表 5-9　佛山制造业产业升级综合评价得分

年份	制造业综合评价得分	技术密集型综合评价得分	非技术密集型综合评价得分
2013	9.7432	9.1737	9.4243
2014	10.2824	9.8477	9.7217
2015	10.9458	10.7761	10.0521
2016	11.5782	11.7581	10.2854
2017	11.3662	12.1686	9.6388

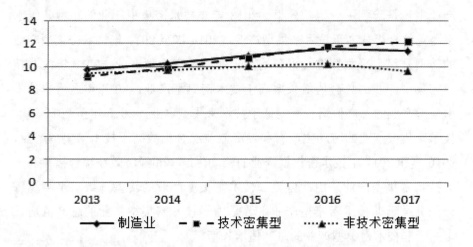

图 5-2　佛山制造业转型升级综合评价得分折线图

从图 5-2 得知 2013 年至 2017 年佛山制造业转型升级水平测算的综合得分总体是呈上升趋势，这说明佛山制造业转型升级水平不断提高，在全球价值链上的位置得到显著的提升。2017 年制造业转型升级水平测算的综合得分有些下降，主要是因为非技术密集型产业转型升级水平测算的综合得分下降，这可能是受到经济运行的影响，2017 年全球经济低位运行，贸易增长放慢，资本流动放慢。

由主成分的构成来看，制造业的主成分只有一个，说明从制造业总体来看，佛山企业正在进行工艺流程转型升级、产品转型升级和功能转型升级。技术密集型产业的主成分也只有一个，说明佛山技术密集型企业也正在进行着三种类型的转型升级。非技术密集型产业的主成分有两个，第一主成分主要由劳动生产率、经济效益综合指数组成，第二主成分由总产值增长率构成，且第一主成分的贡献率高于第二主成分，说明佛山非技术密集型产业的升级类型主要还处于工艺流程转型升级和产品转型升级阶段，并未突破功能转型升级。

从不同要素密集型产业来看，技术密集型产业和非技术密集型产业的转型升级水平测算综合得分总体呈上升趋势，说明技术密集型产业和非技术密集型产业都处于升级的过程中，产业政策在这两大要素密集型产业中还是起到了一定的效果。2013 年非技术密集型产业的转型升级水平测算综合得分高于技术密集型产业，2014 年至 2017 年技术密集型产业的转型升级水平测算综合得分均高于非技术密集型产业。2013 年的非技术密集型产业的总产值增长率高于技术密集型产业，2014 年之后非技术密集型产业的总产值增长率均低于技术密集型产业。2013 年至 2015 年非技术密集型产业的劳动生产率和经济效益综合指数高于技术密集型产业，2016 年和 2017 年技术密集型产业的劳动生产率和经济效益综合指数高于非技术密集型产业。由此可见，技术密集型产业的转型升级水平测算综合得分高于非技术密集型产业主要是由于技术密集型产业的总产值增长率高于非技术密集型产业的总产值增长率。

三、佛山制造业转型升级策略方向

以上是本章对佛山制造业转型升级的测度结果,下面我们从创新、智造、绿色和人才四个方面提出佛山制造业转型升级的方向。

(一) 创新

创新为当今发展必不可少的一个要素,制造业转型升级当然也离不开创新,一个企业能不能更好抢占市场份额,需要企业具备强大的自主研发创新能力,通过创新来达到降成本的目的,当然也能使自身产品优于同行业的其他企业的产品。当然,创新不是一蹴而就的,需要企业对创新加大投资力度,但该过程不是一朝一夕就能完成的,而是需要长时间的持续投入进行研发,并对创新人才进行持续培养及引进,也要加大投资于研究和开发装备。当然,创新是有很大的风险的,不仅需要持续的投入,还可能面临失败的可能,因此制造业通过研发和创新推进结构转换和升级的过程中成本非常高,所以政府在政策上的帮助和支持是非常必须的。

(二) 智造

时代的进步给我们带来了更加便捷的生活,机器手臂的出现带来的是流水线上工人的减少以及生产效率的上升。随着技术的进步,电影上的那些对于未来的猜想在未来也是有可能实现的。在未来,人工智能将会改变世界,机械将代替人力进行很多的工作,从而从根本上降低劳动成本,提升企业生产效率。2017年政府工作报告就出现人工智能,到现在仅仅过了三年,就开始出现智造,可想而知,智造将是时代的趋势。制造业不能继续单纯地制造,而要改"制造"为"智造"。

(三) 绿色

绿水青山就是金山银山,这是党中央给予的时代观点。我们在改革开放之初,为了发展经济,我们不惜一切代价。逐渐地,工业发展在带来巨大的经济效益的同时也带来了巨大的污染，甚至严重破坏了环境。经济发展到现在，人们普遍意识到环境保护的重要性。从而提出各种各样的治理环境的措施：加快淘汰落后制造业，促进传统制造业和先进制造业对接，进行绿色化改造，淘汰落后的东西，例如耗能大的设备或产品线等。把绿色低碳化加入生产过程，使该生产过程高效也绿色化，强化管理创新，通过更高的技术提升能源利用率，减少对环境的污染。

（四）人才

推动制造业成功转型升级的最大因素是人，同时因为创新的主体也是人才，人才在这其中起着决定性的作用，加大力度对人才进行培养和引进，充分挖掘人的创造力，进而更好实现自主创新，最终完成制造业转型升级。其中需要着力去培养管理、研发、技术等专门的人才，建立良好的激励制度，从而获得所需要的人才。

第六章　佛山制造业转型升级综合改革后的效果评价

一、佛山制造业转型升级综合改革落实情况

（一）关于制造业转型升级的重要政策

1.中国制造2025

2015年的时候，中国的制造业生产成本不断攀升，不仅受到国内环境与资源的约束，还受到德国"工业4.0"战略和美国"再工业化"战略等发达国家制造业回归战略的威胁。在国内外双重压力下，中国的制造业必须乘着新一轮科技革命寻找一条新型的发展道路，为此，中国开始部署中国制造2025。中国制造2025提出我国经济增长的新动力以及塑造国际竞争力的重难点在于制造业，制造业是我国发展新经济的出路。中国制造业需走创新驱动道路，由低成本竞争优势转型为靠质量效益竞争优势，并且向绿色制造方向转变，走可持续发展道路。

2.广东省工业优势传统产业转型升级"十三五"规划（2016—2020年）

"十二五"期间，广东省的传统产业特别是传统制造业取得了很大的进步，比如纺织服装、食品饮料、家用电器、金属制品、建筑材料、家具制造、轻工造纸及中成药制造等制造行业的产业体系进一步得到完善，实力进一步增强。在经济新常态背景下，这几个传统优势制造业对广东省的总体经济平稳发展起到稳定器作用。"十三五"时期是广东省实施创新驱动发展战略的关键时期，传统优势制造业将从要素驱动向创新驱动转变，将成为制造业转型升级的重点行业，以此带动整个制造业提升竞争力，增强国际竞争能力。

3. 广东省佛山市制造业转型升级综合改革试点方案

佛山市是全国重要的制造业中心之一，是全国唯一一个制造业转型升级综合改革试点城市。它是中国制造 2025 区域示范试点，一直以民营经济为中心的佛山成为民营经济创新发展试验田。为顺利完成国家制造业转型升级综合改革试点工作，进一步解决制约民营企业发展的突出问题，佛山市政府在降成本、助融资、促创新、拓市场、强保障等方面出台了 40 条具体政策举措，2015 年年底出台了极具转型升级决心的《佛山市制造业转型升级综合改革试点方案》，该方案的出台意味着佛山制造业转型升级试验正式拉开序幕。

（二）佛山制造业转型升级综合改革落实情况

2014 年底，我国经济发展面临的下行压力，中央和省开展密集调研，试图破解企业发展问题；佛山也积极参与调研并提出呼声，希望通过实施差别化的改革探索，破解制造业企业发展难题，而佛山的这一需求，恰好与国家和省不谋而合，上级政府希望通过在地方为制造业转型升级、中国制造 2025 探索出一条新路，而佛山正好有这个想法并且有产业基础，因此，在 2015 年的时候，被国家选为制造业综合改革试点的唯一地区。佛山成为试点，除了与国家和省的意愿完全契合以外，很重要的原因是佛山是典型的制造业大市，2014 年的时候，佛山规模以上民营工业实现产值 1.3 万多亿元，对工业增长贡献率达到 80%，并且是以民营制造业企业为主。

在成为制造业转型升级综合改革试点以前，佛山就制定并公布了《提振民营企业家信心促进创业创新的若干措施》，提出了涵盖民营企业降成本、助融资、促创新、拓市场、强保障等领域的 40 条措施，佛山开始对制造业综合改革进行热身和探索。2015 年底成为制造业转型升级综合改革试点以来，佛山更是认真落实并积极开展一系列的探索和实践，也为了更好地贯彻落实《国家发展改革委关于同意中关村南通市台州市新乡市佛山市列为我委综合改革试点的复函》，佛山市政府制定并发布了《广东省佛山市制造业转型升级综合改革试点方案》。该方案是围绕改革试点工作首次出台的系统性方案，该方案提出了 34 条具体的措施，涉及"降成本、助融资、促创新、补短板、搭平台、优环境"六大领域，在这 34 条措施当中，既有佛山市权限内的政策措施，也包括需要提请国家相关部委授权的政策措施，其中需要国家部委授权的有关政策措施待在实施过程中获得国家批准后实施。此外，该方案提出了佛山的三大战略：制造业体制机制改革先行区、"中国制造 2025"区域示范试点和民营经济创新发展试验田。并且分阶段实现目标，目标一是到 2020 年，成为全国制造业发展的示范；目标二是到 2025 年，促进制造业发展的政策体系和制度环境进一步完善，建设成为制造业技术创新、业态创新、制度创新的策源地，为全国制造业转型升级体制机制创新提供可供借鉴推广的示范经验。

围绕上述方案的战略定位以及分阶段目标，佛山市政府这五年来积极大胆探索、先行先试，不仅尝试了陶瓷、家具、家电、纺织、食品等传统优势产业转型升级新模式，开辟装备制造业和新兴产业壮大发展的新路径；也积极从金融服务、财税支持、技术创新、要素供给、贸易投资、市场监管政策体系等方面来促进制造业的转型升级，并形成可推广可复制的长效机制。佛山的制造业综合改造探索，不仅激发了佛山实体经济和民营经济的活力，还为我国其他类似城市制造业的转型升级提供经验借鉴。

二、佛山制造业转型升级主要措施和做法

这一节，主要从"降成本、助融资、促创新、补短板、搭平台、优环境"六方面来考察佛山在促进制造业转型升级中所采用的主要措施和做法。

（一）"降成本"方面的主要措施和做法

佛山在"降成本"方面做了很多工作，主要如下：

清理规范涉企收费：在清理规范涉企收费方面，佛山政府首先完善

相关的政策体系，通过减免行政事业性收费、规范或清理经营性服务性收费和中介服务收费，帮助企业实现降成本的目的，并通过加强价格监督措施进行检查来确保落实到位，此外，还通过强大的有力的监督机制对180个部门和单位涉企收费情况进行检查，誓要取缔各类违规收费现象；还通过印发《佛山市降低制造业企业成本支持实体经济发展若干政策措施》从制度上促进清理规范涉企收费工作的有效落实。自2015年成为制造业综合改革试点城市以来，除了落实中央减费政策，佛山市先后多次出台了共计80余条政策措施来杜绝和清理涉企收费，形成强力有效的政策体系。严格执行省里规定的涉企行政事业性收费项目"零收费"，光是"零收费"项目就能为企业减负接近30亿元。此外，佛山还对中介服务收费、行政审批中介服务收费、行业协会商会会费及各类活动收费进行清理大行动。由此形成了较为有效的降成本经验，以至于早在2017年就受邀到全国价格工作典型经验总结推广电视电话会上介绍清费减负降成本经验。

以补促降：除了上面的从减方面来降低企业的成本外，佛山还从补的角度来促进企业成本降低，主要是采用财政补助的方式，给予符合相关条件的企业补助，以提高企业降本增效的能力。比如，2016年佛山设立15亿元的企业融资专项资金，为企业融资提供支持，随后在2017年该项专项资金增加到30亿元，2018年和2019年除了30亿专项资金外，还增加7亿的补助资金。这些专项资金和补助，从用地、用工、用电、用气等几个要素来帮助企业降低成本。

以政策形式加以落实和宣传：为了落实各项降补政策，以及提升政策的权威性，佛山市政府在2017年9月印发《佛山市降低制造业企业成本支持实体经济发展若干政策措施》（"佛十条"），详细出台十个方面的降成本政策措施。2018年又印发了《佛山市降低制造业企业成本支持实体经济发展若干政策措施（2018年修订）》，进一步促进政策的细化和创新，严格落实各项政策，有效提高了企业降本增效的获得感。

降低制度性交易成本：佛山市通过大幅削减、不断优化调整审批事项以及不断完善监管方式和优化公共服务来降低制度性交易成本。近年来，佛山市市级取消审批和管理服务事项969项,逐步兑现能取消的坚决取消、能减免的保证减免、能下放的及时下放;还以"互联网+"技术为支撑,推动实现"认流程不认面孔、认标准不认关系"的无差别服务,把降成本措施在真正的无歧视环境中落实。

佛山政府2016年、2017年分别为企业降成本达284亿元、349.23亿元;2018年继续降低生产要素成本及制度性成本,为企业减负426.02亿元。当前,佛山的用电用气成本还比较高,比如工业用电价格平均还在0.7元左右,用气价格还超过3元,未来,必须通过采取切实的措施帮助企业把这个用能成本降下来。

(二)"助融资"方面的主要措施和做法

为了拓宽民营企业的融资渠道,佛山在政策上进行创新和完善,2018年12月12日,佛山颁布了《佛山市关于促进民营经济高质量发展的若干意见》,也就是"民营经济40条",当中的《佛山市金融促进民营经济高质量发展的若干政策措施》中的"金融十条"制定了省内领先的金融政策,为佛山企业尤其制造业企业的股份制改造和上市给予强劲的支持。在"金融十条"颁布的当日,《佛山市加快融资租赁发展三年行动计划(2018—2020年)》也正式下发,不久《佛山市促进融资租赁发展扶持办法》也发布了,另外,佛山对市一级扶持政策进行重新修订,使扶持范围更广、力度更大。

为了促进企业通过发行债券融资,政府积极开展广东金融高新区股权交易中心非公开股权融资业务,还鼓励支持中小企业在全国中小企业股份转让系统挂牌交易,组织力量积极构建佛山制造业企业发债融资分平台。这些措施和做法,能全方位破解民营企业融资难、融资贵问题。此外,佛山政府还积极创新金融服务,通过支持银行机构加强信贷产品和服务创新,促使排污权质押贷、政府订单贷款、仓单质押贷款、应收账款质押贷款等金融服务创新方式逐步落地,并发挥相应的作用。创投机构在佛山不断集聚,截至2019年年初,佛山市股权投资基金总数接近500家,注册及募集资本超过600亿元。

（三）"促创新"方面的主要措施和做法

佛山是全国唯一的制造业转型升级综合改革试点城市，以民营经济和制造业著称。五年来，佛山敢试敢闯，在促进制造业创新方面做了很多工作，不断激活制造业的市场活力，不断提升制造业的质量和效率。

在推动传统制造业的创新方面，佛山主要实施了两个动作，一个是"做减法"，还有一个是"做加法"。"做减法"的具体做法是把陶瓷、家电、服装、纺织、家具等传统制造业产业的低效产能减掉，通过关停、出清的方式进行，在 2018 年年初的时候，基本完成了"做减法"的动作。"做加法"的主要意思是通过技术改造重塑产业竞争力，比如美的集团、海天味业、西伍服饰、唯尚家具等一大批市场占有率高、竞争力强的名牌企业，通过加大改造投入，提升生产技术水平和效率，佛山的工业技改投入连续多年在广东省内名列首位。

科技成果转移市场化发展方面，佛山的主要做法是：提出"世界科技＋佛山智造＋全球市场"的创新发展模式以及"政策性基金＋研发机构＋孵化器"为模式的创新创业生态圈，并建设了广东高校科技成果转化中心、佛山中国空间技术研究院创新中心、广东国防科技工业技术成果产业化应用推广中心、佛山清华大学协同创新研究院等高科技创新平台，为企业提供便利的降成本的服务，促进科技成果转移转化。近年来，佛山的科技创新成果涌现速度大大加快，去年获国家、省重点科研项目立项 24 个，经费接近 4 亿元，全省地级市排名第一；参与获得国家科技进步一等奖 1 项、二等奖 1 项，获省科技奖 17 项，获中国专利奖 52 项、省专利奖 15 项，全省地级市排名第一名。

佛山在先进装备制造业也有可圈可点的地方，对优势传统制造产业，佛山采取的思路是"扶持壮大一批，改造提升一批，转移淘汰一批"，而对先进装备制造业，则对原有的制造业全产业链进行升链、强链与补链，主要采取了两步走策略，第一步是通过数字化、信息化和自动化技术来武装传统装备制造业，促进装备制造业朝智能化水平发展；第二步是拓展现有的装备制造的产业链条；以此提升装备制造水平，努力成为整合全球产业链的主导者而不仅仅是参与者和配合者。当前，佛山在大力发展先进装备制造业方面有几个方面值得借鉴：第一个是对标德国的装备制造发展。德国大量中小企业的创新升级之路采取的是循序渐进的方式，当前佛山制造业的状态就类似于德国创新升级前的情况，因此对标德国，以德国为样本，学习德国制造业转型升级的做法，引导佛山制造业企业前往德国参加学习，并且学习德国的技术培训和职业教育。第二个是通过搭建创新平台，在全球范围"借智"。佛山在高等大专院校、科研院所以及科研人才方面，劣势明显，但政府通过建立世界性平台，利用"借智"的方式，集聚广州、深圳、香港、澳门以及国内甚至国外的科研资源来为佛山所用，这是当前佛山制造业迈向中高端的必然之路。第三个是为产业结构优化升级"补链"。为了避免出现产业"空洞化"，佛山实施制造业就地升级、产业结构替补优化的策略。

（四）"补短板"方面的主要措施和做法

佛山在"补短板"方面的主要有以下的措施和做法：第一是实施"工匠佛山"行动，借鉴和学习德国的职业教育，制定和健全相关的职业资格制度，培养更多佛山工匠。第二是探索"创二代"接班人的培训模式，针对重点骨干和成长型企业的接班问题进行培训，增强接班人的国际视野和创新意识。第三是通过培育和引进两条路子为企业带来高层次人才，也同时积极探索高层次人才的柔性流动与共享机制，满足佛山企业对高层次人才的需求。第四全面落实国家和省支持中小微企业发展政策措施，通过建设各种便利的、低成本的创业空间，给小微企业提供创新创业服务；佛山通过建设广东高校科技成果转化中心、广东国防科技工业技术成果产业化应用推广中心、佛山中国空间技术研究院创新中心、佛山清华大学协同创新研究院等创新平台和载体来支持和服务小微企业，支持小微企业的健康发展。此外，在提高质量品牌战略方面，佛山实施的是"以质取胜、标准引领、品牌带动"三大战略。通过加大对企业管理、市场主体和生产产品等方面来提升企业知名度及培育培育佛山制造品牌。

（五）"搭平台"方面的主要措施和做法

佛山在"搭平台"方面，主要围绕五方面展开，第一是创建泛家居市场采购贸易方式试点，第二是创新服务贸易发展模式，第三是尝试借鉴复制广州跨境电商综合试验区的经验，第四是提升贸易投资便利化程度，第五是大力支持企业"走出去"和国际产能合作。具体比如从 2015 起，佛山通过搭建"互联网＋"大平台，促进企业的技术展示、交流、交易、合作；又比如，为了给制造业的转型升级发挥支撑作用，佛山又倾力打造了中德工业服务区、广东金融高新区、粤桂黔高铁经济带合作试验区等一批高端平台；在此基础上，又学习广州自贸区的做法，在佛山打造一个不是自贸区的自贸区；为了促进贸易的便利性，佛山推出进出口货物"零跑动""零成本""快速通关"服务；又比如在具体的行业服务平台方面，2016 年的时候佛山成立众陶联产业平台，大大提升了产业资源集中度以及供需双方沟通的便利度；在产业整合互动方面，佛山推出了陶瓷、家电、家具、照明等产业链横向整合战略，成功打造"佛山家居"品牌。

（六）"优环境"方面的主要措施和做法

在"优环境"方面，佛山主要围绕深化政务服务改革、开展政务大数据开放试点、健全企业信用体系、推进工业用地市场化改革、改革环评审批等制度、打造廉洁试验区等六方面展开。

此外，为了防止综合改革过程中一味追求经济增长而忽视经济的可持续发展，佛山市将制造业发展中的生态环境问题列为转型升级的一个重点问题。为此，佛山市于 2015 年颁布《佛山市"互联网＋"环境保护工作方案》，促进各项数据的公开以及流通，加强对环境问题的监测，鞭策企业要以环保绿色的方式运营。2017 年 2 月 9 日，佛山召开全市环境保护工作会议，会议上提出，各级政府、党委部门以及各个行业都要采取联合行动，果断地处理环境污染问题，发展生态文明。2018 年 5 月，佛山召开生态环境督察暨环保联动执法动员会议，对制造业产业采取了更严厉的措施，通过有关执行部门的带领监测生态环境法例的执行情况，以该方式大力整治污染超标的企业。

三、佛山制造业转型升级实施效果和成效评价

由于中小微制造业企业的数据难以获得，所以，在对佛山制造业转型升级实施效果和成效评价的时候，我们以佛山规模以上制造业为例加以说明。

（一）佛山规模以上制造业经济发展概况

佛山市是一个以制造业为核心竞争力的现代化工业城市。一直以来，当地政府就将制造业的发展摆在突出的位置上。尤其是最近几年随着制造业结构的升级和转型，该市的经济水平显著提升。尽管在宏观环境不利的状况下，佛山市的制造业依旧迸发强大的活力。2015年，佛山全市规模以上工业总产值和实现的增加值分别为19543.21亿元、4201.85亿元，可以说在该市的制造业占据了较高的比重和地位。2016年，全市完成规模以上工业总产值与实现增加值分别为20923.95亿元、4698.21亿元，对应增长幅度为：7.8%与6.9%。其中，轻工业、重工业、优势传统工业等分别增长了5.7%、9.3%、5.2%。在规模以上工业中，电子机械制造业工业总产值大概为1350亿元。相比2015年递增达17%，相比2015年增长最高的金属制品业以及专用设备制造业则分别达到19.2%与18.7%，几乎每个在规模以上制造业中占据较大比重的行业总产值上涨比例均接近甚至超过10%。相比2016年来看，2017年规模以上工业主营业务收入递增了3.8%，具体达到了21353亿元。而生产总值达千亿元的有7个。截至2018年，佛山市规模以上工业主营业务收入与2017年相比递增了5.5%，具体创造的产值达22618亿元，同时全年规模以上工业实现增加值为6573.82亿元，递增了7.6%；其中，轻工业、重工业、等分别递增了5.9%、9.3%。所创造的产值大概在1425亿元。下图就2016年与2018年相比前年规模以上工业增加值增长率做了对比，可以直观地看出几个较典型行业的增长情况，详见如图6-1。

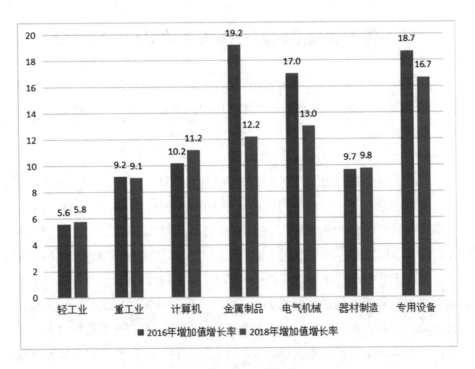

图 6-1 规模以上工业增加值增长率

数据来源：根据佛山市 2017 年佛山统计年鉴数据整理

　　佛山规模以上工业基本由制造业组成，规模以上制造业的经济发展概况在很大程度上能反映佛山的经济发展情况。从 2015 年到 2016 年，佛山规模以上制造业总产值由之前的 18894.6830 亿元而递增至 20513.9566 亿元，上涨幅度达到了　个百分点；与 2015 年相比来看，全市规模以上制造业企业总产值所创造的增加值达到了 1989.872 亿元。与 2016 年相比，2017 年全市规模以上制造业总产值呈下滑的趋势。截至 2018 年底，全市规模以上制造业总产值和实现的增加值分别为 20842.266 亿元、509.567 亿元，上涨幅度达到了 0.24%。下图将以以折线图直观地展示出来（如图 6-2 所示）可以看出规模以上制造业总产值占据佛山工业总产值中的绝大部分，规模以上制造业仍是推动佛山经济的强大动力。

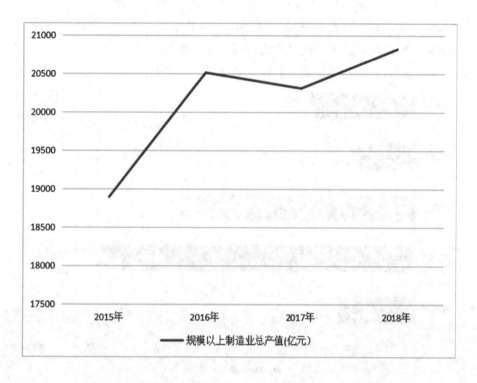

图 6-2 佛山规模以上制造业总产值 2015-2018 年变化

数据来源：根据佛山市 2016—2019 年佛山统计年鉴数据整理

（二）佛山规模以上制造业呈现的特点和趋势

佛山规模以上制造业区域分布：2015 年，佛山市共有 5787 家规模以上制造业企业，从分布地区来看：禅城区有 603 家企业，南海区最多为 2303 家规上制造企业，顺德区次之为 1630 家；三水区 792 家、高明区最少仅有 459 家规模以上制造企业；占比分别为 10.4%、39.7%、28.2%、13.7%、7.9%。截至 2018 年底，佛山市共有 6146 家规模以上制造业企业，相比 2015 年上涨 6.2%。与 2015 年相比，仍然是南海与顺德区增加的企业数量最多，分别增加了 173 与 81 家规上制造企业。总体来看，企业分布仍与 2015 年保持大体相似，图 6-3 根据 2016 年与 2019 年佛山统计年鉴对这 2015 年和 2018 年的数据进行对比，可以较清晰得知佛山规模以上制造业企业地区分

布与变化。从图 6-3 看出佛山市规模以上制造业在南海以及顺德区占据了
绝大部分的地位，这两个区是佛山市制造业的重点地区。

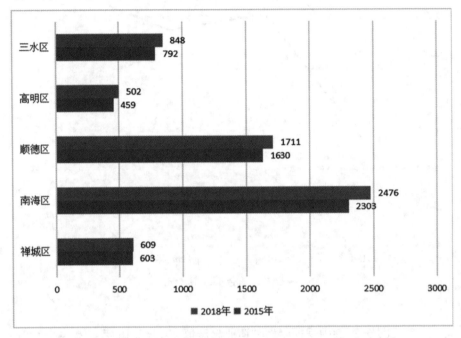

图 6-3　佛山市规模以上制造企业各地区分布

数据来源：根据佛山市 2016-2019 年佛山统计年鉴数据整理

　　佛山规模以上制造业呈现跨行业多、覆盖行业广的特点：细分到行业，
佛山市规模以上金属制品业从 2015 年的 831 家上涨至 2018 年的 902 家，
而器材制造业则由之前的 789 家下跌至 763 家，2015 年，在规模以上的制
造业企业中，这两类企业所占据的份额最高。其次，非金属矿物制品业、
橡胶和塑料制品业等则分别达到了 448 家、468 家。另外，纺织业等制造
类企业的数量也达到 300 家以上，但石油加工等规模以上的企业却只有 12
家，截至 2018 年底，电气机械和器材制造业仍在规模以上制造业中占比最
大。其他产业与 2015 年进行对比发现基本保持稳定，都囊括了各种行业。
总之，佛山规模以上制造业细分到行业基本上可以分到各行各业，覆盖的
行业面广，跨行业多。

　　佛山规模以上制造业行业结构呈现逐渐合理的趋势：截至 2018 年，工业结构开始朝着高级化的方向演变，从 2015 年到 2018 年，轻重工业的比重从之前的 46.5∶53.2 演变为 49.1∶51.1。轻重工业比值逐渐趋向 1∶1。与 2015 年度相比，高技术制造业增加值增加了 332.34 亿元，增加比重为 3.5%。其中，医药制造业、医疗设备及仪器仪表制造业分别递增了 21.2%、7.6%，而电子及通信设备制造业、计算机及办公设备制造业则分别减少了 4.1%、2.9%。

　　佛山规模以上制造业增加值对 GDP 贡献情况如表 6-1，从 2015 年到 2018 年，佛山市的 GDP 呈不断上升趋势，从 8133.65 亿上升到 9938.88 亿，但与此同时，工业总产值对 GDP 的贡献率也有所减小，从 59.15% 下降到 54.38%，规模以上制造业对 GDP 的贡献率也呈逐年减弱趋势，从 51.53% 下降到 44.26%；如表 6-1 数据所示，工业的竞争力开始下降。由于制造业是工业的重要组成内容，当规模以上制造业的竞争力开始下降，这说明在佛山市总体的发展中，制造业发挥的作用正在减少，而佛山市以制造业作为发展基石，这个现象是个不好的预示，因此必须加快制造业的升级和转型，这对整个工业发展有着重大现实意义。然而要想确保制造业的成功升级与转型，就必须要在立足于全市生产总值不断递增的前提下展开，同时，还要提升规模以上制造业增加值在地区生产总值中所占据的份额，以此为国家经济的增长而创造出更大的价值。

表 6-1　规模以上制造业工业增加值对 GDP 贡献率

年份	地区生产总值（亿元）	第二产业总产值（亿元）	工业总产值（亿元）	规模以上制造业增加值（亿元）	规模以上制造业增加值占工业总产值比重（%）	规模以上制造业增加值占第二产业总产值比重（%）	规模以上制造业增加值占 GDP 比重（%）
2015	8133.65	4975.82	4811.50	4191.48	87.11	84.34	51.53
2016	8757.72	5279.32	5100.56	4487.73	87.98	84.99	51.23
2017	9398.51	5424.64	5230.53	4171.04	79.75	79.75	44.38
2018	9935.88	5614.01	5403.14	4398.71	81.39	78.33	44.26

数据来源：根据 2016—2019 年佛山统计年鉴整理

佛山规模以上制造业增加值不断攀升：2019 年，佛山生产总值 GDP 首次突破万亿，一举进入"万亿俱乐部"，佛山市在这 17 座万亿级城市中是最为突兀的，佛山既不属于北上那样的直辖市，也不属于广杭那样的省会城市。佛山市 GDP 可以顺利突破万亿大关，最大的功臣便是一直被我们引以为豪的制造业。自改革开放以来，佛山 GDP 从 1978 年的 12.96 亿元，增长到 2019 年的 10750 亿元，增长了 827 倍。其中，工业总产值从 1978 年不到 14 亿元，增长到 2019 年的接近 3 万亿元，增长了近 1700 倍。尤其是佛山规模以上制造业增加值约占广东全省增加值的一成半。自 2016，佛山政府贯彻落实关于国家制造业转型升级改革试点政策的方案，制造业行业的发展得到了强有力的保障和增长，较为明显的是 2019 年，佛山的规模以上工业增长值同比增长了 7.3%，这样的成绩在同级别经济体量的城市中并不常见。

佛山规模以上制造业"规模制造"转变为"精品制造"：2015 年佛山市规模以上的制造业工业总产值高达 1.81 万亿元，然而在经过国家市场监督管理总局对佛山工业产品的质量调查中发现佛山的工业产品质量参差不齐，因此提升工业产品的质量是佛山继续向着制造业大城市迈近的关键一步也是佛山市政府和企业共同携手改善的要点。佛山市应该借助改革试点这个天时，在规模以上制造业中强化实施标准化战略，构建并完善一套科学的新型标准体系，提高规模以上制造业产业标准化创新能力。标准化战略在规模以上制造业产业保障、创新和技术等层面起到了牵导作用。高质量产品是佛山市制造业打开通往全球的大门，也是佛山市由"规模制造"转变为"精品制造"的捷径。据数据显示，2018 年佛山工业产品合格率达 94.6%（当年的全国标准为 94.16%）标准化政策使佛山慢慢向"精品制造"方向迈进，并且取得一定的成效。在打造全国品牌方面，佛山市更是硕果累累（如表 6-2 所示），并且佛山市全市标准联盟及联盟标准数、企业主导或参与制修订的标准数、中国驰名商标数等质量指标居全省地级市首位。

表 6-2　佛山综合改革后企业产品质量

指标	广东省名牌产品	中国质量奖提名奖 （规模以上制造业企业）
数量（单位：个）	703	2
排名（广东省）	1	1

佛山规模以上制造业由制造转变为智造：对于信息化日新月异的年代，制造不能仅仅是制造，要进行信息化改革，佛山市政府与传统规模以上的制造业产业共同发力利用"智能＋""互联网＋"等手段进行升级改造，将智能应用到规模以上制造业工业中。在 2019 年《数字中国指数报告（2019）》中，我国总体指数综合城市排名中佛山市首次跃进前 20 名，位列 14。佛山作为全国唯一一个制造业转型升级综合改革试点城市，在 2018 年全年，佛山全市智能化产品及装备制造的总产值约 55.8 亿元，并且这些智能化产品应用到规模以上制造业中，这批"佛山造"机器人被投入到规模以上制造业生产中，替代原有的工业结构升级成为智能化生产，再结合互联网信息技术，此举大大地提高生产效率，对生产决策进行优化，并且降低成本和无效生产，实现增值增效。政府和规模以上制造业齐手发力，能够促进整个规模以上制造业企业的行业智能化发展。上文提及质量是提升工业发展的动力，那么这个"智造"就是实现质量提升的手段。纵观历届中国各级质量奖提名奖的获奖企业，80% 以上都是创新性发展"互联网＋智能制造"的企业，如享誉盛名的美的、溢达等。其次，规模以上制造业的升级改革必须依靠互联网信息技术才符合未来发展趋势。因此自 2015 年佛山试点政策开始实施到现在，规模以上制造业企业都在不同程度地根据自身累积的制造实力发展互联网延伸产品，从一开始只提供硬件转向"硬件＋软件＋服务"全链条产品，与同行和政府通力合作共同交织工业互联网，将企业产品链向中高端层次发展。在发展"智造"的道路中，佛山市五区的成果更是各有精彩，作为中心城市的禅城率先发布了国内县区级政府首份关于区块链技术应用的白皮书，为规模以上制造业企业转型为"智造"提供高新技术的支持；作为规模以上制造业分布最为广泛的区——南海，被批准

建设成为广东省大数据综合试验区，为规模以上制造业企业转型提供技术型支持；顺德的成效是最为显著的，在规模以上制造业企业中，有 4 家企业荣获广东省工业互联网标杆企业称号。

（三）佛山规模以上制造业转型升级实施效果

2015 年底佛山出台《广东省佛山市制造业转型升级综合改革试点方案》，佛山市政府和规模以上制造业企业共同发力，在六个层次"调低成本、促进融资与创新、补足短板、为各方搭建平台、优化生产环境"分别作出相应的努力，推动佛山市制造业转型升级。作为制造业的领头行业，规模以上制造业更能体现改革的成效，因此，本章始终以规模以上制造业企业作为研究对象，对其在此政策中的改革成效进行研究。

1. 从企业的经营绩效层面看

第一，企业数、企业工业总值、工业增加值

在佛山政府的政策扶持下，佛山市内的规模以上制造业的规模和增长速度得到了明显的提升。从表 6-3 得知，在 2015 年佛山市拥有规模以上的制造业企业数为 5830 家，工业总产值 181315110 万元。到了 2019 年底，记录在档的规模以上制造业企业数为 6146 家，累计增幅为 5.42%，工业总产值 208232662 ，累计增幅为 14.85%。

表 6-3 佛山综合试点改革前后企业数工业增加值的比较

年份	制造业企业数（单位／家）	工业总产值（单位／万元）
2015	5830	181315110
2019	6146	208232662

工业生产总值增加值高速增加，从 2015 年到 2019 年工业生产总值如图 6-4 所示，年均增加值为 21.52%。

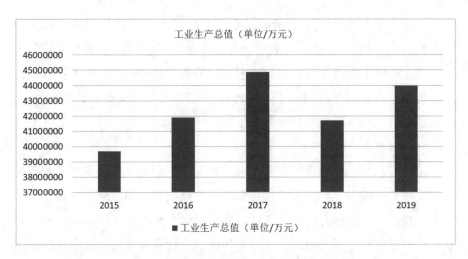

图 6-4 佛山 2015-2019 工业生产总量

第二，营业收入和营业成本、利润率

佛山市《方案》中的主要与"营业收入和营业成本、利润率"相关的措施有"扩大重大技术设备进口税优惠范围""拓宽制造企业直接融资渠道""拓宽企业兼并重组融资渠道""创新财政资金支持方式"。通过多方面多渠道帮助解决企业的经营资金问题并且拓宽了规模以上制造业融资渠道，使企业的资金链得到了补充，并为一系列的改革措施打好了物质基础，为企业的转型升级提供一定的资金上的支持。

表6-4   佛山市2015和2019规模以上制造业企业营业指标变化（单位: 万元）

年份	营业收入	营业成本	利润总额	应交所得税	净利润	净利润率
2015	174857624	149964519	13303489	1374883	11928606	6.90%
2019	201945985	172501365	14775023	1447952	13327071	6.66%

数据来源：根据 2014-2019 年佛山市统计年鉴数据整理

通过表 6-4 的直接对比可知，2015 年到 2019 年，佛山市规模以上制造业企业营业收入、营业成本增长高达 15% 左右，利润总额增长达到了 11.06%，而应交所得税和净利润的所对应的利润总额和主营业务收入的比例则是维持在较为平稳的水平，2019 年的综合应交所得税率比 2015 年稍低 0.54%，但 2015 年的净利润率却比 2019 年稍高 0.24%。

第三，税费及利息支出

2015 年底佛山出台降低税点的政策，对于绿色制造项目提供了相应的金融支持并且减少了审批手续，使 56.3% 的规模以上制造业企业减少了大幅度的税收负担。在会计政策方面，佛山市进一步扩大了固定资产加速折旧政策适用行业，惠及陶瓷、家电等传统优势行业以及对国家自主创新示范区实行国家推行的税收优惠政策，规模以上制造业企业改革转型的成本大大减少。

2015 年佛山市规模以上制造业企业营业税金及附加总额为 777709 万元，而到了 2019 年，这一数字攀升到了 1108319 万元，增幅高达 42.51%。另一方面，2015 年佛山市规模以上制造业企业负债合计 56476932 万元，而利息支出为 670268 万元，综合利率为 1.19%，2019 年负债合计为 67319413 万元，而利息支出则达 568847 万元，综合利率为 0.09%。

2. 从高技术层面看

高技术化是指在整个制造业产业中技术密集型产业所占的份额逐渐递增，抑或是制造业内部的科技创新能力显著增强的过程。因此，我们可结合技术密集型产业的占比来权衡一个产业的高技术化水平。在生产中各大产业因为所处的阶段不同，投入生产要素的数量也会存有明显的差异。一般来说可将其细分为劳动、资本和技术密集型产业。在对一个地区的经济、科技等层次进行衡量时会使用该类划分法。但是，随着科研创新水平的提升和经济增长速度的加快，劳动、资本和技术之间的交叉性会变得更加显著，此时，这种划分法所具有的优势则会逐渐丧失。所以，必须要对这三大要素进行细分，这样才能够了解佛山市制造业的转型与升级状况。潘震宇（2012）将制造业分为五大类①本文则基于该类划分法来细分佛山市的制造业（具体见表 6-5）

表 6-5 制造业类型划分

劳动密集型制造业	劳动技术密集型制造业	资本密集型制造业	资本技术密集型制造业	技术密集型制造业
食品制造业	医药制造业	农副食品加工业	化学原料及化学制品制造业	汽车制造业
纺织业	橡胶和塑料制品业	酒、饮料和精制茶制造业	黑色金属冶炼和压延加工业	铁路、船舶、航空航天和其他运输设备制造业
皮革、羽毛及其制品、皮毛和制鞋业	通用设备制造业	烟草制造业	有色金属冶炼和压延加工业	计算机、通信和其他电子设备制造业
家具制造业	专用设备制造业	造纸和纸制品业	废弃资源综合利用业	
木材加工和木、藤、竹、棕、草制品业	电气机械和器材制造业	石油加工、炼焦和核燃料加工业		
印刷及记录媒介复制业	仪器仪表制造业	化学纤维制造业		
金属制品业及其他制造业		非金属矿物制造业		
文教、工美、体育和娱乐用品制造业				

依照以上方法，结合佛山市从 2014 年到 2018 年间的数据来全面研究规模以上行业年度生产总值增加值的占比（见表 6-6），并用折线图来呈现（见图 6-5），可以清晰地看出规模以上各类型制造企业 2014 至 2018 年的变化曲线。

表 6-6 佛山规模以上制造业各类型增加值比重（%）

年份	劳动密集型制造业	劳动技术密集型制造业	资本密集型制造业	资本技术密集型制造业	技术密集型制造业
2014	24.01	36.74	14.01	16.06	9.182
2015	34.85	33.09	12.33	9.727	9.995
2016	24.99	37.34	11.71	15.58	10.38
2017	32.36	35.80	11.93	10.32	9.588
2018	26.18	38.27	11.35	15.41	8.782

数据来源：根据 2015 年—2019 年《佛山统计年鉴》计算整理。

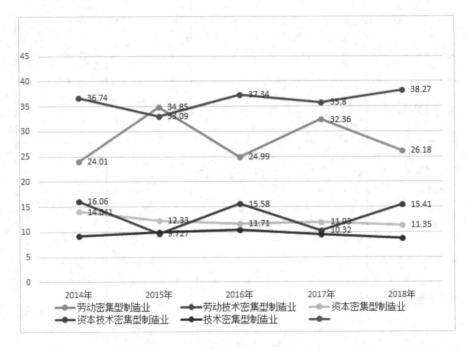

图 6-5 佛山各类规模以上制造业占 GDP 比重

数据来源：根据 2015-2019 年《佛山统计年鉴》计算整理

从图 6-5 可以分析得知，一年中制造业内部结构的变化并不显著。其中，波动性最大的当属资本密集型和资本技术密集型制造业。除此以外，其他类型的制造业占比却比较稳定。但是，年后这两大类型的制造业却呈递增的趋势。劳动要素在佛山规模以上制造业中占有十分重要的作用。尤其是劳动、技术密集型制造业占据的份额较高,随着产业结构的不断优化,这一趋势还在逐渐上升。然而,技术密集型制造业所占据的份额却总是处于较低的水平,并且最近两年的占比开始减少,这一现象则充分表明当前制造业的整体竞争力在不断降低,制造业主体仍是陶瓷与纺织业,佛山市对规模以上制造业向高层次化转型升级的进程仍处于较前期的地步,依旧缺乏资本与技术密集的制造业主体。

3. 制造业高端化是指制造产品从低端走向高端的过程,换言之,产品由低附加值上升到高附加值。通常来说,制造业在价值链上所处的位置高低直接决定了产品附加值的大小。一般我们会通过制造业增加率这一项指标来权衡制造业的高端化。制造业增加率是指制造业投入产出的百分比,其主要展现的是在整个制造过程中为了生产制造产品而投入的技术。对此,我们对佛山市规模以上制造业的相关情况进行了比较与分析(见图 6-6)。

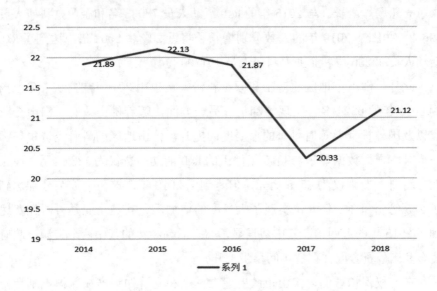

图 6-6 佛山市规模以上制造业增加值率(收入法计算)

结合相关的资料得知,近几年来,佛山规模以上制造业增加值率处于起伏状态,从 2014—2018 年一直处于 25% 以下,在 2017 年处于最低水平

20.33%，相比发达国家如德国或美国等国家的制造业，佛山规模以上制造业增加值达到了 35% 以上。而与我国一线城市相比，佛山规模以上制造业的增加值率也超过了 30%。一般来说，制造业在产业价值链上所处的位置是高端还是低端直接决定了制造业增加值率的高低。尽管佛山市制造业为本地经济的发展带来了良好的效益，但是大部分制造业基本都处于低端，与国内外发达制造业城市相比较时，佛山市规模以上制造业所生产的产品缺乏市场竞争力，产品附加值不够高，生产价值链仍旧处于较低端的水平。

4. 从企业 R&D 及人才流入层面看

2015 年佛山市拥有规模以上的制造业企业数为 5830 家，其中有 R&D 活动的企业数为 1427 家，有研发机构的企业数为 386 家，占比分别达同年企业数的 24.48% 和 6.62%。到了 2019 年，有 R&D 活动企业数和有研发机构的企业数攀升至 2881 和 3046 家，占比分别高达同年企业数的 46.88% 和 49.56%。在 R&D 活动和企业办科研的爆发下，科研人才和科研经费也迎来了一轮爆炸增长。与 2015 年的 R&D 活动人员 78933 名和企业办科研人员 39652 名相比，2019 年的人数分别增长了将近 20% 和 250% 倍，达到了 R&D 活动人员 93256 位和企业办科研人员 101309 位。

此外，佛山市地区的博士和硕士科研人员也由 2015 年的 2957 名上扬到 2019 年的 6324 名，实现了翻倍。另一方面，随着佛山政府、佛山企业家以及国外投资者等对科研的重要度的提升，佛山地区的科研经费每年都在提升。根据数据显示，2015 年佛山的 R&D 活动经费仅为 183 亿元，而企业办科研经费则仅为 65.5 亿元，但是到了 2019 年，这两个数字分别达到了 235 亿元和 247 亿元，实现了大幅度的增加，尤其是企业办科研经费达到了 2015 年的近四倍。其中数据显示 R&D 活动经费的其中两个来源：政府资金和国外资金同样在逐年间稳步上升。

在产权保护方面，佛山市政府建立健全和完善知识产权保护机制让企业无后顾之忧。佛山市政府积极培养和引进高端人才，建立中外合作大学，打造开放包容、舒适便捷的宜居宜业环境，大力引进具有国内外领先水平的创新创业高技术科研团队和行业领军人才。

5. 从高生态化层面和绿色层面看

制造业在改革的过程中有一个最突出的特点是由高能耗走向低能耗，环境污染由大变小。因此，关于制造业的升级和转型本章使用了一个重要的评估指标即高生态化。所谓的高生态化是指单位制造业在生产期间对能源的耗费及其排放的废弃物量。从 2014 年到 2018 年，佛山市单位制造业在生产期间对各大能源的使用量逐渐减少，而利用的效率显著提升，另外，污染性相比之前也大大降低，这则充分地表明了佛山市制造业在改革的过程中对于生态效益的提成工作取得较好的成效。下表则对此作出了详细的概括（见表 6-7）

表 6-7 佛山规模以上制造业单位增加值废弃物排放数据

年份	单位制造业增加值废气排放量（亿立方米／亿元）	单位制造业增加值电耗（千万时／亿元）	单位制造业增加值固体废物排放量（吨／亿元）	单位制造业增加值废水排放量（万吨／亿元）
2014	2.55	1.23	35.95	28.36
2015	2.46	1.19	34.92	24.53
2016	2.23	1.07	35.10	19.83
2017	2.05	1.02	33.97	17.22
2018	1.97	0.96	33.21	13.58

数据来源：根据 2015 年—2019 年《佛山统计年鉴》计算整理。

在转型升级的政策推动下，佛山市淘汰落后产能取得了初步成果，明显地节省了能源、降低了能耗、减少了污染。通过表 6-8 的数据可知，2014—2018 年五年间，佛山市制造业对各类资源的消耗大部分呈现负增长且下降幅度明显，能耗总体下降了 1.3%。环境污染的几类原料使用量也大大减少，即废气与废渣排放减少，污染程度降低，环境问题得到改善。这也充分说明了通过佛山市近些年来坚持生态化、绿色化的制造业改革、限制相关污染行业进入条件、限制相关污染行业的市场准入、加强管制、淘汰落后产能、改变企业生产方式等方面具体行动措施，使企业的劳动生产率不断提高、对生态环境的不利影响逐步减少，取得一定成效。

表 6-8 佛山 2014—2018 年工业企业能源消费

指标名称	计量单位	2014 年	2015 年	2016 年	2017 年	2018 年	2018 年比2014 年增长（%）
原煤	吨	11957377	10820687	10883694	11469088	10739628	-10.12
其他洗煤	吨	100864	71701	105497	119564	105230	4.3
焦炭	吨	28608	10920	6996	5604	4838	-83.1
其他焦化产品	吨	74434	41310	40083	38440	29076	-60.9
原油	吨	1449062	1830756	1959360	1814757	1737767	19.9
汽油	吨	52259	56223	48517	44562	35423	-32.2
煤油	吨	3130	949	903	433	2172	-30.6
柴油	吨	179606	155877	133491	122405	113038	-37.0
燃料油	吨	246885	217590	209649	162907	100015	-59.4
液化石油气	吨	84104	105362	109036	96557	67114	-20.2
其他石油制品	吨	49427	66733	51787	50444	41201	-16.6
热力	百万千焦	7088052	7565369	9505755	9734302	11432841	61.2
电力	万千瓦时	2805647	2774457	2873907	2877370	2917425	3.9
能源合计	吨标准煤	17496695	17076783	17401173	17692216	17270298	-1.3

数据来源：根据 2014—2018 年佛山市统计年鉴整理

佛山传统规模以上制造业在不同程度对环境造成一定的损害，随着时代的发展，标准也在不断地提高，因此为了实现可持续发展，佛山市政府和规模以上制造业企业将努力实现"绿色制造"，减少对环境的破坏，从而带领整个制造业行业实现环境和生产协调发展。

第一，空气方面

在空气排放方面，佛山市政府大力整治规模以上制造业企业的空气排放处理问题，企业也不断改革转型，创新性运用高新科技生产，因此成效显著，如表6-9所示。

表6-9 佛山2015和2019年空气质量指标对比及优化效果（单位：微克/立方米）

年份	SO2	NO2	PM10	PM2.5
2015 年	17	41	58	39
2019 年	9	38	52	30
两相对比	↓ 47.1%	↓ 7.3%	↓ 10.3%	↓ 23.1%

数据来源：根据2014-2019年佛山市统计年鉴数据整理

通过标准化淘汰超标排污设备，以及规范排污等一系列措施，同样使得佛山市总体环境与节能取得良好成绩，据统计从2015年到2018年，单位制造业增加值废气排放量由之前的2.46亿元减少至1.97亿元；而单位制造业增加值废水排放量则由之前的28.36亿元减少至13.58亿元。在大力倡导节约能源资源和降低环境污染的情况下，佛山市2018年全年空气质量达优良天数306天占有效天数比例达83.8%。

第二，水质方面

佛山市政府在进行制造业转型升级的同时不忘优化升级环境，为解决环境污染问题，相继推出污染企业停工整改或限时搬迁等政策方案，着力整治地区酸雨以及空气污染问题，将污染较重的陶瓷、电镀等生产行业集中整治，优化生产模式，不达标准不予生产。整治效果如下表6-10所示。

表6-10 佛山2015年与2019年降水水质情况比较

年份	降水 pH 值	酸雨频率
2015	4.84	53.2%
2019	5.12(下降 0.28 个 pH 单位)	40.8% （下降 12.8%）

数据来源：根据2014-2019年佛山市统计年鉴数据整理

第三，噪音方面

2015 年全市声环境质量基本稳定，佛山市功能区噪声昼间和夜间点次达标率分别为 84.9% 和 54.4%。从表 6-11 得知，2019 年的平均等效声级与 2015 年相比，并没有明显改善，说明在制造业转型升级的噪音防治方面还有待提高。

表 6-11 佛山 2015 年与 2019 年噪音情况比较

项目	2015		2019	
	平均等效声级	评价水平	平均等效声级	评价水平
全市区域环境噪声昼间均值	56.8dB(A)	一般	58.4dB(A)	一般
全市区域环境噪声夜间均值	67.3dB(A)	较差	69.2dB(A)	较好
道路交通噪声昼间	67.5dB(A)	好	69.2dB(A)	较好
道路交通噪声夜间	61.3dB(A)	不达标	63.3dB(A)	较差

数据来源：根据 2014-2019 年佛山市统计年鉴数据整理

6. 小结

通过从企业的经营绩效、高技术层次、高端化层次、企业 R&D 及人才流入、高生态化和绿色化等五个层次分析佛山市对规模以上制造业所做举措取得的成绩进行分析，得出佛山市规模以上制造业转型升级在生态效益方面转型升级程度较高，污染与排放严重程度逐渐降低，但在延伸生产产品价值链以及改造传统优势制造业发展先进制造业方面则仍存在不足，仍处于转型升级较前期阶段，下面将制约佛山规模以上制造业转型升级的制约因素进行分析，对佛山制造业转型升级的成效进行评价。

（四）成效评价

1. 佛山市规模以上制造业结构层次依然较低

在对现阶段佛山市制造业整体的发展情况和结构进行分析之后，可以发现其水平还较低，尤其体现在部分传统老旧产业占据比重过大，包括劳动密集以及污染较重部分产业，而相比之下，高新技术整体的比重较少。这里所说的高新技术具体包括航空航天以及电子计算机等，调查显示，截至 2018 年，佛山市地区规模以上制造业整体的数量到了 6100 多个，而其中高新技术企业整体的数目只有 300 多个，占据整体数目的比例不到 5%。这就造成规模以上制造业内部的结构产业不合理现象十分明显，劳动密集型产业所占的比重过多使得高新技术的发展存在诸多的障碍，价值链低端整体的比重过大，高新技术产品比重不高，制造业贡献的产值大多依靠以订单数量决定来加工的传统产业，缺乏高附加值产品来提升总体的产业链高端水平。从这可以很明显地看出佛山规模以上制造业结构层次较低，在转型升级的道路上是较为严重的制约因素。

2. R&D 经费投入相对不足

现阶段，佛山市规模以上制造企业还存在整体科技投入不足的问题，使得整体的研发和科技创新能力得不到必要的保障，尤其体现在 R&D 经费投入不足的方面，根据相关数据调查显示，截至 2018 年，佛山市现阶段的科研机构数目达到了 3400 多家，R&D 经费投入是 194.88 亿元，申请专利的数目为 23 万多。而对深圳市的数据进行分析之后，可以发现，其科研机构的数量有十万多家，R&D 经费支出为 760 亿元，在专利发明上，更是与佛山市呈多倍数的差距。佛山市整体的科技投入力量与先进制造业城市相比仍存明显不足，这就造成制造业创新发展得不到必要的保障，将因此拖慢转型升级的进程，导致规模以上制造业的高新水平比例依旧难以提高。

3. 竞争力依然较弱，缺乏龙头企业

制造业整体的竞争力，实际上还与当地的产业链整合能力之间有着密切的关系，在佛山市规模以上制造业中，中小型企业整体的规模和比重较大，缺乏具有强大产业链整合能力的超大型企业，大企业的缺失也使

得整体的制造业竞争力得不到必要的保障，截至 2018 年，佛山市所拥有的像美的、格兰仕、佛山照明、东鹏瓷砖等知名品牌较少，缺乏龙头效应，这也使得制造业的总体凝聚力弱，产业链出现较明显断层，使得区域内部的资源利用效率得不到很好的保障，甚至出现浪费，因此竞争力偏弱的问题也长期存在，制约转型升级的进程。

4.高端集聚依然较少

马克思认为"人类支配的生产力是无法估量的"。人是最重要的生产要素，特别是高端人才，他能推动社会变革与进步。要想在规模以上制造业领域做强做大，就必须装备好技术、管理好人才，但人才的问题却让目前佛山规模以上制造业企业苦恼不已。薪酬虽高，但人才难留成了佛山规模以上制造业企业的新挑战。在 2018 年末一次市经贸局的调研中，面对激烈的市场竞争与地方薪酬机制等多重影响因素，在规模以上制造业企业方面佛山市的争夺能力不强。

第一，高端人才薪酬水平吸引力有限。这是造成佛山市规模以上制造业企业人才匮乏与流失的重要原因，特别是高端人才十分缺乏。高端人才薪酬待遇以及晋升渠道让人不甚满意，企业文化建立不能同化高端人才，未考虑高端人才的未来发展，使人才工作劲头不足，人才流失现象较严重。

第二，高端人才生活环境。佛山市制造业一般选址于郊外工业园，生活娱乐设施配套无法满足高端人才的娱乐消遣，从而导致人才流失率过高。首先政府需要完善工业园区的配套建设和基本城市建设，其次企业要在人力资源管理方面给予高端人才"定心丸"。

第三，高端人才技能学术钻研氛围不浓。佛山市本地本科大学只有一间，高等教育严重跟不上需求。并且佛山市当前技能教学脱离了实践，理论知识与实践能力转换能力不强，部分学生在上岗工作前脱离了实践，空谈理论知识，无法驾驭和胜任工作，规模以上制造业对人才的培训也较少，只能靠人才自身提升技能。

5.核心竞争力依然不强

佛山市规模以上制造业一向以粗放型、外延型的发展方式为主，加工出口较大，付出的环境资源代价也大，但本土规模以上制造业企业的技术专利，自主品牌不多，核心竞争力不足，虽然佛山市创新能力日渐攀升，但总体仍然偏低。技术创新是制造业转型升级的关键问题，企业技术创新的程度高会大力推动区域经济发展的步伐，反之，企业的自主创新能力低，会导致产业升级动力不足，制约地区经济的发展。

根据《2018年度佛山市知识产权报告》得知，在这一年佛山全市共申请了89388件的专利，而对比2015年佛山市39796件专利申请这个数字，4年时间，增幅已经达到124.62%，通过这些数据的对比，可以看出佛山在自主研究与专利申请上下了功夫。随着申请数量的增加，授予的专利数量也在增加。与自身相比，佛山市在三年期间在自主创新方面已取得了巨大的进步，然而根据表6-12的数据不难看出，与同处粤港澳大湾区的其他城市相比，佛山市在科技投入和自主创新方面远远不够，企业自主研发能力偏弱，产品核心竞争力欠缺，制造业发展受到限制。

表6-12 2018年广东省及R&D经费支出超百亿地级市R&D经费支出情况

地区	R&D经费支出（亿元）	占全省比例（%）	R&D经费占GDP比重（%）
广东省	2704.70	100	2.78
深圳市	1161.93	42.96	4.80
广州市	600.17	22.19	2.63
佛山市	244.77	9.42	2.56
东莞市	236.32	8.74	2.85

数据来源：根据《2018年广东省科技经费投入公报》整理

6. 制造业产业结构同质化依然严重

产业结构同质化现象在佛山市较为严重，规模以上制造业产业重复性建设，极大地降低了资源的利用效率，区域产业发展配套不够完善从而使优势效应降低，导致整个行业的活力不够。佛山市优势规模以上制造业产业发展经常被复制建设，佛山市家具制造业，家电制造业就尤为严重，规模以上制造业同构现象在珠三角城市中名列第一，虽能提高技术水平以及资源空间流动性，但是又容易形成恶性竞争。

7. 制造业生产与环境保护的矛盾依然突出

均衡资源消耗，环境保护以及经济发展是新时代的重要内容。多年来，佛山市粗放型的经济发展模式使规模以上制造业的可持续发展造成了伤害。佛山市虽然积极发展科技创新，但新技术和创新科技的新成果还尚未成熟，不能有效和快速实施。部分规模以上制造业虽有创新意识可是仍旧保守顽固，创新并不能发挥主导地位，机器设备依旧新旧参半，传统的加工设备仍旧使用导致产能较低，能耗增加并且噪音巨大。"工业三废"排放原始方式仍然存在，未合标准或者私自偷排的也不罕见，未能最大限度地减少污染处理，造成聚集效应，工业园区整体处理三废效果不佳。

第七章 佛山制造业转型升级综合改革实践之一：以创新驱动和"走出去"双引擎驱动佛山制造业转型升级

佛山是全国制造业大市，发达的制造业使佛山规模以上工业总产值位列全国大中城市中第五、广东第二。佛山市政府在 2012 年创造性地提出了以"创新驱动"作为城市发展的核心战略构想。明确提出了依靠科技创新驱动佛山转型升级，用技术促进传统产业转型升级，提出了把佛山建设成为全球高端制造业基地，国家产业技术创新高地，以及全国科技、金融、产业"三融合"示范区的目标，同时要大力培育和发展新兴产业。在供给侧结构性改革环境下，佛山制造业面临着较大压力，转型升级进入关键时期。制造业必须以创新驱动作为发展动力源，全面提升制造业企业的效率和效益水平。通过创新，推动发展思维、理念、模式、路径、动力支撑来一次大调整、大变革、大洗牌。创新正成为改变佛山制造业发展状态和精神面貌的重要力量，也成为提高国际产业链位置、改变制造业国际游戏规则的决定性力量。

对外投资是现阶段资本国际化的重要方式之一，随着经济全球化的迅猛推进和跨国公司的不断扩张，对外投资作为生产要素流动的重要途径，在规模和影响力等方面不断实现多层次地飞跃，有力地推动了一国经济的发展。对外投资已被视为推动一国经济发展和产业结构升级的重要途径。佛山对外投资量不断增加，其迅猛发展不仅在于为企业寻求原材料、开拓国际市场、获取先进技术以提高企业的竞争力，推动企业的技术创新，更是加速产业结构的不断升级、促进经济发展的重要引擎。"一带一路"倡议为产业带来新的发展机遇和挑战，引起佛山企业"走出去"的热潮。对于"一带一路"的巨大发展机遇，部分佛山企业已开始布局，率先走出去，佛山制造业企业想利用对外投资促进技术创新进而推动产业升级。

因此，本章围绕技术创新、对外投资与佛山制造业产业升级这一主题进行更深入的研究。本章分四个部分，第一部分是佛山制造业发展概况，介绍佛山制造业发展态势、佛山对外投资现状和佛山技术创新现状；第二部分结合案例从市场寻求、自然资源寻求、技术寻求和战略资产寻求四个方面分析对外投资的动机，从产业转移效应、技术外溢效应和产业关联效应分析对外投资促进产业结构升级的影响机制；第三部分将技术创新作为中介变量，理论分析和实证检验基于技术创新中介效应的佛山制造业对外投资产业升级效应；第四部分在分析的基础上概括出以创新和"走出去"双引擎驱动佛山制造业转型升级的路径。

一、佛山制造业发展概况

（一）佛山制造业发展态势

1.佛山制造业规模

一个国家或地区制造业规模体现了该国家或地区的制造业发展水平，本章采用制造业的企业数、总产值、增加值、资产总量和从业人数 5 个指标来测度现阶段佛山市制造业的总量。

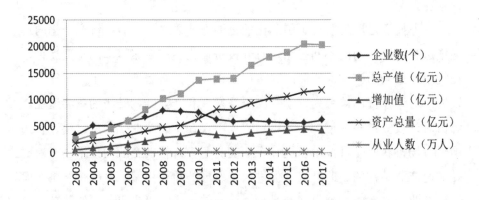

图 7-1 2003-2017 年佛山规模以上制造业规模水平图

数据来源：佛山统计年鉴 2004-2018

佛山市制造业的总体发展水平不断提升。从图 7-1 可知，2017 年佛山市规模以上制造业的企业数 6152 家，总产值 20312.01 亿元，增加值 4171.04 亿元，资产总量 11833 亿元，从业人员 157.92 万人。15 年间，各项指标分别增长了 86.09%、716.14%、588.96%、529.43% 和 81.21%，其中增幅最大的是总产值，增幅最小的是从业人数。

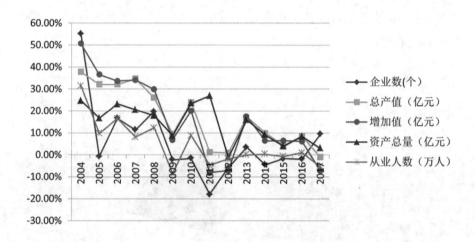

图 7-2　2003-2017 年制造业规模增速图

数据来源：佛山统计年鉴 2004—2018

从图 7-2 得知，2003—2018 年的整个时期，制造业的企业数、总产值、增加值、资产总量和从业人数的年均增速分别为 5.69%、16.94%、16.14%、14.38%、4.81%。近十五年来，佛山市制造业无论是企业数、生产值，还是资产总量、从业人数都有不同程度的增长，制造业规模和总量都达到了一定的水平。

2.佛山制造业行业结构

图 7-3、图 7-4、图 7-5 分别是 2018 年佛山制造行业总产值结构图、2018 年佛山制造业行业增加值结构图、2018 年佛山制造业行业资产总量结构图。从图 7-3 我们得知，2018 年佛山制造行业总产值中，除了其他行业的总和最多外，排第一位的是电气机械和器材制造业，占比高达 21.27%；

排第二位的是金属制品业，占比 9.45%；排第三位的是非金属矿物制品业，占比 6.72%；接着是有色金属冶炼和压延加工业，占比为 6.14%；剩下的橡胶和塑料制品业、 计算机通信和其他电子设备制造业、化学原料和化学制品制造业、文教工美体育和娱乐用品制造业、通用设备制造业、纺织业、汽车制造业等都分分别不超过 6%。图 7-4、图 7-5 与图 7-3 总产值结构图有点像，与第二章制造业转型升级改革前的行业结构图相比，发现 2018 年多了专用设备制造业，这表明转型升级确实在进行中，已初步显示改革效果。

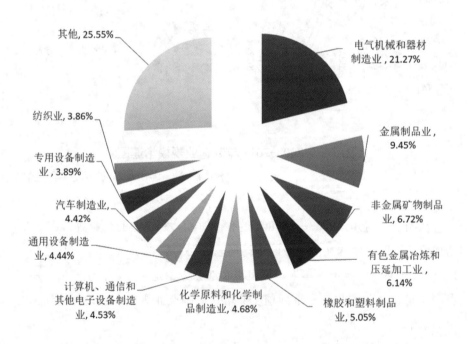

图 7-3　2018 年佛山制造行业总产值结构图

数据来源：佛山统计年鉴 2018

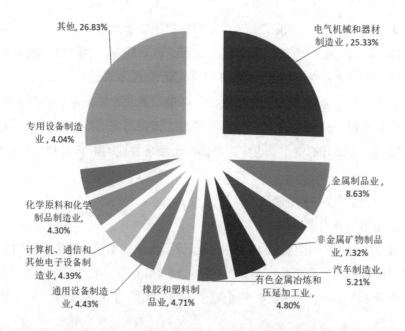

图 7-4　2018 年佛山制造业行业增加值结构图

数据来源：佛山统计年鉴 2018

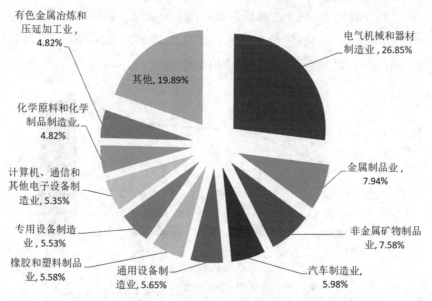

图 7-5　2018 年佛山制造业行业资产总量结构图

数据来源：佛山统计年鉴 2018

从图 7-3、图 7-4 和图 7-5，可以得出以下二个结论：

第一，制造业产值集中于重化工业和高技术行业。现阶段，佛山制造业的总产值和增加值主要源自重化制造行业和高技术制造行业。

第二，制造业资产总量主要分布于高增加值的行业。显然，制造业的产值分布与资产总量分布有着相同的结构。高技术制造行业和重化制造行业产值高，其拥有的资本量也大，对佛山市经济发展的影响也大。

（二）佛山对外投资现状

1. 佛山对外投资规模

自 2014 年开始，佛山的对外投资获得了爆发式增长。从图 7-6 数据显示，佛山对外新增直接投资企业个数持续增加，到了 2017 年新增直接投资企业个数 112 个，新增直接投资企业中方投资额超过 58 亿美元，同比增长 2066.67%。

从图 7-6 数据显示，2015-2017 年这三年间，佛山对外新增直接投资企业个数 112 个，新增直接投资企业中方投资额超过 58 亿美元，同比增长 2066.67%，2017 年达到一个峰值。根据图 7-6 数据的数据，根据计算可得佛山对外新增中方协议投资总额增长率从 2015 年的 245.65% 上涨到 2017 年的 490.69%，足足翻了一倍，成绩相当喜人。

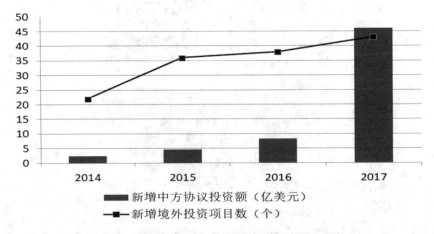

图 7-6 2014 年 -2017 年佛山对外投资情况

数据来源：佛山年鉴 2018

2. 佛山对外投资地域分布

按投资地区来看，佛山企业资本最青睐的地区是欧洲。佛山本土著名企业纷纷对欧洲企业实施投资并购，比如美的并购德国机器人巨头库卡、德奥通航收购瑞士和德国的航空设备企业、东方精工先后买下多家意大利智能装备企业、蒙娜丽莎直接到意大利建厂……德国拥有强大的制造业实力和基础，也有着许多"隐形冠军"，如今成了佛山海外投资资本的热门投资地。

从图 7-7 得知，2015-2017 年三年间，佛山对欧洲新增直接投资企业中方投资额超过 39 亿美元，而其中 38 亿元是投资于德国的，整个欧洲占佛山全部对外投资的大头，同比增长约 5297%。

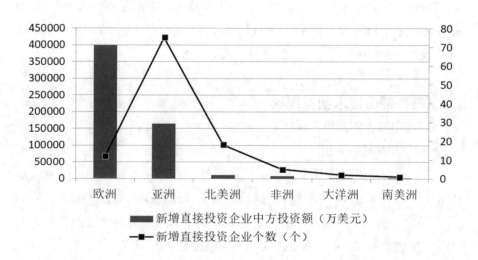

图 7-7 2015 年至 2017 年佛企对世界各大洲投资情况

亚洲是排在欧洲后面的热门投资地域。排在欧洲之后的热门投资地区是亚洲。近三年来，佛山在亚洲新增直接投资企业约 16 亿美元。马来西亚位于东南亚国家核心地带，临近马六甲海峡，辐射东盟、印度、中东市场，成为一个佛山制造业企业可以进入到国际金融市场的桥梁，其承接的佛山新增直接投资企业中方投资额超 12 亿美元，是佛山企业在亚洲投资资本最多的国家。而佛山对外投资增长最快的国家是美国，增长额为 1 亿美元，增长率超过 2000%。

3.佛山对外投资产业分布

佛山对外投资的产业领域不断拓宽，而且对实体经济的聚焦始终不变。2015 年的时候，佛山新增对外投资业务仅为 8 次，投资地也多局限于亚洲的马来西亚等区域，所投资的产业领域也多以传统产业为主，投资的方式也多为并购和设立子公司。但到了 2016 年的时候，对外投资业务上升到 12 次，投资地也扩展到欧洲、非洲、美洲，所投资的产业领域也丰富了很多，除了传统行业外，也出现了投资专用设备制造、互联网和相关新兴服务等新兴产业，其中美的集团并购东芝生活电器株式会社、拿下东芝的白电板块，东方精工收购意大利智能装备企业 EDF 等都是较为有代表性的。2017 年的时候，佛山新增对外投资业务达 17 次，体现了以资本换技术、品牌的趋势，跨国并购的投资方式占了对外投资业务的一半以上；此外，体现了佛企布局生产全球化的步伐进一步加快，海外设厂的投资方式逐渐增多。

（三）佛山技术创新现状

1.佛山技术创新投入现状

（1）R&D 经费支出

R&D 经费投入强度已成为衡量国家或地区技术创新投入强度的重要指标，而 R&D 经费占 GDP 的比重更能反映国家或地区在推动技术创新方面的投入强度。从图 7-8 得知，佛山市的 R&D 支出总量呈逐年上涨的态势。但R&D 支出总额占 GDP 的比重还不是很高，维持在 2.5% 左右。

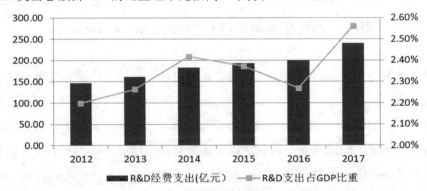

图 7-8 佛山 R&D 经费及占 GDP 比重

数据来源：佛山统计年鉴 2018

（2）R&D 经费活动类型

从表 7-1 得知，佛山大部分 R&D 经费投入到试验发展活动，基础研究和应用研究投入的比重较低，特别在探索新知识的基础研究领域投入过少。佛山市试验发展方面的 R&D 经费几乎接近 100%，支出金额呈现逐步上涨之势，在 R&D 经费总量中所占比重逐步下降。佛山在基础研究领域的经费虽然是逐年增加的，但在 R&D 经费总量中所占的比重过低，尤其在 2012-2015 年间基础研究领域投入的 R&D 经费占 R&D 经费总支出的比重不到 1%。这说明佛山 R&D 经费活动存在投入比例失衡问题，佛山应更加注重新技术和新产品方面的投资。

表 7-1 佛山 R&D 经费活动类型

年份	R&D 经费支出（亿元）	基础研究		应用研究		试验发展	
		支出金额（亿元）	占 R&D 支出的比重	支出金额（亿元）	占 R&D 支出的比重	支出金额（亿元）	占 R&D 支出的比重
2017	240.91	24.9	10.34%	2.6	1.08%	213.41	88.58%
2016	198.88	4	2.01%	1.16	0.58%	193.72	97.41%
2015	192.99	0.03	0.02%	3.8	1.97%	189.16	98.02%
2014	182.92	0.04	0.02%	2.12	1.16%	180.76	98.82%
2013	161.15	0.0009	0.00%	2.63	1.63%	158.5	98.37%
2012	146.88	0.016	0.01%	0.19	0.13%	146.67	99.86%

数据来源：佛山统计年鉴

（3）从事 R&D 活动的人员

从事 R&D 活动的人员数也作为反映一国或地区技术创新水平的重要指标之一，佛山从事 R&D 活动的人员数量呈现波动状况，详见表 7-2。从表 7-2 可知 2015 年和 2016 年人员数量下降，2017 年又开始增加。在所有从事 R&D 活动的人员中，试验发展领域从事 R&D 人员总量的比重较高，达到 95% 以上，而基础研究领域和应用研究领域从事 R&D 活动的人员所占比例一直很低。这些数据与 R&D 经费投入的分析相一致，说明佛山更加注重试验发展领域的投入。

表 7-2 佛山从事 R&D 活动人员

年份	R&D 人员全时当量	基础研究		应用研究		试验发展	
		人数	占 R&D 人员的比重	人数	占 R&D 人员的比重	人数	占 R&D 人员的比重
2017	56770	0.8	0.00%	1154.1	2.03%	55614.9	97.97%
2016	47810	7.0	0.01%	306.6	0.64%	47496.6	99.34%
2015	43267	5	0.01%	1082	2.50%	42180	97.49%
2014	54112	5	0.01%	864	1.60%	53243	98.39%
2013	54764	1	0.00%	486	0.89%	54277	99.11%
2012	49549	8	0.02%	74	0.15%	49467	99.83%

2. 佛山技术创新产出现状

一国 R&D 活动的投入状况只能反映该国在促进技术创新过程中的投入力度，而真正用于衡量一国技术创新水平的指标应为该国的 R&D 产出状况。目前，大多学者采用专利申请量与专利授权量等作为衡量 R&D 产出能力的指标。专利数不仅能反映一国的技术创新水平，还在一定程度上体现出该国的科技产出能力。图 7-9 是佛山专利申请情况图，从图 7-9 得知佛山市专利申请呈明显的递增趋势，而且增幅也在不断加大。高投入通常对应着高产出，随着 R&D 支出经费的增加，专利申请量也在不断增加。

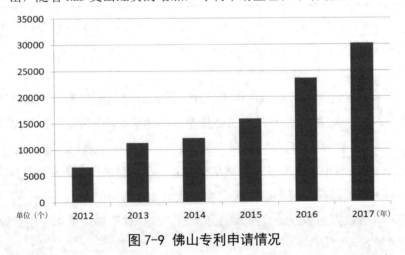

图 7-9 佛山专利申请情况

二、 佛山对外投资促进产业结构升级的影响机制分析

（一）佛山对外投资动机分析

1. 资源寻求型

（1）资源寻求型含义

资源寻求型的对外直接投资是企业为了获取所需要的稀缺性自然资源，或者是以低于国内的价格而获取相关的自然资源而进行的对外直接投资活动。资源寻求型的对外直接投资的投资对象不仅包括以矿产资源为代表的原材料和以农产品为代表的物质资源，还包括了以廉价劳动力、专利技术、管理经验等为代表的软资源。

资源寻求型的对外直接投资主要是集中于自然资源丰富的国家，如中东、俄蒙地区等，或者是有大量廉价劳动力的国家，如东南亚地区等。当企业以获取稀缺性自然资源和人力资本为目标而进行直接投资时，企业不仅可以获得充足的资源供应、有利的价格条件来促进一个地区的经济繁荣，也可以降低当自然资源的国际市场价格大幅度上涨时对经济产生严重冲击的风险。

资源寻求型的对外直接投资对产业结构优化升级的作用主要体现在资源寻求型的对外直接投资，这主要是为了获取稀缺的自然资源和软资源或者以较低的价格获取自然资源和劳动力，等等，这样就会打破限制该地区经济发展的瓶颈，进一步发展该地区的重工业，一个地区的重工业的发展又会对与重工业相关的行业产生大量的需求，如资源开采业等前后相关联的产业，从而促进一个地区的产业结构优化升级。

（2）资源寻求型案例：博艺达进出口有限公司

博达集团在 1999 年成立，总部设于佛山禅城，而博亿达进出口有限公司则是隶属于博达集团。早在 1999 年的时候，博亿达进出口有限公司就开启了非洲探险之旅，首站到达的就是坦桑尼亚，是当时中国最早开拓非洲市场的少有企业之一。当前，博达集团的分公司分布在四个国家坦桑尼亚、南非、莫桑比克和中国。

早在 20 年前,佛山的建材市场就已经开始出现环保和成本压力,为了降低成本和环保压力,博亿达公司以陶瓷产品作为主打进入非洲市场,通过在当地建厂,从而获得更低廉的劳动力,更低价格的土地资源及其他成本,同时节约巨额物流成本,从而获得了很大的成功。现在,博亿达进出口有限公司不仅拥有本地化的销售团队和经销网络,还拥有多个自有品牌,也建立了自主的销售渠道。可以说,博亿达进出口有限公司是资源寻求型的典型代表,值得一些传统产业和行业借鉴。

2. 市场寻求型

(1)市场寻求型含义

市场寻求型的对外直接投资是企业为了开拓新市场实现利润最大化而进行的对外直接投资。境外投资企业为了扩大市场而做对外直接投资决策时,主要是考虑国外的市场发展潜力、市场规模、市场经济秩序以及进入东道国政策是否有利。市场寻求型的对外直接投资促进产业结构的优化升级的途径可以概括为以下两条。首先,企业为了开拓国外市场,为了绕过进口国的贸易壁垒,为了降低跨国运输费用等交易成本,企业会寻找市场寻求型的对外直接投资机会,这样会增加产品的出口,从而推动产业结构的优化升级。第二,可以将失去优势的边际产业转移至国外,在国外该产业还具有一定的比较优势,产品也很畅销,边际产业得到了进一步的发展,也为新兴产业提供了资金支持和释放出从而生产要素,促进了新兴产业的发展,促进了产业结构的优化升级。

(2)市场寻求型案例:广东南控电力有限公司

泰国是东南亚地区汽车制造行业的领导者,随着世界各国对新能源汽车兴趣渐浓,泰国积极逐步建立国内新能源汽车的供应体系和基础设施,还颁布各种免税政策和其他激励措施,以便保持其汽车制造中心的地位。经过调研得知泰国对高端插电式混合动力汽车的需求较大,而对纯电动汽车的需求量则较低。

广东南控电力有限公司(简称南控电力)是一家致力于提供精品太阳能电站、新能源汽车、储能系统、太阳能路灯等清洁能源应用产品一站式服务的企业,其总部坐落在佛山,注册资金 1 亿,是当前中国领先的清洁能源综合服务商，目前通过设立 TC Renewable 公司来拓展泰国新能源市场，快速推动光伏发电设备、电动汽车及充电系统、再生能源电站开发、智能输电系统等领域在泰国的发展步伐。

3. 效率寻求型

（1）效率寻求型含义

效率寻求型的对外直接投资是企业为了追求效率而进行的投资。比如跨国企业所在国家的劳动力成本上升或者原材料价格上升，那么跨国企业会将相关的产业转移至劳动力和原材料价格低廉的国家，可以节约成本、提高效率。还有些企业为了降低运输费用或者为了逃避关税等会将产业链当中的一部分转移至国外，提高生产效率。以上两种都属于效率寻求型的对外直接投资。效率寻求型的对外直接投资通常会将高污染、低附加值的产业转移至国外，一般转移至劳动力价格低廉、经济不发达的国家，有利于母国产业的转型升级。

（2）效率寻求型案例：金意陶陶瓷

金意陶陶瓷始创于 2004 年 1 月，坐落在佛山这片热土中。经过了十六年的发展，金意陶陶瓷在完成完整的建材产业链以及整合上下游产业链的基础上，进一步形成了投资、金融、环保新材、房地产、信息科技等多元化产业版图的扩展，旗下主打品牌金意陶瓷砖。早在 2015 年，广东金意陶陶瓷有限公司与意大利知名陶瓷企业 Ceramica Valsecchia s.p.a. 达成合作协议。为了提高效率，金意陶陶瓷成功开创了中国陶瓷品牌在意大利制造的先河。借此为鉴，金意陶通过新一轮跨国并购的方式，进一步开疆拓土，通过设立 4 家海外分公司以及投资建厂的办法，生产具有当地文化元素、满足当地居民需要的陶瓷产品。金意陶的中意研发团队，自主研发的"现代仿古"系列产品，不仅融合了中意两国的文化、艺术和美学元素，还为追求质感生活的人们提供现代精品家居空间。可以说，金意陶陶瓷是效率寻求型案例的典型。

4. 战略资产寻求型

（1）战略资产寻求型含义

战略资产寻求型的对外直接投资是跨国企业为了获取品牌、管理经验、营销技巧等无形、不易被模仿的资产而进行的对外直接投资。这些战略资产都是企业日积月累后形成，是推动跨国企业快速发展的重要保障。一般情况下企业会在国外投资设厂或者进行跨国并购来寻求战略资产，将战略资产寻求型的对外直接投资促进产业升级的途径概括为以下三条。

首先，企业在发达国家进行投资设厂，或者进行跨国并购，可以获取发达国家先进的技术、先进的管理经验以及创新能力等，并通过技术溢出或内部传递等方式转移到母国，可以促进母国产业结构的优化升级。第二，当企业期待利用对外直接投资获取战略资产时，一般会选择发达国家作为东道国，会使得跨国企业处于激烈的竞争环境中，促使跨国企业以及国内相关企业进行自主创新和技术研发，从而促进母国相关产业结构的优化升级。第三，通过跨国并购等方式，企业通常会获得销售渠道、品牌等战略资产，这会使得企业的知名度更高，产品更畅销，进而通过出口的增加来带动母国产业结构的优化升级。

（2）战略资产寻求型案例：美的

美的是佛山土生土长的世界 500 强企业，是一家集传统和现代为一身的科技集团企业，其业务涉及消费电器、暖通空调、机器人与自动化系统、智能供应链（物流）等领域。通过收购库卡这个知名企业，从而重构全球价值链，也较好地占据机器人及自动化系统业务的领先地位。

实际上，美的 2016 年以来，就开始寻求战略资产并购，通过收购库卡集团、意大利中央空调企业 Clivet S. p. A. 80% 的股权、东芝白家电业务80.1% 的股权等来实现战略资产的重组。通过收购东芝白色家电业务，美的从中获得了五千项专利，这不仅仅大大提升了企业的科技实力，还在某种程度上实现了强强联合的目的。

（二）对外投资促进产业结构升级的影响机制分析

对外投资促进产业结构升级，就其作用机制方面主要通过两种路径实现：一是资源的重新优化配置，通过对外投资将传统的边际产业转移到其他国家，释放出国内生产要素以促进国内更具有优势的产业发展，实现产业结构升级，即边际产业转移效应；二是生产率的提升，其通过逆向技术外溢效应和产业关联效应实现。前者表现为在发达国家进行对外投资获取先进技术，进而通过消化吸收和创新提高自身技术水平，以提升国内生产率，增强本国或本地区产业的国际竞争力；后者表现为，一国对外投资会对本国产业产生前后向关联效应，从而提升国内相关的上下游产业的生产率，促进产业结构升级。

1. 对外投资的产业转移效应

对外投资的产业转移效应建立在"边际产业扩张"理论基础之上。根据该理论，一国或一地区进行对外投资的产业应该是那些已经或者即将失去比较优势的"边际产业"，转移这些产业，不仅能够释放劣势产业所占用的国内的生产资源，将这些资源应用于对传统产业的改造以及新兴产业的形成和发展，为新兴产业提供更丰富的物质和技术基础，同时也为国内留存的产业提供更大的发展空间；还可以延缓衰退产业的生命周期，使得这些产业在国外继续发展，平缓产业结构调整的节奏，减少因产业结构骤变对母国经济发展带来的不利影响。

在对边际产业进行对外直接投资的过程中，传统产业的退出会遇到来自各方面的退出壁垒，包括生产设备的专用性以及沉没成本的存在，相关的政策、法律等原因。此时通过对外直接投资对边际产业进行区位调整，降低产业结构升级的成本，提高边际产业的经营效益；同时，投资收益汇回母国，还可增加母国的收益，企业利用这些收益扩大国内生产，不仅可以提高国民化入，还可以拉动国内需求，并通过引导需求层次的提高，促进相关产业的发展；同时有利于提高投资国政府等部门产业结构的调整能力；企业投资收益的汇回，还可以扶持新兴产业，为其提供必要的资金以及技术方面的支持，促进产业结构朝合理化、高级化方向发展，进而从整体上促进母国的产业结构升级。

2. 对外投资的技术外溢效应

对外投资的逆向技术外溢效应表现在一国采用对外直接投资方式进入东道国，吸取和学习当地的先进技术并反向流回到本国产业，带动本国技术水平和生产率的提升从而推进本国产业结构的升级。从发展中国家对外投资的地理分布来看，其对外直接投资的方向大多遵循依次从周边国家向发展中国家，最后到发达国家的渐进轨迹。随着工业化程度的不断加深，一些新兴经济体逐渐选择在发达地区从事高技术水平的生产和研发活动，获取当地的先进生产要素，并通过逆向技术外溢效应流回到本国。由于本国不同产业对技术的吸收能力不同，并且和先进技术的关联性也存在一定差异，从而导致不同产业的发展速度出现分化，打破原有产业间的平衡，加快新兴产业的发展速度，并对传统产业加以改造，从而促进产业结构升级。

发展中国家采取对外投资的方式进入发达国家，通过在其高科技产业集聚地设立企业和研发分支机构，发展中国家可触及当地的生产要素，进而借助投资方式产生的模仿示范效应和人员流动效应获取东道国的先进技术，以提高发展中国家产业的技术创新能力和研发能力，促进产业结构的升级。其中，模仿示范效应表现为对于采取投资方式的企业，东道国的企业对其起到良好的示范作用，可以通过模仿、学习当地企业和研发机构的行为模式以提升自身的技术创新和研发水平；人员流动效应则表现为在投资企业通过雇佣东道国的高素质科研人员以往发达国家派驻本土员工，能够让企业迅速培养和引入高素质、国际化的技术人员，从而提升自身的技术研发能力。

3. 对外投资的产业关联效应

产业间的联系分为前向关联和后向关联，并且一个产业在技术和规模等方面的变化都会对与其具有关联关系的产业产生辐射影响。这种前后向关联关系的强弱取决于各产业在产业链中所处的位置，并且关联效应主要通过产业链内资源的整合配置以及技术的传导推进产业结构升级，主要表现为：供求关联和技术关联。

供求关联表现为企业在进行对外投资后，会不断增加其对母国零部件和其他原材料的需求，及对母国生产设备、关联产品和服务的需求，不但可以增加母国的出口，还可以促进母国相关产业的发展；母国在为对外投资企业提供要素投入及配套服务的同时，也会不断地促进前向关联和后向关联企业提高自身的技术水平和服务水平，带来波及效应，从而推动整个行业产业结构的提升，优化产业结构。

技术关联主要体现在进行对外投资的企业大多处于激烈的国际竞争环

境中，竞争会提高对企业投入品质量的要求，因此要求企业加大在产品技术研发和创新方面的投入，促使企业进行技术创新。而技术创新又会提升资源的使用效率和生产要素的产出效率，降低资源的消耗，引起产业中间投入品以及中间需求品的变化，当这种情形同时发生在多种产业中时，就会在整个产业系统内产生连锁反应，作用于系统内的供求关系和竞争关系，促进整个产业向更高层次发展，提升产业结构水平。对外投资企业还可以从东道国获得技术方面的指导及相关的管理经验，海外子公司对母国企业产生的技术溢出又会进一步促进母国技术创新和自主研发，推动母国的产业结构升级。

三、技术创新和"走出去"双引擎
驱动佛山制造业转型升级效应分析

（一）技术创新和"走出去"双引擎驱动佛山制造业转型升级理论分析

技术创新对产业结构的影响主要体现在两个方面：一方面，当技术创新应用于新产品的开发和生产时，会改变消费者的偏好，带来市场结构的变动，从而带动新兴产业的发展和传统产业的衰亡，进而对产业系统结构产生影响，推动产业结构的有序升级；另一方面，技术创新可提升产业的技术结构，而技术结构往往是加速产业结构高级化的重要因素，技术结构的差异主要由各国技术水平的差异所致，因此这也是各国纷纷进行对外投资的动因之一。图7-10是对外投资、技术创新与产业结构升级关系图。对外投资对投资母国的技术创新积极影响主要表现在：通过进行对外直接投资不仅可以扩大海外市场，增加市场份额，而且还会为创新企业提供更多的获利机会，刺激企业开展更多的研发活动。企业面临激烈的国际市场竞争，也会不断地增加技术创新投入，保持其在行业内的领先地位。另一方面，投资于知识、资本密集的行业，不仅可就近获取东道国的信息、智力要素等研发资源，降低研发成本，提高企业的研发效率，还可以掌握世界最新

技术动态，提升母公司乃至母国的技术水平，从市场结构和技术结构两个方面对产业结构产生影响，加快产业结构升级进程。

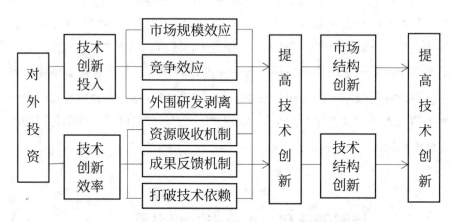

图 7-10 对外投资、技术创新与产业结构升级关系图

对外投资可以通过促使母国增加技术创新方面的投入，提升本国的技术创新水平，进而推动该国的产业结构升级。其作用机理主要通过市场规模效应、竞争效应、外围研发剥离来实现。规模效应：跨国公司通过开展对外投资，将产品投放于海外市场，提高其在世界范围内的产量和销量，扩大市场规模，以此实现市场规模效应。竞争效应：企业进入东道国可更直接地与发达国家的跨国企业进行沟通和学习，把握国外先进技术的最新进展，通过模仿、学习先进技术、管理经验及企业文化等，突破发达国家的技术封锁、产业垄断，提高企业自身在国际市场上的竞争力，同时还可将先进的技术及人力资源等带回母国，通过技术外溢效应促进母国同类产业技术水平的提升，提高其竞争为，推动产业的结构升级。外围研发剥离：跨国公司倾向于选择将大部分研发环节集中于母国，这种战略能提升母公司的技术创新水平，增强母国的技术实力，加快母国技术结构的转变，从而带动母国的产业结构升级。

企业利用对外投资，通过资源吸收机制、成果反馈机制和打破技术依赖，提高企业技术创新效率。资源吸收机制：通过对外投资，企业可以在东道国获取技术创新所需的信息、中间产品投入以及先进技术，不光能够降低企业的研发投入成本，还可以减少研发不确定性所造成的沉没成本。成果反馈机制：企业通过开展对外投资推进研发的国际化，在东道国设立的子公司可以根据当地的消费者偏好和资源禀赋进行适应性研发，增强产品的竞争优势。海外研发活动形成的技术成果反馈回母国总公司，不仅可以扩大母公司原有的技术基础，还会对其他子公司产生技术创新示范效应，加快母国技术创新的步伐。打破技术依赖路径：企业通过开展对外投资，调整技术研发方向符合世界最前沿的技术动态，获得更先进的或与本企业互补的研发技术能力，从而打破技术路径依赖。

（二）基于技术创新中介效应的佛山制造业对外投资产业升级实证检验

1. 方法说明和指标选取

中介变量是指在考虑自变量对因变量的影响时，如果自变量 X 是通过中间变量 M 对因变量 Y 产生影响的，那么称中间变量 M 为中介变量。采用依次回归检验法检验中介效应，并加入 Soble 检验，检验步骤如下：

（1）首先检验方程 $Y=c_iX+e_i$，如果 c_i 显著，则进一步检验步骤②；如果 c_i 不显著，则停止检验。

（2）以 Y 为被解释变量，X 和 M 为解释变量，分别检验方程 $M=a_iX+e_2$ 和方程 $Y=c_i'X+b_iM+e_3$，如果 a_i，b_i 均显著，则中介效应显著，继续检验步骤③；如果至少有一个系数不显著，则进行步骤④的检验。

（3）检验 c_i'，如果 c_i' 显著，则为不完全中介效应；如果不显著，则为完全中介效应。

（4）进行 Sobel 检验，如果可以通过显著性检验，那么中介效应显著，否则，中介效应不显著。

参照已有的研究成果以及本章论证的需要，选取指标如下：

产业结构升级：按前文利用主成分分析法对佛山制造业、技术密集型产业、非技术密集型产业的转型升级水平进行评估，选取佛山制造业、技术密集型产业、非技术密集型产业升级综合评价得分作为衡量产业结构升级的指标。

对外投资：选取新增中方协议投资总额作为衡量对外投资的指标。

技术创新：选取 R&D 经费支出和专利申请数作为考察技术创新度的中介变量。

2. 实证分析

运用 SPSS 进行中介效应检验，为了减少变量间的异方差性，对所有变量取对数，回归估计结果如表 7-3 所示，表中三个模型分别为前面介绍到的中介检验中的三个步骤，即模型一检验了对外投资对产业结构升级产生的影响，模型二检验对外投资对技术创新的影响，模型三将技术创新作为中介变量，进一步验证技术创新对佛山对外投资与制造业产业升级影响的中介效应。

表 7-3 以 R&D 投入为中介变量的检验结果

变量	模型	OFDI	R&D 投入	R2	中介效应
制造业	模型一	0.331*	——	0.797	中介效应不显著
	模型二	0.069*	——	0.942	
	模型三	0.596	-3.852	0.828	
技术密集型产业	模型一	0.572*		0.878	中介效应不显著
	模型二	0.069*		0.942	
	模型三	0.446	1.840	0.880	
非技术密集型产业	模型一	0.074			中介效应不显著
	模型二	——			
	模型三				

注：* 为 5% 的显著性水平

表 7-4 以专利申请量为中介变量的检验结果

变量	模型	OFDI	专利申请量	R2	中介效应
制造业	模型一	0.331*	——	0.797	中介效应不显著
	模型二	0.183*	——	0.797	
	模型三	0.15	0.985	0.857	
技术密集型产业	模型一	0.572*	——	0.878	中介效应显著
	模型二	0.183*	——	0.797	
	模型三	0.189	2.092*	0.978	
非技术密集型产业	模型一	0.074	——		中介效应不显著
	模型二	——			
	模型三				

注：* 为 5% 的显著性水平

表 7-3 和表 7-4 分别为以 R&D 投入和专利申请量作为技术创新的中介变量的检验结果。从佛山制造业总体来看，模型一的回归系数为 0.331，并且在 5% 的水平下显著，说明佛山制造业对外投资对产业结构升级有一定的直接作用。表 7-3 模型三在模型一的基础上加入 R&D 投入中介变量后，回归结果变得不显著，表 7-4 模型三在模型一的基础上加入专利申请量中介变量后，回归结果也变得不显著。进行 Sobel 检验后发现，技术创新的中介效应不明显，说明技术创新在佛山制造业总体中的对外投资对产业结构升级作用不明显。

从佛山技术密集型产业来看，模型一的回归系数为 0.572，并且在 5% 的水平下显著，说明佛山技术密集型产业的对外投资对产业结构升级有一定的直接作用。表 7-3 模型三在模型一的基础上加入 R&D 投入中介变量后，回归结果变得不显著，表 7-4 模型三在模型一的基础上加入专利申请量中介变量后，对外投资变量的检验结果表示不显著，技术创新变量的检验结果表示显著。进行 Sobel 检验后发现，以 R&D 投入作为技术创新中介变量时中介效应不明显，以专利申请量作为技术创新中介变量时中介效应显著，说明技术创新在佛山技术密集型产业中起到一定的中介效应，是技术密集型产业对外投资与产业结构升级关系的中介变量之一。

从佛山非技术密集型产业来看，模型一的回归系数为 0.074，且检验结果不显著，说明佛山非技术密集型产业的对外投资对产业结构升级的作用还不明显。

分析得出，技术密集型产业对外投资在推动产业结构升级的过程中，技术创新起到了一定的作用，并且对外投资的作用明显高于非技术密集型产业，这也符合佛山经济发展现状，随着佛山经济发展水平以及技术水平的提升，产业不断由传统的劳动、资源密集型产业逐步向技术密集型产业转变。由此，佛山制造业产业结构的优化升级对技术水平提出了更高的要求，对外投资的增加，更需要佛山制造业的技术创新作支撑，以增强佛山走出去企业的竞争力。佛山非技术密集型产业对先进技术的吸收能力还比较差，对外投资企业所获得的先进技术并没有被企业所吸收，非技术密集型企业需要不断提高自身的消化吸收能力。

四、以创新和"走出去"双引擎
促进佛山制造业转型升级的路径选择

（一）通过贸易出口拓展海外市场

进入国际市场时，最为传统和最为常见的方式就是拓展海外市场，建立海外销售渠道，企业的最终产品或中间产品在目标国外生产，再运输到目标国进行销售，可以分为间接出口和直接出口。

间接出口是指企业将产品委托给国内的外贸机构或出口商，由他们负责出口产品，企业不直接出口产品。这种方式的优点在于：一方面，在企业尚未获得对外贸易经营权时，可以提前利用外贸机构的出口渠道，借助外贸机构的国际市场销售经验，快速实现产品向全球销售；另一方面企业很少承担风险，企业由于不直接接触国际环境，较少涉及出口贸易中的安全、政治因素等，因而避免了外汇风险、信贷风险等很多问题；同时，企业还可以专心生产，不必为海外销售费时费力，一定程度上减轻了企业负担。

直接出口是指企业把产品直接卖给国外的客户或最终用户。企业一般自身设有专门的海外销售部门，通过自身建立的海外销售渠道，由专人负责海外销售业务。这种方式的优点在于企业能够直接面对国际市场，直接参与国际市场竞争，积累国际经营的经验，有利于企业的国际化成长，并且企业产品的销售少了外贸机构这一层，在利润上能够获取更大。

（二）通过海外建厂实现国际化和本土化的融合

将生产、销售以及研发放在更接近资源和市场的地方，并在当地雇佣部分劳动力，实现本土化战略，从而将国际化和本土化很好地融合在一起。不仅能够实现资本和产能的输出，还能够借此开拓新的市场，规避一些非市场因素的限制。企业可以在海外单个企业建厂，也可以集体抱团走出去，实现共建工业园区。海外工业园区有利于形成产业规模，并能够在政策和基础设施等方面享受一定优惠，还能够规避当地的投资限制和风险。

在资源国建厂能够降低资源获取的成本，保持生产原料的稳定性。从企业自身价值链完善的角度去实现生产、销售的全球最优配置，从而提高生产效率、最大化自身的利润。通过海外建厂，直接进入当地市场，有效避开进出口贸易壁垒和产品技术标准等，有利于产品的直接销售，占据和扩大海外市场。企业通过临近供应商、服务提供商和中介机构，节省沟通的成本，发挥企业之间的协同效应。

（三）通过并购实现品牌、资本与资源的结合

并购是快速获取资源，打开国际市场的重要方式。产业价值链在全球合理布局需要企业通过并购的方式来实现。佛山的制造业还处于价值链低端的位置，但也在这些环节具备了较强的国际竞争能力。在一些后发国家恰好有这些环节发展的资源，但没有相应的企业主体以及规模生产的能力，而此时佛山的制造业企业通过并购这些资源刚好能够形成优势互补，实现价值链的拓展和利润的提升。与此同时，在一些先发国家可能这些环节已经丧失了比较优势，但有些品牌或者销售渠道依然是比较优势的资源，对于佛山制造业企业来说可能正是所需要的，能够提升低端环节的产业链价值。企业通过并购可以更多地拓展国际市场，有效降低国际贸易、投资的壁垒。随着佛山制造业企业大规模走出去，使原来出口的商品实现本土化的生产和销售，从而可以有效规避贸易壁垒，扩大市场。

（四）通过创新实现价值链的跃升

佛山制造业向中高端价值链迈进的过程中需要以跨国公司为依托，把握价值链的变化趋势，成为全球价值链治理的主要参与者。

佛山制造业企业应抓住研发全球化的重要机遇，积极与东道国本土机构合作，享受投资母国身份带来的技术外溢成果，积极培育科技型研发公司承接欧美跨国公司的研发外包活动，以"反向创新"的模式融入全球研发网络。同时，佛山制造业企业也可以收购国外的研发中心，提升自身的创新研发能力。

以生产性服务业和高端装备制造业为重点领域展开研发创新。

依托价值链的网络化特征进行全球化扩张。佛山制造业企业应首先占据价值链中相对高端的地位，再借由价值链的网络化特征控制价值链的其他低技术环节。价值网络的主导地位就需要企业在整个网络节点中占据重要的地位，需要利用自身的创新能力以及整合资源的平台的建设来实现网络化的扩张。

(五) 通过战略联盟实现资源升级

战略联盟是在合作的基础上建立，着眼于整个社会价值的创造，避免竞争消耗效率和资源。企业作为一个社会单位最终的目的和存在意义在于充分利用各种资源，以有效的方式为社会创造出价值，而不应是把重点放在与对手的竞争上。企业战略联盟的建立是在大范围竞争的环境下的局部范围的合作，以对整个社会有限的资源充分利用。对于战略联盟中的各个企业，就可以把企业拥有的有限资源集中在附加值高的环境上，形成自己独特的核心能力，而剩余的经济活动则有其他在这些方面具有比较优势的企业完成。

战略联盟的形式主要分为三类：合资企业、股权参与、功能性协议。

(六) 通过逆向并购实现高端资源整合

逆向并购主要是为了获取高端的战略性资源。这些资源往往是主并购方所缺少的，在向全球价值链攀升的过程中，佛山制造业企业起步较晚，差距较大，完全靠自身的积累实现升级难度较大，成本也较高。而逆向并购不但能够在短期内快速获得高端的战略资源，也能够实现资源的互补，快速打开甚至占领国际市场。

战略资源的获取并不意味着企业已经具备了获得市场和价值的能力，能够吸收整合这些资源才是决定并购绩效的关键。佛山制造业企业要顺利实现吸收整合这些资源，必须构建知识吸收能力，提升知识转移的效率。许多的逆向并购也往往会因为消化吸收不够，或者并购双方的能力匹配度较差而导致逆向并购失败的。佛山制造业企业的跨国并购仍然处于"追赶"的弱势地位，只有当高位势的企业也有意愿与佛山制造业企业合作开拓更大的市场时，二者的资源和能力才能最大化实现互补。

第八章 佛山制造业转型升级综合改革实践之二：以人才集聚供给协同佛山制造业转型升级

　　佛山制造业转型升级必须要有人才，因为只有人才才能够推动创新技术的发展，而人才也是能够使一个地区或者国家经济发展起来的重要资源。产业转型升级的关键因素是人才，特别是高素质的创新型人才。人才不仅是推动技术创新和实现科技成果转化、促进经济增长的直接动力，更是实现区域经济社会迅速发展的最有效手段；既是产业转型升级的规划者又是产业转型升级的实现者，是产业转型升级的中坚力量。因此佛山制造业转型升级与人才结构优化的协同发展是客观规律要求，且这种协同发展需求性会随着经济发展不断增强。然而，佛山人才有效供给不足成了佛山制造业转型升级的重要制约因素。制造业转型升级会减少对低素质劳动力的需求，增加对高素质人才的需求；而佛山目前低素质劳动力过剩，高素质技能型和创新型人才供给严重不足。因此，推动佛山制造业转型升级，还应协同实施人才供给侧改革，由此本章从当前制造业面临的困境出发研究制造业转型升级与人才供给协同发展问题。

　　本章围绕佛山制造业转型升级与人才供给的协同度和动态适应性这一主题进行更深入的研究。本章分六个部分，第一部分文献综述，陈述了国内外研究现状，从劳动力供给与经济增长、劳动力供给与产业升级、劳动力供给与产业结构等方面进行了文献综述；第二部分佛山制造业发展态势，介绍佛山制造业发展规模、佛山制造业发展优势和发展劣势、推进佛山制造业转型升级的方式；第三部分佛山人才发展现状，从佛山制造业技能人才的规模、工资水平、供求状况、人才紧缺的原因分析四个方面研究佛山人才的发展情况；第四部分构建佛山制造业转型升级与人才供给协同度测度指标，本部分将评价指标体系设计为"系统层—目标层—指标层"三个层次的框架结构，利用主成分分析法，构建二者评价指标体系；第五部分佛山制造业转型升级与人才供给协同度评价，基于协同理论的"复合系统协同度模型"，即建立功效函数、确立评价指标的权重、建立适配度函数和确定适配度等级划分标准，得出佛山制造业转型升级与人才供给的协同度；第六部分佛山制造业转型升级与人才供给的协同政策分析，提出相关的政策建议。

一、本章文献综述

（一）国外研究现状

1.劳动力供给与经济增长的研究

Clark（1940）以配第的研究为基础，整理归纳 40 多个国家和地区三次产业的劳动投入产出数据，指出随着经济的发展（即人均收入水平的提高），劳动力会从第一产业向第二产业转移，接着向第三产业转移。Krueger 和 Summers（1998）指出劳动力供给依然是经济学的传统主题，对于劳动力供给，它包括供给数量、供给质量与供给结构等多个方面。Canning（1997），Erlandsen 和 Nymoen（2008）重点关注人口数量所带来的经济增长效应，人口增速加快、劳动力供给增多会使经济获得额外的增长，将这部分增长称为人口红利、数量型人口红利或一次人口红利。Bloom 和 Canning（2001）指出随着新经济增长理论的发展，人口结构及劳动力质量对经济增长的促进作用越来越明显，将这种经济增长效应称为人力资本红利、质量型人口红利或二次人口红利。

2.劳动力供给与产业升级的研究

Arthur Lewis（1972）从劳动力成本角度出发，研究劳动力供给变化对产业升级的影响机理，得出劳动力成本上升，发达国家会将全球价值链上的低端产业转移到发展中国家，并且反向进口低端产品。Judith（2011）指出若劳动力质量和结构与产业结构、技术进步相协调，更有利于推进产业转型升级，经济快速增长。Jones 和 Romer（2012），Harrison（2014）强调在很大程度上，要素禀赋结构和要素相对价格决定了产业升级的方向，只有劳动力市场富有弹性，要素禀赋结构和要素相对价格动态变化，才可能会不断推进国家产业升级。

3. 劳动力供给与产业结构的研究

Feser 和 Koo（2001）利用产业结构和职业结构相结合分析的方法，得出产业集群的大量信息。Elisa Barbour（2002）以加利福尼亚州 11 个大城市为研究对象，研究得出产业结构和职业结构二者在经济发展中存在相关性，可以通过城市的产业结构得出职业需求，从而有针对性地进行职业发展。Florida Richard（2002）通过学习人才经济地理，整合吸引创新人才的诸多因素，并研究这些因素对高科技产业和区域经济发展的影响。

（二）国内研究现状

1. 人力资本与产业结构匹配促进产业转型升级的研究

王文峰（2010）对农村人力资本结构与农村产业结构的互动发展进行研究，结果显示农村经济增长既要依赖人才结构优化和产业结构调整，更要实现二者互动协调，促进产业转型升级。靳卫东（2010）指出人力资本与产业结构转化若是实现了动态匹配，有利于我国产业结构调整和转型升级。张延平和李明生（2011）基于协同学理论，以我国区域人才结构优化和区域产业结构升级作为两个子系统，构建两者耦合的复合系统，得出我国 30 个省市的两者协同程度效果都不好。其中，北京市的协同程度最好，处在中等协调等级；其他省市的协同程度处在弱度失调等级。张国强、温军等（2011）构建增长回归模型，结果显示东部地区人力资本对产业结构升级有显著促进作用，而中西部地区的效果不明显，研究表明了人力资本结构优化和人力资本水平提升会大大促进我国产业结构转型升级。官华平和谌新民（2011）运用 mincer 模型，研究得出人力资本分别与技术进步、产业升级相匹配有利于产业转型升级的实现。张同全和高建丽（2013）指出当前产业结构与人力资源结构耦合度不佳，应促进区域人力资源自由流动、相互开放、有效配置。张抗私和周晓蒙（2014）使用微观数据分析人力资本对就业结构与产业结构匹配性的作用，指出人力资本与产业转型是彼此影响的。扶涛（2016）从投入角度出发研究了人力资源开发与产业转型交互影响机理，并构建了两者间的适配度评价指标体系。

2.人力资本对于制造业转型升级的助推作用研究

胡春林、彭迪云等（2012）指出第一、三产业增长的主要驱动力来源于基础人力资本，第二产业增长的决定性要素是物质资本，而专业人力资本对第二产业增长的促进作用越来越明显。《中国制造2025》与工程技术人才培养研究课题组（2015）指出，制造业转型升级对我国工程技术人才培养提出了新要求，应建立产业需求与人才培养的协调机制。研究还揭示了人才供给对制造业转型升级的影响。芮明杰（2013）指出，在新的技术条件下，提高人力资本水平，重新发展制造业，振兴实体经济。潘静（2019）使用"中国劳动力动态调查"数据，建立多类别 Logit 模型，实证分析技能人才与制造业需求的匹配关系，研究指出培育和引进更高质量的制造业技能人才，才能更大程度地发挥技能人才对制造业转型升级的助推作用。

3.劳动力供给变化对制造业转型升级的影响研究

王志华和董存田（2012）发现我国东部地区制造业结构与劳动力素质结构吻合度提高是因为二者实现了一定程度的协同发展。阳立高等（2015）实证分析劳动力供给变化对制造业转型升级的作用机理，指出劳动力供给数量下降会倒逼制造业转型升级，知识型劳动力占比增加会促进制造业转型升级。楚明钦（2016）指出我国在从制造业大国向制造业强国转型过程中，先进的科学技术和机器设备将转化为生产力，但已有劳动力素质达不到"中国制造2025"的要求，提出劳动力供给侧改革，通过发挥市场的决定性作用来配置人力资源，更有效地供给高素质劳动力。

二、佛山制造业发展态势

（一）佛山制造业规模

制造业规模在很大程度上反映了一个国家和地区的经济发展情况，本部分采用制造业的企业数、总产值、增加值、资产总量和从业人数5个指标来测度现阶段佛山市制造业的总量。

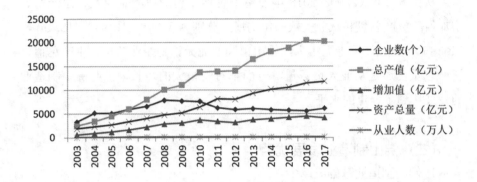

图 8-1 2003—2017 年佛山规模以上制造业规模水平图

数据来源：佛山统计年鉴 2004-2019

图 8-1 是 2003—2017 年佛山规模以上制造业规模水平图，从图 8-1 可知佛山市制造业的总体发展水平不断提升。2018 年，佛山市规模以上制造业的企业数 6146 家，总产值 20823.27 亿元，增加值 4398.06 亿元，资产总量 12394 亿元，从业人员 152.7 万人。15 年间，各项指标分别增长了 86.09%，716.14%，588.96%，529.43% 和 81.21%，其中增幅最大的是总产值，增幅最小的是从业人数。

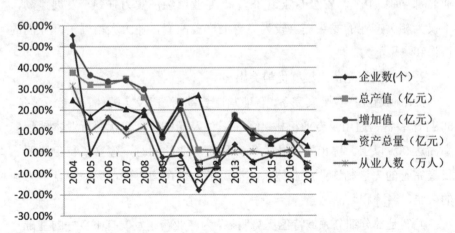

图 8-2 2003—2018 年制造业规模增速图

数据来源：佛山统计年鉴 2004-2019

从图 8-2 可知 2003-2018 年的整个时期，制造业的企业数、总产值、增加值、资产总量和从业人数的年均增速分别为 5.69%、16.94%、16.14%、14.38%、4.81%。近十五年来，佛山市制造业无论是企业数量、生产总值、资产总量，还是从业人员数量等方面都有了很大的增长，说明佛山制造业的发展达到了一定的水平。

（二）佛山制造业发展优势

1. 佛山制造业基础雄厚

佛山产业基础雄厚，工业占据地区经济主导地位，工业体系门类齐全，2018 年全市规模以上企业实现工业总产值 21591.09 亿元，增加值 4590.05 亿元，在全国大中城市中排名前列。

佛山市全力打造以优势传统产业和先进制造业为支柱、战略性新兴产业为导向、生产性服务业为支撑的产业发展结构，努力发展先进制造集群，形成工业园区、专业镇、特色产业基地为特色的新型工业化载体，不断推进产业集群化发展，其中，一镇一主品的专业镇经济形态特色最为鲜明。当前，佛山全市共有国家级特色产业基地 26 个、省级特色产业基地 10 个，国家级产业集群升级示范区 4 个，省级产业集群升级示范区 12 个，中国产业名都名镇 41 个，省级专业镇 38 个。专业镇经济实力强劲，发展蓬勃，不仅为相关产业的龙头提供较为完善的产业配套，还大大增强了产业间的协作和集聚能力。

2. 产业配套完备，集群优势突出

佛山制造业产业配套完备，智能制造装备、汽车及零配件、新能源装备、3D 打印装备、通用及专业机械装备、石油及精细化工等优势行业本地配套率高达 90% 以上。佛山发展壮大优势传统产业的同时，建立了特色鲜明、日趋完善的先进制造业产业体系，涌现了大批在国内外市场综合竞争力强的名企、名牌和名品。

尤其是部分细分领域特色优势明显，为产业跨越发展打下良好的基础。截至 2018 年底，全市产值超千亿元企业有 2 家、超百亿元企业有 18 家，上市公司达 58 家。全市工业企业应用机器人超过一万台，智能制造发展

也获得不错的成效，产业转型升级正加速前进中。全市上智能装备制造企业也超过 300 家，年总产值接近 800 亿元，高端的机器人研发型企业接近 100 家。此外，近年来，佛山在加速发展汽车制造业的基础上，加大力度发展新能源产业，在氢能产业率先在全省乃至全国率范围进行布局。

3. 民营经济发达，市场活力强劲

佛山一直以民营经济著称，制造业以佛山本土为主，内生性特点明显，自我造血功能强强大。

截至 2018 年底，佛山市共有市场主体 72 万户，其中接近 96% 都是民营主体；其中企业主体超过 30 万户，90% 以上是民营企业。民营经济是佛山经济的主体，佛山经济增加值超过 60% 都是民营主体的贡献。在龙头企业方面，民营企业比如美的和碧桂园双双跻身"世界 500 强"名单。无论是在家电、食品等传统产业领域，还是在智能制造装备、海洋工程装备及汽车制造等特色产业领域，以及新能源装备、节能环保等高成长型产业领域，民营企业都具有举足轻重的地位。

4. 品牌战略使佛山驰名商标大增

佛山是"中国十大品牌城市"及"中国品牌之都"，近年来累计有效注册商标量稳居全省前三位，注册商标年增长率达到 25% 以上。目前，佛山共拥有中国驰名商标 160 件，位居全国地级市首位，广东省著名商标 400 多件，位居广东第三位。近年，佛山从推行"质量兴市"到"质量强市"，全市重点产品未出现行业性、区域性质量问题，2015 年佛山市获批创建"全国质量强市示范城市"，使"佛山制造"向成为优质产品标志的目标进一步迈近。

（三）佛山制造业发展劣势

1. 产业结构不够合理

当前佛山的产业结构依然不够合理，表现在传统产业占规模以上工业增加值比重仍然偏高。

产业集群以中小企业和传统产业为主，集聚的力量依然依靠低成本要素，产业附加值依然不高。随着市场竞争激烈和综合成本上升，发展空间受到进一步挤压。而且，传统产业智能装备应用水平较低，劳动密集型特征依然明显，如很多陶瓷建材、家电、机械、照明、服装、五金、家具和铝型材等企业至今还没有应用机器人等智能装备。装备制造业等新兴产业的层次还比较低，生产效率依然较低，还不能体现资本密集或技术密集发展的特点。

2. 企业创新能力不足

企业自主创新能力还需加强，特色产业的关键技术对外依存度较高，产业链高端控制权在外国企业手中，产品的质量、品牌、技术含量缺乏国际竞争力，仅占据着产业价值链的低端环节，附加值低，企业抗风险能力弱。在全国范围内，佛山市国家级科技企业孵化器、高新技术企业数量明显较少，缺少国家级重点实验室及国家工程技术研究中心等龙头型创新平台，研发投入强度和专利数量等创新绩效在全国城市中排名相对靠后。在珠三角范围内，佛山的发明专利授权量及高新技术企业数量相对较少，均落后于广州、东莞地区，先进制造业及高技术制造业增加值占比相对较小，制造业创新能力明显不足。在产学研平台建设方面，佛山与国内很多名校都有共建产学研平台，但企业的主动参与度较低，企业与平台合作项目不多，产生的科研成果也比较少。

3. 生产要素持续紧张，对企业发展约束明显

在土地方面，佛山的企业多以民营企业为主，甚至不少是从手工作坊起步不断扩大发展起来的，初期发展较为粗放，产业规划缺乏或者不够科学，土地开发强度较高，土地资源不足，企业用地指标远远达不到实际需求，当前土地资源紧张成为佛山制造业发展的最大瓶颈，许多项目因为土地紧张而不能落户。在人才成本方面，面对物价上涨的现象，需要解决衣、食、住、行及抚养孩子的压力，工人的工资不断上涨，企业的人力成本增加。在企业融资方面，市场萎缩造成企业产品库存积压越来越严重，资金周转期拖长，资金流动滞缓，企业资金面压力越来越大；中小企业由于综合实力较低，缺乏抵押物，银行信用度偏低，较难从银行获得直接融资。

4. 人才吸引力较弱，高素质人才缺乏

本地院校人才基地功能尚未充分体现，本地院校培养的产业研发人员还无法充分满足佛山制造业发展的需要。区域文化氛围造成高层次人才流

动频繁，人才交流平台匮乏也不利于高层次人才的引进，部分企业本身知名度低且资金力量薄弱，很难给予员工更高待遇，对人才的吸引力相对于广州等地较弱，从而缺乏核心技术的领军人才、既懂技术又精通管理的复合型人才及高水平的研发人才队伍，致使专业人才成为制造业转型升级的障碍。

（四）推进佛山制造业转型升级的方式

在复杂的国际国内政治经济环境背景下，佛山启动了制造业转型升级之旅，经过了多年的实践探索，在改造提升传统产业、促进产业集聚、提升创新能力、推进绿色升级、实施品牌战略等方面都取得了显著的成果。图 8-3 是佛山制造业转型升级方式的简图，从图 8-3 得知本章设计的制造业转型升级的战略路径，就是先要明确融合发展战略，清晰以创新驱动为本，制定精益制造的方案，制定出金融助力的措施，然后依靠企业主体，加之军民融合共建来实现制造业的转型升级。

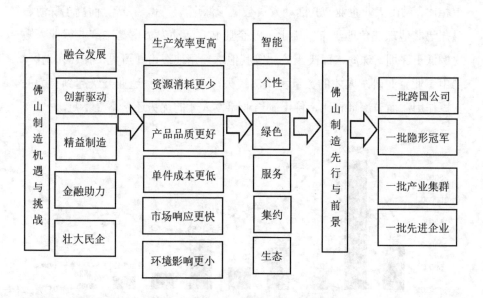

图 8-3 佛山制造业转型升级方式

三、佛山人才发展现状

（一）佛山制造业技能人才的规模

近年来，佛山人才集聚呈现较好的态势，按照人才创新效能的衡量标准，佛山 2017 年底每万人中人才数量为 1956 人；每百万 GD 的创造需要人才数为 1.48 人；创新驱动效应逐渐产生。佛山市的人才高地效应也初步展露，人才质量不断提升，截至 2017 年底，双聘院士达 33 名之多，省级人才团队也有 9 个，高技能人才接近 20 万人。

工业企业 R&D 活动人员是制造业技能人才的核心，从图 8-4 得知 2018 年佛山规模以上工业企业 R&D 活动人员数为 93256 人，R&D 活动人员占第二产业就业人数比例为 3.76%。2018 年广东全省规模以上工业企业 R&D 活动人员数 806431 人，R&D 活动人员占第二产业就业人数比例为 3.15%。佛山工业企业 R&D 活动人员数占全省工业企业 R&D 活动人员数的 11.56%，佛山工业企业 R&D 活动人员数占第二产业就业人数比例高于全省均值。与其他珠三角地级市相比，佛山工业企业 R&D 活动人员数低于深圳、广州、东莞，而高于珠海、惠州等其他珠三角地级市。佛山工业企业 R&D 活动人员占第二产业就业人数比例低于深圳、珠海，而高于广州等其他珠三角地级市。可见，在广东地区，佛山工业企业研发人才的数量和比例较大，这对佛山制造业升级起到有力的支撑作用；而与深圳相比，佛山制造业研发人才的优势还是略显不足。

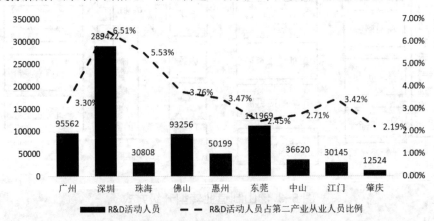

图 8-4 珠三角地级市 2018 年规模以上工业企业 R&D 活动人员数及其占比

（二）佛山制造业技能人才的工资水平

从表 8-1 可知 2017 年佛山制造业在岗职工年平均工资为 67396 元，2018 年佛山制造业在岗职工年平均工资为 73319 元，比 2017 年增长 8.79%，低于全行业的年平均工资水平。根据佛山市人力资源公共服务中心发布的《2017 年佛山市主要制造产业人才薪酬调查报告》，从制造业细分行业不同教育程度者工资水平看，佛山市家用电器等 12 类制造产业的劳动者月平均工资水平都随着教育程度的提升而提高。在佛山制造业中，大专以下、大专、本科、硕士、博士教育程度劳动者的月平均依次是 4009 元、4582 元、6002 元、9048 元、11607 元；教育程度每上升一个级次，制造业劳动者的月工资平均提升 1900 元。在佛山这 12 类制造产业中，食品饮料业、生物制造业的不同受教育程度者的月工资级距最大，教育程度每上升一个级次，食品饮料业、生物制药业的劳动者月工资平均提升 2107 元、2037 元。作为佛山第一大支柱产业的装备制造业，其不同受教育程度者的月工资级距也较高，为 1985 元。此外，不同受教育程度者的月工资级距比均值高的制造产业还有环保业、家用电器业、电子信息业。这说明在佛山制造业中，食品饮料业、生物制药业、装备制造业、环保业、家用电器业、电子信息业这六个行业通过适当拉大不同受教育程度者的工资差距，对高技能人才的工资收入激励力度较大。

表 8-1 佛山市制造业中不同教育程度者的月平均工资（元）

	大专以下	大专	本科	硕士	博士	平均级距
制造业月平均工资	4009	4582	6002	9048	11607	1900
家用电器	3963	4673	6533	8942	11832	1967
装备制造	3842	4863	6975	9366	11780	1985
电子信息	4228	4733	6523	9634	12000	1943
新材料	3845	4258	5933	9722	11045	1800
生物制药	3854	4345	5925	8894	12000	2037

续表

	大专以下	大专	本科	硕士	博士	平均级距
环保	3437	4766	5672	9454	11335	1975
汽车及零部件	3437	4456	5835	8856	10875	1860
家具	4782	4466	4723	7982	11746	1741
陶瓷建材	4524	4552	5266	8682	12000	1869
金属加工及制品	4235	4632	6752	9035	11023	1697
食品饮料	3433	4485	5825	8345	11862	2107
纺织服装	4524	4756	6062	9666	11786	1816

数据来源：《2017年佛山市主要制造产业人才薪酬调查报告》

（三）佛山制造业技能人才的供求状况

1. 佛山制造业技能人才的需求与供给

根据"2017年佛山市人力资源市场供求状况调查"，按职业划分，佛山地区的用人需求集中在专业技术人员、生产运输设备操作工、商业和服务业人员这三大职业，从表8-2"2018年佛山市人力资源市场供求状况调查"显示用人需求集中在专业技术人员、商业和服务业人员这两大职业，并且专业技术人员的求人倍率已有所下降，生产运输设备操作工的需求由第一季的需求大于供给转化成二三四季度的供给大于需求。专业技术人员、生产运输设备操作工的供求状况与制造业升级有直接关系。在表2中，2018年专业技术人员的需求人数和求职人数各季度均值分别为11510人、8761人，其"求人倍率"各季度均值为1.31。生产运输设备操作工的需求人数和求职人数各季度均值分别为6537人、9822人，其"求人倍率"各季度均值为0.67。求人倍率等于1表示求职人数刚好等于需求人数，求人倍率越高表示求职人数远低于市场需求人数，求人倍率越低表示求职人数远高于市场需求人数。根据佛山市2018年的人力资源市场供求状况调查，在佛山劳动力市场中，对专业技术人员的需求较大，求职人数远未能满足用人单位对这类人才的需求；生产运输设备操作工的供给较大，远超过了企业的需求。由此可看出近年来佛山等地区屡屡发生的"劳工荒""技工荒"现象主要不是普通劳动者的短缺，而是具有专业技术能够解决关键问题的高技能人才的缺乏。

表 8-2 佛山市 2018 年技能人才供求情况

一级指标	二级指标	三级指标	第一季度	第二季度	第三季度	第四季度	均值
按职业	专业技术人员	需求人数	17782	8611	8420	11226	11510
		求职人数	11944	8780	7900	6419	8761
		求人倍率	1.49	0.98	1.07	1.75	1.31
	生产运输设备操作工	需求人数	11919	3730	3426	7074	6537
		求职人数	10093	10092	9946	9157	9822
		求人倍率	1.18	0.37	0.34	0.77	0.67
按技术等级	职业资格五级（初级技能）	需求人数	352	388	175	182	274
		求职人数	157	60	52	31	75
		求人倍率	3.13	7.16	4.04	7.11	3.66
	职业资格四级（中级技能）	需求人数	208	59	52	41	90
		求职人数	60	27	33	14	34
		求人倍率	4.35	2.87	2.25	4.16	2.69

在 2018 年佛山地区用人单位的招聘条件中，2018 年每个技术等级的需求人数远远低于 2017 年的需求人数。按照佛山市技术等级的求人倍率来看，初级技能的求人倍率最高，为 3.66，其次是中级技能的求人倍率，为

2.69。要求职业资格五级（初级技能）的需求人数和求职人数各季度均值分别为 274 人、75 人。要求职业资格四级（中级技能）的需求人数和求职人数各季度均值分别为 90 人、34 人。可见，在佛山劳动力市场中，职业资格五级（初级技能）、职业资格四级（中级技能）的求职人数远低于需求人数，持有职业资格证书的技能人才的供给相对不足。

2. 佛山制造业人才供需结构性失衡的表现

现阶段，佛山制造业人才供需结构性失衡主要表现在以下三方面：第一，低端人才供过于求，而中高端人才严重供给不足。另外，在供给侧改革进程中，将会有愈来愈多的人才分流出来；第二，技术技能人才、高素质科技创新人才以及高端专业人才供给不足，"挖角战"盛行。特别是在高精尖产业领域，人才需求较大，现实供给严重不足。第三，新生代"去制造业化""高端化""服务化"的择业行为成为新态势，他们受教育程度较高，同时对职业的期望值偏高，对物质与精神生活的追求较高，大都倾向于选择处于产业高端的服务业。一直以来，佛山市人才队伍质量不高，创新能力偏弱，佛山市制造业转型升级要求人力资本水平的提升是必要而紧迫的，着重培养和广泛吸收高科技人才是企业创新发展、调整结构的重要途径。

（四）佛山制造业技术人才紧缺的原因分析

佛山作为制造业大城市，对工业人才特别是技术人才有着巨大的需求。从实际统计数据看，在佛山市就业的技术人才总数超过 6 万人，但其中的高技能人才占有份额却不高，高技能人才的供给远远无法满足佛山市对高技能人才的需求。归根到底，佛山市制造业技术人才供不应求的主要原因如下。

1. 佛山市制造业转型升级的推动

佛山市制造业引入人工智能设备和程序参与生产后，能够倒逼产业结构的调整，创造更多新兴岗位的产生，很多新兴技术领域的岗位产生新要求。诸如工业机器人、物联网、增材制造、大数据领域将大大增加对高技能人才的需求，并且与此相关的研发、设计等专业技能人才也相应增加。根据预测可知，未来几年佛山市随着智能制造的不断推进，将会衍生出更多与智能制造的相关职业和岗位。首先就有与机器人相关的职业如机器人操作与协调员，机器人维护员，等等。而智能制造更多的是涉及相关的数据设计和统计，便需要诸如系统设计原、工业数据科学家、工业工程师和信息技术等。另外由于新的科学技术的引入，企业对销售服务的岗位也产生新要求如需要更多的具备智能指示的销售和服务人员，现场服务工程师等。这些新增的就业岗位专业性要求较强，并不是简单的学习或培训后就能胜任的。

2. 智能制造企业与高校的人才培养力度不足

佛山市校企合作过程中的人才培养机制还存在许多棘手的问题。一是政府统筹、规划、协调能力不够，缺乏体制机制方面的保障。二是企业没有从思想上重视人才培养培训，且培养培训人才的工作质量不高。最后是人才培养工作的计划性和前瞻性较差。四是成果转化的通道不够畅通，在技术和人才等方面，竖立在校企之间、校企与科研院所之间的一堵墙尚未推倒。目前，在佛山市内的专业高水平学校不多，从 2008 年至 2016 年间，佛山市普通高等学校数量平均仅为 3 间，平均在校人数仅为 44157 人，远不能满足佛山企业对人才的需求。更者，佛山市全日制普通本科高校只有佛山科学技术学院，至 2018 年在校生有 14416 人，其专业设计也难以匹配佛山产业的发展。成人学历教育学生有 6774 人。大部分企业不重视人才培养，尤其是很多应届毕业生在企业中得不到适当的锻炼。

3. 引进海外优秀人才和优秀团队的力度不够

佛山市在加大力度吸引国内智能制造人才时，忽略了对国外优秀人才及优秀团队的引进，这使得我市智能制造的发展始终停滞不前，而且佛山市智能制造方面的优秀人才也没有积极走出去，参与国际交流，无法吸取发达国家发展智能制造的经验及教训。尽管随着佛山经济的不断发展，市内引入的就业国际人才不断增加，截止到 2017 年 4 月，佛山聘任的外国人总数量为 754 人次，其中佛山市直最多，达 455 人次；禅城区有 34 人次，南海区有 154 人次；顺德区有 104 人次；高明区有 3 人次；三水区有 4 人次；这些外国人的就业主要集中在教育和制造业行业，参与制造业工作的人口仅占 20%，且其中的高端化人才数量更是远远无法满足佛山市制造业对国外技术人才支撑的需求。

四、佛山制造业转型升级与人才供给协同度测度指标

根据系统理论可知，对制造业转型升级与人才供给的协同度评价，可转变为对复合系统的有序度进行测评。本部分根据前人的研究成果来提取合适的评价指标体系。

（一）指标选取与数据来源

本章按照"系统层—目标层—指标层"三个层次的框架结构来构建指标体系，详见表8-3。制造业转型升级与人才供给评价指标的选取受多方面因素影响，为全面反映二者协同度，选取评价指标时，需要符合下面三项原则：（1）指标应该具有明确意义，指标值能够通过某些权威方法获得；（2）指标体系对制造业转型升级与人才供给各方面的描述尽可能全面，能够综合反映二者的特性；（3）各指标要相互独立，且指标间关联性要尽可能小，目的在于指标间不存在相互影响，从而减少对同一特性的重复描述。具体的评价指标体系如表8-3。

表8-3 佛山制造业转型升级与人才供给协同度评价指标体系

系统层	目标层	指标层
制造业 转型升级 与人才供给协同	制造业转型升级	研究与试验发展经费支出（亿元）
		制造业增加值（亿元）
		新产品产值（万元）
		一般工业固体废物综合利用率 %
	人才供给	教育经费（万元）
		制造业就业人员（万人）
		专利申请受理数（项）
		专利申请授权数（项）

本章以2011—2018年佛山制造业转型升级与人才供给协同度为研究对象，将运用数据模型分析佛山制造业转型升级与人才供给协同度。数据来源于《佛山统计年鉴》（2012—2019年）。

（二）数据处理分析

主成分分析法是对所选取指标是否合理的科学检验，并对指标作出适当修正的方法。在计量经济学角度，主成分分析法利用投影的方式，实现数据的降维，在损失较少数据信息的条件下，把多个指标转化为少数几个有代表性的综合指标。

第一，原始数据标准化处理。不同的指标在量纲和取值上都存在很大的差异，首先需要对原始数据做标准化处理。在主成分分析法中常用的标准化方法为正态标准法，由于这种方法标准化后的变量取值范围不确定，并且不能较好地反映变量的经济意义，所以本章采取以下的标准化方法。根据指标性质的不同，同经济增长分为正相关和负相关。标准化公式如下：

$$x_{ij} = \begin{cases} \frac{x_{ij}-minx_{ij}}{maxx_{ij}-minx_{ij}}, & 正相关 \\ \frac{maxx_{ij}-x_{ij}}{maxx_{ij}-minx_{ij}}, & 负相关 \end{cases}$$

（1）

其中，i=1，2，…，n；j=1，2，…，p。标准化后变量的取值范围是 [0, 1]。$maxx_{ij}$ 的取值是极大值上调10%，$minx_{ij}$ 的取值是极小值下调10%，标准化结果如表 8-4 所示。表 8-5 为原有变量的相关系数矩阵。

表 8-4 佛山 2011-2018 年制造业转型升级与人才供给协同度评价指标标准化结果

年份	教育经费（万元）	研究与试验发展经费支出（亿元）	一般工业固体废物综合利用率 %	制造业就业人员（万人）	制造业增加值（亿元）	专利申请受理数（项）	专利申请授权数（项）	新产品产值（万元）
2011 年	0.095	0.077	0.676	0.024	0.119	0.025	0.040	0.065
2012 年	0.245	0.284	0.562	0.064	0.260	0.046	0.075	0.085
2013 年	0.311	0.374	0.744	0.889	0.491	0.111	0.119	0.180
2014 年	0.348	0.516	0.746	0.873	0.588	0.142	0.169	0.373
2015 年	0.601	0.569	0.359	0.843	0.684	0.268	0.309	0.305
2016 年	0.561	0.582	0.397	0.856	0.810	0.476	0.338	0.479
2017 年	0.741	0.720	0.199	0.768	0.671	0.695	0.533	0.693
2018 年	0.831	0.846	0.312	0.740	0.811	0.888	0.877	0.856

表 8-5 原有变量的相关系数矩阵

项目	教育经费（万元）	研究与试验发展经费支出（亿元）	一般工业固体废物综合利用率 %	制造业就业人员（万人）	制造业增加值（亿元）	专利申请受理数（项）	专利申请授权数（项）	新产品产值（万元）
教育经费（万元）	1.000	0.968	-0.861	0.622	0.886	0.936	0.927	0.926
研究与试验发展经费支出（亿元）	0.968	1.000	-0.730	0.717	0.928	0.896	0.897	0.939
一般工业固体废物综合利用率 %	-0.861	-0.730	1.000	-0.248	-0.620	-0.824	-0.769	-0.732
制造业就业人员（万人）	0.622	0.717	-0.248	1.000	0.855	0.452	0.431	0.556
制造业增加值（亿元）	0.886	0.928	-0.620	0.855	1.000	0.774	0.751	0.820
专利申请受理数（项）	0.936	0.896	-0.824	0.452	0.774	1.000	0.974	0.972
专利申请授权数（项）	0.927	0.897	-0.769	0.431	0.751	0.974	1.000	0.955
新产品产值（万元）	0.926	0.939	-0.732	0.556	0.820	0.972	0.955	1.000

　　第二，主成分分析。本章运用 SPSS 软件，通过分析 —— 降维 —— 因子分析输出主成分分析结果。首先，考察所选取的指标是否适合采用主成分分析法提取主成分，通过检验指标之间是否存在一定的线性关系来判断。本章根据变量的相关系数矩阵进行分析，相关系数矩阵如表 8-5 所示。从表 8-5 可以观察到，绝大部分指标的相关系数都很高，各个变量之间呈现出较强的线性关系，因此，适合进行主成分分析，能够提取主成分。

表 8-6 因子解释原有变量总方差的情况

成分	初始特征值			提取平方和载入			旋转平方和载入		
	合计	方差的 %	累积 %	合计	方差的 %	累积 %	合计	方差的 %	累积 %
1	6.576	82.204	82.204	6.576	82.204	82.204	3.636	45.455	45.455
2	0.991	12.387	94.592	0.991	12.387	94.592	2.474	30.930	76.386
3	0.299	3.734	98.325	0.299	3.734	98.325	1.755	21.940	98.325
4	0.051	0.635	98.961	—	—	—	—	—	—
5	0.043	0.541	99.502	—	—	—	—	—	—
6	0.036	0.449	99.950	—	—	—	—	—	—
7	0.004	0.050	100.000	—	—	—	—	—	—
8	-3.208E-017	-4.010E-016	100.000	—	—	—	—	—	—

提取方法：主成分分析。

表 8-6 中第一组数据（第 2-4 列）描述了初始因子解的情况，在初始解中提取了 8 个因子，所有指标的总方差均被解释掉；第二组数据，也就是第 5-7 列的数据，描述了因子解的情况，指定提取三个因子，三个因子共解释了所有指标总方差的 98.325%，总体上来看，所选取指标的信息丢失较少，主成分分析效果很理想；第三组数据，也就是第 8-10 列的数据，描述了最终因子解的情况，在因子旋转之后，累计方差贡献率还是 98.325%，证明没有影响指标的共同度，只是重新分配了各个因子解释所有指标的方差，改变了各因子的方差贡献，使得因子更易于解释。

由表 8-7 可知，专利申请受理数（项）、专利申请授权数（项）、新产品产值（万元）在第 1 个因子上有较高的载荷，第 1 个因子可解释为效用环节；制造业就业人员（万人）、制造业增加值（亿元）在第 2 个因子上有较高的载荷，第 2 个因子可以解释为生成环节；研究与试验发展经费支出（亿元）、教育经费（万元）、一般工业固体废物综合利用率 % 在第 3 个因子上有较高的载荷，可以解释为投入环节。

表 8-7 旋转后的因子荷载矩阵

项目	成分		
	1	2	3
教育经费（万元）	0.667	0.486	0.558
研究与试验发展经费支出（亿元）	0.685	0.599	0.383
一般工业固体废物综合利用率 %	-0.479	-0.123	-0.868
制造业就业人员（万人）	0.189	0.973	0.039
制造业增加值（亿元）	0.477	0.789	0.344
专利申请受理数（项）	0.845	0.276	0.440
专利申请授权数（项）	0.884	0.256	0.366
新产品产值（万元）	0.856	0.390	0.310

（三）构建评价指标体系

利用主成分分析方法可以得到表 8-8 的评价指标体系。

表 8-8 佛山制造业转型升级与人才供给协同度评价指标体系

系统层	目标层	指标层
制造业转型升级与人才供给协同	投入环节协同	教育经费（万元）
		研究与试验发展经费支出（亿元）
		一般工业固体废物综合利用率 %
	生成环节协同	制造业就业人员（万人）
		制造业增加值（亿元）
	效用环节协同	专利申请受理数（项）
		专利申请授权数（项）
		新产品产值（万元）

五、佛山制造业转型升级与人才供给协同度评价

（一）构建佛山制造业转型升级与人才供给协同度测度模型

1. 建立功效函数，计算功效值

复杂系统（S 表示复杂系统）中各项指标（S_j 表示序参量，即指标）都有明确的发展目标值（$[U_{ij}, T_{ij}]$），把某一项指标的实际值（x_{ij}）与发展目标值相比得到的结果就能够反映该项指标在整个复杂系统中的功效或者作用，这个结果称之为功效系统（或功效值），并用 E_j 表示，其中 $0 \leqslant Ej \leqslant 1$。当实际值最优时，$Ej(x_{ij})=1$，当实际值最差时，$Ej(x_{ij})=0$。需要说明的是，在实际系统中，有时 x_{ij} 的取值越大越好，有时 x_{ij} 的取值越小越好，有时接近于某一特定值最好，这时通过调整其取值区间 $[U_{ij}, T_{ij}]$ 可满足功效函数。由此下式为序参量 Sj 的功效函数：

$$E_j(x_{ij}) = \begin{cases} \dfrac{x_{ij}-U_{ij}}{T_{ij}-U_{ij}}, E_j(x_{ij})\text{具有正功效时} \\ \dfrac{T_{ij}-x_{ij}}{T_{ij}-U_{ij}}, E_j(x_{ij})\text{具有负功效时} \end{cases} \tag{2}$$

其中，T_{ij} 的取值是极大值，U_{ij} 的取值是极小值。由以上式子可知，$E_j(x_{ij})$ 值越大，S_j 对系统的"贡献"越大。

本章根据公式（2）可以计算得出各指标从 2011—2018 年的功效值，如表 8-9 所示。

表 8-9 佛山 2011—2018 年制造业转型升级与人才供给协同度评价指标的功效值

时间	教育经费（万元）	研究与试验发展经费支出（亿元）	一般工业固体废物综合利用率 %	制造业就业人员（万人）	制造业增加值（亿元）	专利申请受理数（项）	专利申请授权数（项）	新产品产值（万元）
2011 年	-	-	0.8716	-	-	-	-	-
2012 年	0.2036	0.2691	0.6637	0.0464	0.2030	0.0242	0.0429	0.0251
2013 年	0.2932	0.3861	0.9963	1.0000	0.5368	0.0986	0.0944	0.1453
2014 年	0.3440	0.5710	1.0000	0.9807	0.6772	0.1349	0.1545	0.3895

时间	教育经费（万元）	研究与试验发展经费支出（亿元）	一般工业固体废物综合利用率%	制造业就业人员（万人）	制造业增加值（亿元）	专利申请受理数（项）	专利申请授权数（项）	新产品产值（万元）
2015 年	0.6877	0.6404	0.2912	0.9468	0.8162	0.2812	0.3223	0.3029
2016 年	0.6331	0.6565	0.3609	0.9619	0.9979	0.5227	0.3570	0.5233
2017 年	0.8768	0.8367	-	0.8597	0.7972	0.7762	0.5890	0.7939
2018 年	1.0000	1.0000	0.2060	0.8271	1.0000	1.0000	1.0000	1.0000

2. 确定评价指标的权重

权重的确定需要考虑两方面的因素，一方面是能够反映系统的现实运行状态，另一方面是反映系统在一定时期内的发展目标，在保持系统有序运行的过程中，权重说明了该指标在过程中发挥的作用和所处的地位。当前，针对权重的确定方法有很多，我们在计算权重时，原始数据的来源有所不同，根据不同的来源可以分为三类方法：主观赋权法、客观赋权法、组合赋权法。主观赋权法是指专家或决策者自身对不同的指标有不同的重视程度，依据重视程度来确定权重，此方法就是专家根据自身经验和知识储备，主观判断得到原始权重。常见的主观赋权法有层次分析法、专家调查法、德尔菲法和模糊综合评价法。客观赋权法是指在确定权重的过程中，依靠数学工具和统计模型，以专业而客观的角度获得权重。常见的客观赋权法包括主成分分析法、熵值法、因子分析法、变异系数法和相关系数法。

本章选择熵值法确定权重，在信息论中，对于不确定性，可以用熵来度量。信息量与不确定存在负相关，信息量越大，不确定越低，熵会越小，反之，熵会越大。要想了解一个事件的随机性和无序程度，根据熵的特性，可以通过计算熵值来判断。同时，熵值也可以用来判断指标的离散程度。

第一，原始数据标准化处理（如同公式（1）计算）；

第二，计算第 i 年份第 j 项指标值的比重；

$$Y_{ij} = \frac{x_{ij}}{\sum_{i=1}^{m} x_{ij}} \tag{3}$$

如果 x_{ij} 全部相等，那么 $Y_{ij}=1/m$。

第三，计算指标信息熵：

$$e_j = -k \sum_{i=1}^{m}(Y_{ij} \times lnY_{ij}) \qquad (4)$$

其中，k=1/ln m，且 k>0，如果 x_{ij} 全部相等，那么 e_j=k ln m m

第四，计算信息熵冗余度：

$$d_j = 1 - e_j \qquad (5)$$

对于给定的指标 j，x_{ij} 的差异越小，那么 e_j 越大；当 x_{ij} 全部相等时，e_j=emax=1（k=1/ln m）；此时对于观测值之间的比较，指标 x_{ij} 毫无作用；当 x_{ij} 的差异越大，e_j 越小，指标对于观测值的比较作用就越大。因而，上式中，d_j 越大，越应该重视该指标的作用。

第五，计算指标权重：

$$W_j = \frac{d_j}{\sum_{j=1}^{n} d_j} \qquad (6)$$

通过以上公式的计算，可以得到指标层各指标的权重。由此，本章评价指标的权重确立如表 8-10 所示。

表 8-10 佛山制造业转型升级与人才供给协同度评价指标体系及权重

系统层	目标层	指标层
制造业 转型升级 与人才供给协同	投入环节协同 (0.208)	教育经费（万元）（0.409）
		研究与试验发展经费支出（亿元）（0.359）
		一般工业固体废物综合利用率 %（0.232）
	生成环节协同 (0.195)	制造业就业人员（万人）（0.672）
		制造业增加值（亿元）（0.328）
	效用环节协同 (0.597)	专利申请受理数（项）（0.411）
		专利申请授权数（项）（0.337）
		新产品产值（万元）（0.252）

3. 建立适配度函数，计算制造业转型升级与人才供给的适配度

从总体上看，序参量对复合系统中各个环节有序程度的"总贡献"可通过 $E_j(x_{ij})$ 的集成来实现。从理论上讲，每个环节的总体性能不仅取决于各个序参量的功效值，更重要的还取决于它们时间的组合方式。不同的系统结构具有不同的组合方式，不同的组合方式又决定了"集成"结果不同。在本章中采用加权平均法计算，由此下式为各个环节的适配度函数：

$$HD = \sum_{j=1}^{p} \lambda_j E_j(x_{ij}), \ 0 \le \lambda_j \le 1, \ \sum_{j=1}^{n} \lambda_j = 1 \qquad (7)$$

其中，适配度取值范围是 $0 \le HD \le 1$。协调适配度越大，说明子系统的整体协调性愈好，反之则愈差。

本章根据公式（7）可以计算得出三个环节从 2011 至 2018 年的适配度，如表 8-11 所示。

表 8-11 佛山 2011—2018 年制造业转型升级与人才供给的适配度

时间	投入环节	生成环节	效用环节	佛山制造业转型升级 与人才供给的适配度
2011 年	0.2021	0.0000	0.0000	0.0420
2012 年	0.3338	0.0978	0.0308	0.1068
2013 年	0.4896	0.8479	0.1089	0.3322
2014 年	0.5776	0.8811	0.2055	0.4146
2015 年	0.5788	0.9039	0.3005	0.4760
2016 年	0.5784	0.9738	0.4669	0.5889
2017 年	0.6591	0.8392	0.7175	0.7291
2018 年	0.8159	0.8839	1.0000	0.9391

根据以上适配度作出折线图，如图 8-5 所示。

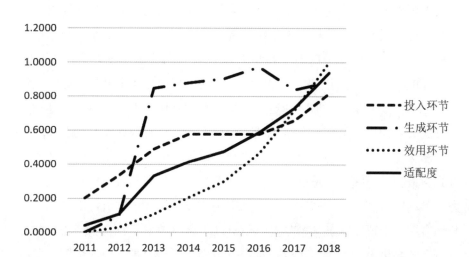

图 8-5 佛山 2011—2018 年制造业转型升级与人才供给改革的适配度折线图

4.确定适配度等级划分标准

协调适配度等级是指把协调适配度的范围划分为若干连续区间，即把适配度 0.0000—1.0000 划分成 5 个连续等级区间，每个区间代表一个协调等级，每个等级代表一类协调状态，成连续的阶梯。具体划分标准如表 8-12 所示。

表 8-12 协调适配度等级划分标准

协调等级	含义	协调适配度
1	弱度协调	0.0000-0.2000
2	低度协调	0.2001-0.4000
3	中度协调	0.4001-0.6000
4	高度协调	0.6001-0.8000
5	极度协调	0.8001-1.0000

（二）评价佛山制造业转型升级与人才供给的协同度

本章采用复合系统协同模型，根据前文所构建制造业转型升级与人才供给二者协同度评价指标体系，结合佛山 2011 至 2018 年的指标数据，计算佛山 2011 至 2018 年制造业转型升级与人才供给适配度并进行客观评价。佛山制造业转型升级与人才供给适配度呈现出逐年上升的趋势，这说明 2011 至 2018 年佛山加紧制造业转型升级的步伐，不断调整产业结构，同时加大人才培养力度并取得成绩，使得人才供给有效地配合制造业转型升级的节奏。适配度整体呈现上升趋势的主要原因包括：第一，经济发展方式由最初的一味追求速度和规模，向追求高质量和高效率转变，发展动力由劳动密集型向资本密集型和资源密集型转变，实现价值链低端加工组装环节向高端研发服务环节攀升。信息技术革命改变了社会生产力，同时改变了社会生产关系，当然也把生产方向推向了一个更高级的位置。发展动力由劳动、资本、资源等要素驱动向创新驱动转变，实现智能制造，有利于二者适配度提升。第二，政府制定了一系列政策，扩大教育投入、科研投入、加强人才引进力度和人才培养力度，推动人才结构优化，鼓励创新和职业教育，促进人力资本水平提升，在一定程度上，人才供给跟上了制造业转型升级的步伐。第三，高等院校人才培养有了更高的标准，学校发展模式为"研发＋技能"结合，既满足了学术型人才的需求，又给制造业发展提供专业技能人才。佛山大力提倡创新精神，通过人才创新、企业创新，将研发成果转变为现实生产力，推动企业结构调整，加快佛山制造业转型升级与人才供给适配度上升速度。

本章研究结果显示，佛山制造业转型升级与人才供给适配度呈现出逐年上升的趋势。佛山制造业转型升级需要人才供给作为保障，需要按照制造业转型升级方向，引导人才供给，实现制造业转型升级与人才供给的协同发展。

六、佛山制造业转型升级与人才供给的协同政策分析

在供给侧改革大背景下，要协同人才供给与制造业转型升级，必须做到以人为本，既要产教研深度融合，培养一批高精准的产业大军；又要创新人才培养模式，挖掘一批高层次的创新型人才，全面提升人力资本水平和科技创新能力；还要基于制造业行业细分人才需求和人才供给差异，优化制造业人才发展环境，有力发挥政策的杠杆作用，推动制造业转型升级与优化布局，实现佛山经济稳健增长。借鉴佛山制造业企业转型升级的成功经验，以及人才培养取得的成绩，本章对于制造业转型升级与人才供给二者更好地协同发展提出了以下建议。

（一）加快实现"政产学研用"深度融合

目前，人才培养主要有三个层次：中高等职业院校提供的职业教育，培养一线技术服务人员和管理人员；高等院校提供的学历教育，培养专业的师资队伍和科研人员；政府或社会机构提供的职业培训，为企业培训专业人才。基于当前佛山制造业人才的供需结构和人才培养现状，完善原有的人才培养模式，精准对接制造业人才需求。

第一，加强现代职业教育建设，培养应用型人才。

第二，要加强高等教育建设，培养学术型人才，一方面，设置与制造业发展同步的学科和专业，增强学科专业的灵活性、科学性和专业化。另一方面，扩大重点领域专业学位培养规模，建立制造业重点领域学科群，鼓励跨学科交叉培养高水平人才，在更高更广的层面上促进制造业学科交叉和人才培养。

第三，推进制造业职工培训教育，在制造业领域建立学习型企业制度，坚持并完善全体职工培训教育。加快完善继续教育制度，实行继续教育与工作考核、职称评级、岗位晋升、职业注册等人事管理制度相衔接。社会层面上要加大专业培训机构的建设，规模以上企业要设有专门机构和人员按时组织员工参加职工培训教育。鼓励企业加大职工教育经费投入并专款专用，加强高技能人才的培养，支持职工自学成才，切实提高员工技能，获得职业竞争优势。

（二）实现制造业企业转型升级

第一是创新推动制造业企业结构调整。佛山要牢牢抓住制造业转型升级综合改革试点城市的有利契机，利用有利的政策条件，不断提升制造业产品质量，不断提升创新能力的建设，大力推动产业结构升级。

第二是注重创新能力培养，发掘创新型技术领军人才。贯彻学习《国务院办公厅关于深化高等学校创新创业教育改革的实施意见》重要精神，将创新创业教育贯穿人才培养始终。设置学科前沿课程、创新创业指导等方面的选修课，优化课程设置，注重实践教学，培养学生创造性和综合性设计能力。支持制造业企业开展技术技能大赛，给职工创新搭建平台，深化校企合作，加强理论与实践融合，提升关键核心技术研发能力、创新改造能力，将创新成果转化为生产力，实现双方合作共赢。实现各创新领域人才交流、技术交流，推进创新资源共享，发展跨领域、跨学科的技术创新力量，形成强大的创新网络。

第三是降低企业人才流失率。激励制造业企业员工，加快构建合理的人才评价体系，完善激励机制、薪酬制度和社会保障制度。与此同时，企业应该为技术人才提供更广阔的空间，更多的职业发展和晋升机会，提高吸引人才和留住人才的能力。

（三）优化制造业人才发展环境

制造业企业要营造出全体员工精益求精的理念和文化氛围，形成企业软实力——工匠精神，推进"品质革命"。追求品质与制造业转型升级、经济高质量发展是相辅相成的，制造业行业必须坚持提升产品质量，打造品牌优势，提高品牌附加值，主动对接世界标准。优化制造业人才发展环境，不仅限于制造业企业内部的良好氛围，还有利于整个制造业行业，甚至是佛山范围内的人才发展环境优化。一是要引导新生代树立正确的就业观和择业观。二是促进人才合理流动配置。三是在"一带一路"倡议下推进制造业"走出去"。

第九章 佛山制造业转型升级综合改革实践之三：制造业服务化促佛山制造业转型升级

纵观各国或各个城市的经济发展历程，发现大部分工业大国或工业大市在第二产业取得长足发展的同时，其相应的服务产业也同样得到蓬勃发展。

佛山市是制造业大市，但服务业却依然比较弱，个中原因很多，而紧邻"服务业大佬"广州是原因之一，因为紧邻广州并且广佛同城，因此佛山的消费性服务业多少受到掣肘，那么，佛山的服务业该朝什么方向发展呢？正如屈贤明（《中国制造2025》主要执笔人、中国工程院制造业研究室主任）所提出的：佛山要继续走制造业发展的道路，但要推动制造业的转型升级，而推动生产型制造业向服务型制造业转变，即制造业服务化是佛山制造业转型升级的重要路径。制造业服务化，并不是要"去制造业化"，而是实现制造业与服务业相融合，让制造业价值链从"微笑曲线"的凹槽延伸到"微笑曲线"的两端。有人认为佛山是以制造业为主的，如果转向制造业服务化，是否会把优势都转没掉了呢？其实不会，恰恰相反，制造业服务化不仅能进一步把佛山制造业做大做强，还能培养新的产业生态和经济增长点，提高经济增长效益。这从近些年的数据分析来看，北上广深等一线城市的服务业占比高达均超过60%，有的甚至达到了80%之高，而南京、武汉、杭州等重点二线城市服务业也普遍占50%以上，就连苏州、无锡、宁波、东莞、珠海等制造业城市，其服务业占比也超过了半壁江山。相比之下，佛山的服务业比重长期徘徊在三成多，确实在服务业发展这方面是落后的。

服务型制造业是在制造业企业中提升服务要素的比重，从而重塑价值链，形成新的业态；制造业服务化是适应新经济、新常态下的新的利益增长点；发展服务型制造是产业结构升级的关键。当前，佛山市政府确立制造业服务化的发展战略，这对于佛山来说意义重大，也给制造业服务化产业的发展带来了极大的发展空间。佛山发展制造业服务化，其发展路径相当清晰，主要是紧抱强大的制造业基础优势，通过把制造业全产业链条打通，让纯生产为主的制造业逐渐向研发、营销、服务等环节发展来提高产业附加值。佛山在发展制造业服务化过程中要好好利用大数据、云计算、互联网、物联网和人工智能等先进技术，推动制造业向消费者提供更多个性化定制、综合化 解决方案等，从而实现制造业企业的转型升级。

当今，全球制造业开始了新一轮的竞争格局，服务化成为制造业发展的主要方向和趋势。佛山作为中国最重要的制造业中心，要适应这种变化，必须重塑自身的制造业发展战略。本章通过对制造业服务化相关概念进行界定，对全球制造业服务化趋势进行判断，并对佛山制造业服务化现状进行研究，在此基础上，进一步分析了当前佛山制造业服务化面对的机遇与挑战，对未来发展的思路、方向、路径和重点提出了相应的建议。

一、制造业服务化的概念、特征和机理

制造业服务化的概念最早是在 1988 年出现的，由 Vandermerwe 和 Rada 提出，他们认为制造业服务化就是指制造业企业通过提供附加于产品之上的服务、专业技术知识和建立专门的服务部门以实现新的竞争优势的倾向。到了 1999 年，White 等提出制造业服务化要关注客户需求的、追求产品与消费者需求匹配度。在 20 世纪以前，大部分学者们把制造业服务化视为制造业企业战略调整的行为，其后学者们从投入产出的角度重新审视制造业服务化，刘继国（2007）认为服务产品或服务性收入占企业比重或总营收的比重越来越大。罗军（2018）认为制造业服务化是指服务要素投入占制造业全部投入的比重逐渐提升的过程。佛山成为全国唯一的制造业综合改革试点城市，面临的制造业转型升级压力十分大，佛山的制造业服务化不仅仅意味着服务投入和产出的增加，还意味着制造业企业商业模式的改进，通过与工业互联网、人工智能、大数据等结合在一起的，从而提升佛山制造业在全球价值链中的地位和价值。

制造业服务化主要有以下三个特点：

第一个是制造业服务化是有其特定的阶段性。制造业服务化不是伴随着制造业的出现而出现的，而是制造业发展到一定阶段的产物。制造业服务化一般不会是完全服务化的，归根结底得以产品为基础，这就引出制造业服务化的第二特点就是制造业基础扎实，也就是说制造业要有一定的市场基础、专业化基础。第三个特点就是制造业服务化的形式多样化，由于制造业类型本身的多样化，在服务化过程中也会出现不一样的形式，随之不同的制造业类型而有所不同，比如有的提供零售和分销型服务，有的提供整体解决方案型服务，有的提供生产前的设计服务工作，有的提供产品售后服务，有的提供技术支持……总之不同的制造业类型形成的服务化形式也会不同，形式多种多样。

制造业在转型升级过程中采用服务化策略，主要是基于以下机制驱动的，第一个是消费者的消费需求，在物质丰富的今天，消费者对产品的需求不仅仅满足于其功能性，而是越来越重视独特的个性化，因此就促使制造业企业要在产品生产的前端考虑定制化的设计服务，从而满足消费者个性化需要。第二个是竞争驱动了制造业企业竞相从产品以外的服务来赢得消费者的青睐。第三个是制造业企业为了赢得更多利润，必须从制造产品本身及附加值环节跃升到高附加值的服务环节。第四个是效率提升要求制造业企业必须重视物流、交易、技术提升等服务环节。

二、制造业服务化为制造业转型升级带来的影响和效应

制造业服务化是制造业转型升级的一种路径，其目标是促进制造业的转型升级。制造业服务化从微观和宏观两方面来促进制造业企业的转型升级，从微观上看，通过服务化能促进制造业企业的服务水平、生产技术水

平以及价值链地位的提升，进而促进制造业企业利润绩效的提升；而从宏观上看，制造业服务能提高服务以及技术在制造业中的比例；无论是微观还是宏观，最后的目的都是为了提升制造业企业的盈利水平。

制造业服务化对制造业转型升级的影响主要从三个方面来体现：

第一个是成本效应：不少学者从生产成本角度也分析制造业企业如果通过服务化来降低生产成本的，比如陈秀英（2016）认为制造业企业通过被企业的非核心环节或者不擅长的环节外包给专业化的企业来完成，从而专注企业本身的核心环节，因此而降低了企业因不专业而造成的沟通交易成本；还有李刚（2017）的研究也认为制造业服务化能吸引上游供应商和下游客户参与到生产流程中，通过人工智能、物联网等信息手段增加制造企业、供应商、客户的多方互动，长期互动不仅能够巩固企业与供应商、客户的合作关系，还能建立起以信任为基础的情感纽带，有效降低机会主义行为发生概率，增加交易频率，降低交易成本。也有学者从要素投入成本的角度来分析制造业企业如果通过服务化来降低生产成本的，比如罗军（2018）认为通过增加了制造业企业的服务要素供给，从而提高了服务要素质量，通过更低价格购买质量更优的服务要素，从而降低制造业服务要素投入成本；还有王晓萍（2019）认为制造业通过投入更多的生产性服务，提升服务要素在企业制造过程中的要素结构，从而降低制造业企业对传统资源要素的依赖。

第二个是技术创新效应：近些年来，不少学者研究了制造业企业通过技术创新来影响制造业企业的转型升级，其中胡昭玲等（2017）通过实证的方法得出制造业企业通过技术创新把服务化传导到制造业的各个环节，从而推动制造业企业的转型升级。罗军（2018）则进一步研究，认为不同的制造业企业投入的服务要素不同，那么其所产生的技术创新效应的大小也会不同，比如投入金融服务，那么将帮助制造业企业缓解融资难题；如果投入的是互联网、大数据及云计算等信息服务，则促进制造业企业数字化、智能化生产；如果投入的是科学研究服务，则促进制造业企业掌握核心技术，突破技术封喉，受制于人的风险。

第三个是价值增值效应：价值增值效应一方面通过知识资本和人力资本等要素的投入来提升产品附加值的提升。另一方面为客户提供个性化服务，从而提升产品的价值，进而获得制造业企业的竞争优势；肖挺（2018）的研究就认为服务化可以增强产品特色，是创造产品差异化的有效手段之一，能够为企业带来差异化竞争优势。

三、佛山制造业服务化的现状分析

（一）佛山服务业出现攀高趋势

在制造业综合改革实施之前，佛山的生产性服务业，比如物流、金融、研发等水平很低，与相对发达的制造业发展不相称。

佛山被定位制造业综合改革唯一试点城市以来，佛山在制造业发展方面真抓实干，出台了很多相关的政策及措施，在 2018 年的时候，佛山的三次产业比例为 1.5 : 56.5 : 42.0，迎来了服务业十多年来占比的新高，这是可喜可贺的成果，到了 2019 年，佛山的第三产业增加值为 4549.48 亿元，增长 8.1%，有了一点点进步，三次产业比例为 1.5 : 56.2 : 42.3，与 2018 年相比，又增长了 0.3%。现代服务业增加值接近 3000 亿元，增长 8.3%。民营经济增加值接近 7000 亿元，占全市生产总值的比重超过 60%。

（二）佛山服务业发展步伐依然缓慢

佛山制造业实施综合改革的几年来，服务业占比每年都有所增长，但增长的幅度好小，有时增幅甚至只有零点几个百分点。即使是到了 2018 年，42% 的服务业的占比已经创造了佛山多年来的新高，但是这个比例依然是很低的，涨幅也是不大的。佛山第三产业的发展多年来都比较缓慢，占比一直以来都很低。根据《2018 年佛山市统计年鉴》得知，从 2008 年到 2017 年的十年中，只有 2017 年服务业占比突破了 40%，达 40.9%，其他年份都没有超过 40%，其中，2008 年服务业占比仅为 33.7%，此后基本呈现逐年递增的趋势，但增长的速度很慢。

（三）佛山服务业占比仍偏低

近些年来，佛山服务业占比呈现增长趋势，这与全省产业结构优化的方向是一致的。但不容疏忽的是，比照经济总量与佛山相近的城市，佛山的服务业总量、占比依然偏低。就拿宁波作为比较，宁波也是制造业大市，2018 年的 GDP 两者不相互上下，从表 9-1 得知宁波的三次产业之比为2.8：51.3：45.9，在同类城市中，宁波的服务比例已经是低的了，而佛山则比宁波还低。无锡也是制造业大市，并且 GDP 比佛山和宁波都高，而其服务业比重超过佛山。

表 9-1　　2018 年我国 GDP 十六强的服务业比重

序号	城市	2018GDP	同比增长	人口	服务比重 %
1	上海	25300 亿	6.8%	2425 万	69.90
2	北京	23000 亿	6.7%	2168 万	81
3	广州	18100 亿	8.3%	1667 万	71.75
4	深圳	17500 亿	8.9%	1077 万	58.78
5	天津	17200 亿	9.4%	1516 万	58.60
6	重庆	16100 亿	11%	3001 万	52.30
7	苏州	14400 亿	7.5%	1060 万	51.4
8	武汉	11000 亿	8.8%	1033 万	54.60
9	成都	10800 亿	8.0%	1442 万	54.10
10	杭州	10100 亿	11%	889 万	63.90
11	南京	9600 亿	9.2%	821 万	61.0
12	青岛	9400 亿	8.2%	871 万	60.9
13	长沙	8600 亿	9.7%	731 万	54.75
14	无锡	8500 亿	7.1%	650 万	47.0
15	佛山	8200 亿	8.3%	720 万	42.0
16	宁波	8000 亿	7.5%	781 万	45.90

从表 9-1 我们可以看出 2018 年，长沙的第三产业占比接近五成半，成了经济增长主动力，这与长沙力推并实施推动经济转型创新发展，经济结构逐步优化升级密不可分。此外，从上表，我们还能看出除了无锡以外，2018 年经济总量超过佛山的城市，服务业占比都超过 50%，都毫无例外超过佛山。而比佛山 GDP 稍微低一点的宁波，服务业占比也高出佛山 3.9 个百分点。

（四）地方政府重视制造业服务化

近年来，佛山政府下大力气改造传统制造业，主要通过建立互联网技术应用研究院，建设"互联网＋"创业产业园和打造创新产业集群等措施来实现。此外，还通过拨付财政资金来支持帮助企业跳出固有的思维定式，融合金融、产业、数据和知识等四大资本要素打造金融平台和创新平台，帮助中小制造企业融入互联网时代、走信息化发展道路，同时积极鼓励企业内部二次创业，通过各种手段和措施，佛山的制造业服务水平的提高将值得期待。佛山投入大量的资金，着力发展生产性服务业，尤其是高端服务业，与广州形成共同竞争、共同繁荣的态势；当前佛山发展生产性服务业特别是高端服务业的基础和时机都比较合适，也很好呼应国家赋予佛山制造业综合改革试点的使命，经过几年的发展，现在佛山仅仅把握发展广州南站与佛山三龙湾为核心的广佛融合先导区，抓住佛山发展生产性服务业集聚区的大好机遇。

四、佛山制造业服务化的态势

制造业与服务业融合发展是佛山制造业综合改革的重要方向。近年来，佛山制造业服务化已经开始发力，并呈现出以下总体态势。

首先，服务领域有所拓宽。佛山制造业服务领域有所拓宽，从过去的集中在制造业产品售后服务逐步拓展到围绕核心产品的研发、设计、物流等多个领域，也逐渐发展一些新的服务项目，比如提供工程总包服务、整体解决方案服务、个性化定制服务的制造业企业、面向海外客户提供远程运维支持、远程技术支持、设备增值及维修维护服务、来料加工服务、营销售后服务的制造业企业。以及由制造业企业成功剥离、重组的专业服务企业与工业设计服务企业等。有些企业的服务业还逐步实现了专业化，并从制造业企业中实现分离，成为生产性服务业的重要部分。

生产制造环节外移，构建制造业服务总部。由于佛山不断攀升的土地、劳动力和商务成本的影响，制造业生产环节不断向其他具有比较优势的区域转移，而依赖高端要素的研发设计、研发中心、销售中心、营销服务等环节依然留在佛山，形成制造业服务化的新格局。

服务业务开展形式和手段呈现多样化趋势。从制造到服务，到制造与服务融合，佛山制造业服务化的形式出现多样化趋势。由简单的金融、物流、安防等服务类产品等的开发，向节能、环保、制造平台、金融平台等多样化发展。在制造业服务化手段方面，信息化是最为重要的新手段，在物联网、电子信息、云计算、大数据等新型信息化手段和方式参与到制造业服务过程中，制造业服务化出现了新业态、新模式、新平台。

制造业服务的层级也有所提升。佛山制造业从简单的交产品到交产品加售后，并不断提升为提供总集成、总承包、研发设计、检验检测、数据处理、品牌运营、咨询培训等一体化服务解决方案，制造业的服务层级不断提升，功能也越来越完善，客户也越来越满意。

五、佛山生产性服务业与制造业的协同演化

本部分通过理论和实证研究相结合的方法，梳理国内外有关文献，从两大产业现状情况研究、数据实证分析以及对策建议三方面对通过生产性服务业与制造业的协同演化和发展来充分激发佛山市制造业潜能，促成产业转型升级，提升产业发展能力及核心竞争力。通过查找网络数据库搜集有关数据资料、翻阅图书馆馆藏相关文献图书进行研究知识的获取，了解当前协同学研究理论和热点，梳理国内外研究学者对协同问题的研究成果，以此获取研究两大产业之间协同关系的基本感知，从而整体客观地总结出研究框架，构造文章脉络。在文献研究法的基础上，

通过实证研究佛山市两大产业的现状、发展情况及互动现状，从分析中发现问题，运用 SPSS 软件逐一对生产性服务业与低技术制造业、中低技术制造业、中高技术制造业、高技术制造业进行相关的关系分析，得出自因变量之间具有相对明显的线性关系与否，再将分析结果中具有线性关系的协同产业进行线性回归分析，建立模型，参照模型对两大产业协同演化进行进一步的实证分析，再规范分析实证分析结果，依次针对两大产业及产业协同提出对策建议。

（一）佛山市生产性服务业与制造业现状分析

自 2009 年至 2018 年，佛山市地区生产总值实现了量的飞跃，GDP 增长了 50829997.99 万元，从 "48528847" 万元达到 "99358844.99" 万元，其中，第二产业生产总值约占地区 GDP 的 57%，仍然是经济的重要支柱，为 "56140014" 万元，第三产业生产总值 "41774302.99" 万元，约占 GDP 的 42%，人均生产总值 "127691" 元。综上可见，近十年佛山市产业持续以增长的态势发展，经济增长总体平稳、稳中向好。

1. 佛山市生产性服务业现状分析

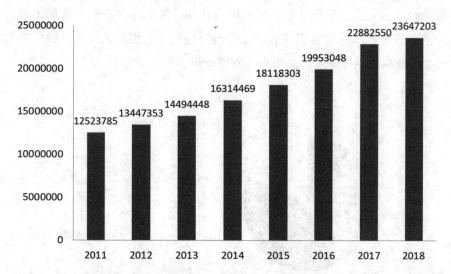

图 9-1 佛山市生产性服务业生产总值变化情况图（单位：万元）

资料来源：佛山市统计年鉴

佛山市服务业起步较晚，近十年来一直保持着稳定发展，从图 9-1 得知，自 2011 年的 12523785 万元到 2018 年达到 23647203 万元，在七年间生产性服务业生产总值翻了接近一倍，但年增长率却有所回落。总的来说，佛山市生产性服务业一直在以稳定的态势发展。

2018 年，佛山市房地产业生产总值 8109986 万元，占总量的 34%，是占比比重最大的产业，传统生产性服务业依旧是佛山市生产性服务业的主要基石。与 2011 年的数据统计进行对比，2018 年生产性服务业生产总值结构中，占比有所扩大的有交通运输仓储和邮政业，而批发和零售业比重有所下降，其他两大行业虽也有占比增大的现象但变化幅度并不明显。

图 9-2 是 2011 年佛山市生产性服务业结构图，从该图得知 2011 年的时候占比最大的是批发和零售业。图 9-3 是 2018 年佛山市生产性服务业结构图，从该图得知 2018 年的时候金融业、交通运输仓储和邮政业有所增加。在生产性服务业和制造业融合发展过程中，交通运输仓储和邮政业属于协同初级阶段中制造业的基本需求，也是需求最强烈的行业，在这一阶段制造业与服务业初步协同，以极高的速度协同发展进行融合，现今佛山市生产性服务业结构组成与制造业的发展现状与初级阶段两大产业发展形势正好吻合，服务业与制造业的发展匹配度较高，美中不足的是当今佛山市制造业非关键环节外包意识较弱导致外包程度低下，因此，对外包服务需求较少导致生产性服务服务面狭小，发展受限。

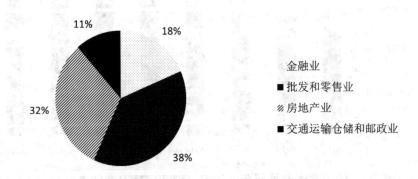

图 9-2 2011 年佛山市生产性服务业结构图

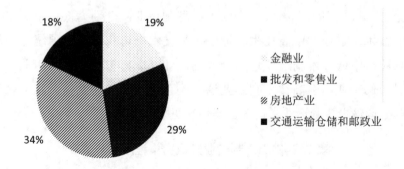

图 9-3 2018 年佛山市生产性服务业结构图

资料来源：佛山市统计年鉴

2. 佛山市制造业现状分析

在制造业大省广东的带领下，佛山市属于制造业起步较早发展较快的城市之一，但由于发达国家的再工业化战略以及东南亚地区国家依靠人力成本优势占领制造业地位，佛山市近两年来的制造业增加值反而有所回落。但总体来说，佛山市制造业依旧是以稳中向好的趋势发展，从图 9-4 得知，2018 年佛山市制造业增加值约为 2011 年的 1.5 倍。

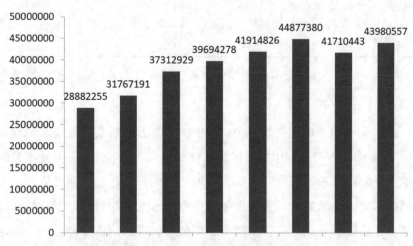

图 9-4 佛山市制造业增加值变化情况图（单位：万元）

资料来源：佛山市统计年鉴 2108

为使研究结构过程简易，本章将制造业各行业依照经合组织标准进行分类，按技术水平高低分为四大类型制造业，分别为低技术制造业、中低技术制造业、中高技术制造业、高技术制造业。以中国统计分类作为依照，中低技术制造业包括金属制品业、废弃资源综合利用业、机械和设备修理业；中高技术制造业这一类包括：船舶、铁路、航空航天以及其他运输设备制造业，具体分类情况见表9-2。

表 9-2 佛山市制造业知识密集程度再分类表

低技术制造业	中低技术制造业	中高技术制造业	高技术制造业
革、毛皮、羽毛及其制品和制鞋业；农副食品加工业；酒、饮料和精制茶制造业；纺织服装、服饰业；印刷和记录媒介复制业；木材加工和木、竹、藤、棕、草制品业；纺织业；文教、工美、体育和娱乐用品制造业；食品制造业；家具制造业；造纸和纸制品业；烟草制品业；其他制造业	橡胶和塑料制品业；黑色金属冶炼和压延加工业；非金属矿物制品业；有色金属冶炼和压延加工业；石油加工、炼焦和核燃料加工业；废弃资源综合利用业；金属制品业；金属制品、机械和设备修理业	专用设备制造业；通用设备制造业；汽车制造业；电气机械和器材制造业；铁路、船舶、航空航天和其他运输设备制造业；化学纤维制造业；化学原料和化学制品制造业	计算机、仪器仪表制造业；通信和其他电子设备制造业；医药制造业

数据来源：佛山统计局统计年鉴，佛山统计局信息网

2018年佛山市制造业增加值"43980557"万元，其中低技术制造业增加值"8836413"万元和中低技术制造业增加值"12999605"万元，该两大技术水平制造业增加值分别占制造业增加值的百分之二十和百分之三十，中高技术制造业增加值几乎占据了佛山市制造业增加值的一半，与高技术制造业形成强烈对比，高技术制造业增加值仅占总的百分之五，可谓是微乎其微。2018年制造业增加值数据结构与2011年进行对比（详见图9-5和9-6），低技术制造业、中低技术制造业和高技术制造业占比面积都有

不同程度的缩减，但降幅相对来说比较小，均为百分之二左右，相比之下，中高技术制造业有七个百分点的上升比例。可见佛山市制造业产业结构有逐步向中高技术迈近的趋势，但高技术产业发展反而退步。

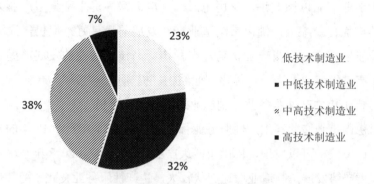

图 9-5 2011 年佛山市制造业增加值结构图

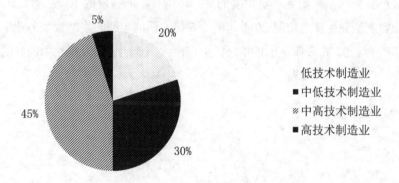

图 9-6 2018 年佛山市制造业增加值结构图

资料来源：佛山市统计年鉴 2018

佛山市制造业整体结构中，低技术与中低技术制造业的分布较为均衡，中高技术制造业一枝独秀，几乎占据了制造业结构的半壁江山，相比之下高技术制造业则相形见绌，仅占行业的百分之五，可见制造业结构分布并不完全合理。在制造业结构发展中，高技术产业不进反退的发展现状难以形成行业壁垒，应快速提升制造业附加值。由此可见，佛山市制造业产业结构仍需改进。

从整体的角度来看，金属制品业、非金属矿物制品行业以及电气机械和器材制造业增加值在制造业增加值排位中名列前三，其中只有电气机械和器材制造业属于中高技术产业，其他两大产业都是中低技术产业；而佛山市制造业产品以微波炉、家用电风扇、电饭锅等资本密集型产业为主，产业结构优良。综上，佛山市制造业产业发展前景良好，但仍需注重高技术产业发展，结合自身产业优势，在稳定中高技术行业的发展前提下，大力发展高技术产业，进一步优化产业结构，提升竞争力。

3.佛山市生产性服务业与制造业的协同情况分析

对佛山市制造业和生产性服务业行业总量自2011年至2018年的发展情况进行比较分析可以发现，佛山市两大产业在2011年至2018年基本按照相似的发展趋势发展，制造业增速起伏较大，生产性服务业变化紧随其后，初步体现出两大产业之间的协同关系，从图9-7的发展增速图可看出近年来两大产业协同演化受到一定程度的制约，均有不同程度的下降态势。2018年佛山市制造业生产总值是2011年的1.5倍，而同年期的生产性服务业生产总值倍数为1.9，充分体现出近年来佛山市两大产业的协同发展稳中向好的态势。

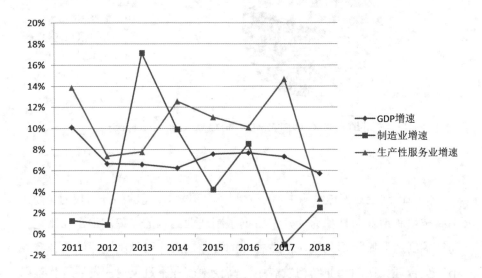

图 9-7 佛山市 GDP、生产性服务业和制造业 2011-2018 年发展增速图

资料来源：佛山市统计年鉴 2018

（二）佛山市生产性服务业与制造业协同演化的实证分析

1. 实证方法与模型介绍

回归分析是一种较为简单常见的分析方法，目的是找出两种或两种以上变量的定量关系，若仅有单个自变量则称为一元回归分析，具有多个变量即两个或两个以上的则称为多元回归分析；自变量和因变量之间的关系类型有线性回归分析和非线性回归分析两者，主要是按照变量之间的关系是否造成线性关系来区分。一元回归分析是复杂程度最低的回归分析，分析的对象数量最少，操作也最为简便，表现为当该种线性关系具有相关性时，因变量能够按照一定的规律随着自变量的增加而增加或减少，反之亦是，也就是平常我们所说的正相关或负相关的相关关系。

本章将运用回归分析模型对两大产业的细分行业之间的关系进行分析，判断出生产性服务业与制造业中不同技术水平的行业之间的协同关系。首先，确定因变量为制造业增加值，自变量为生产性服务业生产总值，然后基于收集的相关数据，即 2011 年至 2018 年佛山市各年度关于统计生产性服务业和制造业的资料数据进行回归分析，建立线性方程，形成回归分析简单线性模型。四个不同技术水平的制造业细分行业分别对应四个线性模型，尝试得出生产性服务业和制造业四大技术水平细分行业的线性关系。通过对现有模型的参考借鉴以及对生产性服务业和制造业之间的互动机制进行分析，假设建立以不同技术水平制造业为因变量，以生产性服务业为自变量，表示生产性服务业对制造业影响度的线性模型如下：

$$y = a + bx + u$$

其中，y 表示制造业增加值，x 表示生产性服务业生产总值，b 表示 y 对 x 的乘数，而且 b 为正。

2. 实证指标选取及数据说明

本部分用 X 来代表生产线服务业，用 Y1 来表示低技术制造业，用 Y2 来表示中低技术制造业，Y3 来表示中高技术制造业，用 Y4 来表示高技术制造业。佛山市生产性服务业生产总值和制造业 2011 年至 2018 年的增加值见表 9-3。

表 9-3 佛山市生产性服务业生产总值和制造业增加值表

年份	y₁= 低技术制造业	y₂= 中低技术制造业	y₃= 中高技术制造业	y₄= 高技术制造业	x = 生产性服务业
2011	6526350	9260432	11024272	2071202	12523785
2012	6846297	10077541	12686430	2156925	13447353
2013	8299303	11760295	14571354	2681980	14494448
2014	8793499	12415625	15840805	2644349	16314469
2015	9075445	12949763	16806497	3083122	18118303
2016	9439527	13336588	18696835	3404427	19953048
2017	8286194	12563150	18371129	2489970	22882550
2018	8836413	12999605	19660448	2484092	23647203

资料来源：根据 2012—2019 年佛山市统计年鉴数据整理

3. 实证结果分析

本部分运用 SPSS 分别将四种不同技术水平的制造业增加值和生产性服务业生产总值进行相关关系散点图分析，得出结果如图 9-8、图 9-9、图 9-10 和图 9-

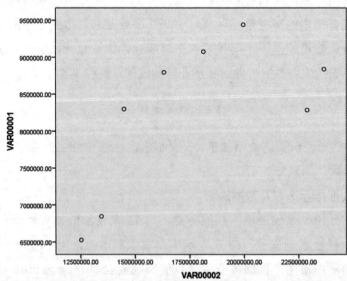

图 9-8 生产性服务业生产总值与低技术制造业增加值散点图

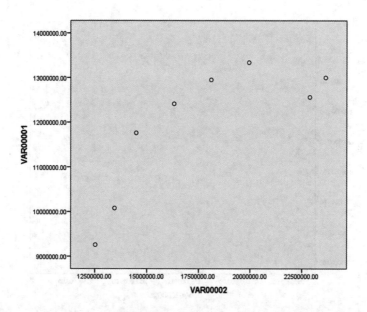

图 9-9 生产性服务业生产总值与中低技术制造业增加值散点图

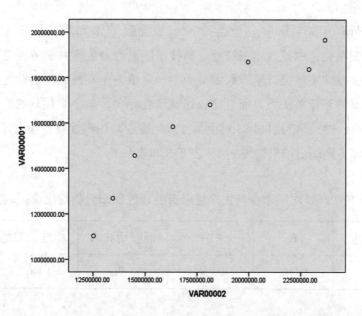

图 9-10 生产性服务业生产总值与中高技术制造业增加值散点图

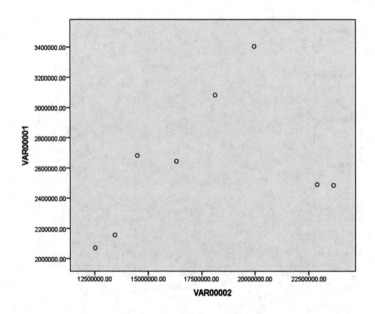

图 9-11 生产性服务业生产总值与高技术制造业增加值散点图

依照输出散点图 9-8、散点图 9-9、散点图 9-10 和散点图 9-11 发现，低技术制造业、中低技术制造业、高技术制造业与生产性服务业之间的线性相关关系并不明显。生产性服务业生产总值与中高技术制造业之间具有较为明显的正相关关系，而且比较切合线性相关，与上文预测的线性模型较为吻合。然后再利用 SPSS 对中高技术制造业与生产性服务业进行线性回归分析，得到输出结果如表 9-4、表 9-5 和表 9-6。

表 9-4 中高技术制造业与生产性服务业线性回归分析输出模型摘要表

模型	R	R 方	调整后 R 方	标准估算的误差
1	0.948	0.898	0.882	1046781.831

a. 预测变量：常量，VAR00002

表 9-5 中高技术制造业与生产性服务业线性回归分析输出 ANOVA 表

模型	平方和	自由度	均方	F	显著性
回归	5.816E+13	1	5.816E+13	53.077	0.000
残差	6.575E+12	6	1.096E+12	——	——
总计	6.473E+13	7	——	——	——

a. 因变量：VAR00001

b. 预测变量（常量），VAR00002

表 9-6 中高技术制造业与生产性服务业线性回归分析输出系数表

模型	B	标准误差	Beta	t	显著性
（常量）	3880610.923	1698457.050	——	2.285	0.062
AR00002	0.683	0.094	0.948	7.285	0.000

a. 因变量：VAR00001

依据分析结果得出，在模型摘要图中 R 值为 0.948，几近于 1，该模型拟合度较好，调整后 R 方为 0.882，说明自变量（生产性服务业）一共可以解释因变量（中高技术制造业）88.2% 的变化；在 ANOVA 图中，F 值即方差分析的结果所对应的显著性为 0.000，说明该回归方程可以予以采用；从系数表中可得出生产性服务业和中高技术制造业之间的回归方程为：y=3880610.923+0.683x。

从分析研究的结果来看，佛山市生产性服务业与制造业具有的相互促进协同演化关系并不特别明显，在现阶段，中高技术制造业和生产性服务业之间的互动关系较为明显，这与佛山市制造业的发展现状和企业模式具有很大的关系，也符合现今佛山市制造业企业的产业结构。佛山市制造业发展主要以规模经济为主，专业化技术水平不高，市场竞争力和行业门槛较低，高新技术制造业发展缓慢，而且外包程度不高，生产性服务业无法得到充分发展，导致行业发展减缓，两大产业无法得到较好的互动融合。

（三）关于佛山市生产性服务业与制造业协同演化对策建议

为加快佛山市生产性服务业和制造业协同演化速度，提高佛山市生产性服务业和制造业的演化质量，增强佛山市生产性服务业和制造业协同演化经济效应，顺应时代发展促成佛山市制造业转型升级及两大产业协同演化，本章从佛山市生产性服务业和制造业两大行业以及协同演化的现状中存在的以及束缚发展的问题出发提出对策建议。

1. 制造业

低技术制造业和中低技术制造业对于地区经济发展的作用如同建筑中用于打地基的地桩，不可或缺且发挥着巨大的作用，佛山市作为著名的制造业强市，传统制造业如石湾的陶瓷行业、顺德区的家电行业以及南海区的木业产业的发展都十分发达，政府应发掘制造业产业优势，合理扩大产业规模，使产业在一定的范围内扩大规模以获得规模效应，鼓励低技术和中低技术制造业将内部活动外部化，使产业能够依靠成本优势获得竞争能力，防止经济"空心化"，稳定制造业增加值。

中高技术制造业和高技术制造业具有坚固的行业堡垒，而随着科学技术和社会经济的发展进步，高技术水平必将成为市场主流。稳定中高技术制造业以及高技术制造业的发展，加大政府对中高技术和高技术水平制造业的政策力度和投资力度，鼓励企业充分自主创新，培养和掌握核心技术，推行人才引进政策吸引高精尖技术人才。充分利用"广佛都市圈""粤港澳大湾区"等区位优势，利用高端平台，提升佛山市国家高新区综合竞争力、整合产业园区资源配置，提高高端要素的吸引力和承载力。以实体经济为重点，着力提高供给质量，显著提升优化佛山经济质量，加快转变制造业驱动力，全力打造国家级先进制造业产业集群。

以信息化时代背景为契机，快速推进发展新一代信息技术智能制造和数字经济，促进实体经济与数字经济的融合，利用数字经济的独特优势升华实体经济。推动制造业向网络化智能化数字化方向发展，鼓励传统制造业企业将智能制造技术和装备应用在日常生产中，使智能制造达到充分普及。着力筹办以科技创新为重点的招商活动以吸收内外投资，全力引进重大战略项目，同时加快项目建设和投资进度，为经济高质量发展提供新动能。

2. 生产性服务业

第二产业的发展与第三产业并不均衡，佛山市生产性服务业起步较晚，在产业萌发初期，政府的优惠政策不全、扶持力度不大，从而限制了产业的发展，产业一家独大的垄断局面明显，使得生产性服务业行业效率低下。发展生产性服务业首先应该从经营成本上为企业提供优惠政策，降低企业生存压力，更好地促进生产性服务业发展。降低行业准入门槛，打破国有生产性服务业垄断局面，大力鼓励民营企业发展第三产业。建设佛山市生产性服务业产业集群，加强产业集群内部以及各集群之间的联系，在稳定生产性服务业健康发展的基础上鼓励行业内企业与企业之间进行技术交流与资源共享。佛科院、佛职院、顺职院等佛山市中高等教育学院在重视科学技术方向人才培养的同时还应加强生产性服务业专业化教育，培养出一批既有文化知识基础，又有实际应用能力的专业化人才。高校、政府通过多方面的政策鼓励引进人才，邀请有关专家学者举办交流研讨会，提升佛山市生产性服务业专业化水平。

3. 制造业与生产性服务业的协同演化

加强两大产业之间的联系，促进两大产业协同融合带动发展。充分利用粤港澳大湾区的地理优势和政策优势，引进来自全国乃至全球各地的优质专业人才，提升佛山制造业的整体发展水平。佛山市制造业应术业有专攻，致力于提升企业自身素质，优化行业人才专业化水平，把专业的事情交给专业的人或者专业的机构去完成，提高产业专业化，将运输等非关键生产环节外包，促进外包化，使产业集群的内部联系更加紧密，两大产业协同发展进而带动其他产业共同发展，从根本上发展优质产业链。

注重服务创新，产业对接优质化。创新是当下对于制造业抑或是生产性服务业行业中最重要也是最关键的，产业只有经过不断创新才能获得永不枯竭的动力源泉，在瞬息万变的时代中，创新也是企业的立身之本，生产性服务业应该注重服务创新，提供服务专业化的同时也要注重服务的创新性，如此才能更好地对接制造业，为制造业行业提供更优质的服务。政府层面应该鼓励生产性服务业与制造业更多更好的相互融合，建立优质的服务平台，给予生产性服务业在发展过程中的薄弱环节政策扶持，不定时举办生产性服务业行业交流会，鼓励生产性服务业大型企业向中小型企业传授经验，引导中小型企业学习先进手段，完善自身服务机制，提高技术，促进行业健康发展。

立身区域建设，提升产业协同发展增速。各区区域政府应加强产业间的互动，以区域经济建设为主题，鼓励区域内不同产业进行联动，实现区域经济一体化。实施适当的补贴优惠政策以帮助产业发展落后或受阻的地区，促成产业间的跨区域合作，使得生产性服务业与制造业的产业联动更为有效，区域集群间的合作更为密切，更进一步提升第二产业与第三产业之间的协同发展，促进区域间、产业间的产业发展升级。以城区为中心向周边区域扩散，促进佛山市生产性服务业和制造业的协同演化。

六、佛山制造业服务化的机遇和挑战

（一）佛山制造业服务化的机遇

佛山制造业服务化的第一个机遇就是要把握住全球制造业服务化发展趋势。当前西方发达国家对制造业服务化、智能化以及网络化已经有了一个比较清晰的轮廓，但还没有实施到如火如荼的阶段，佛山大可凭借自身良好的制造业基础，比较全的产业链以及市场份额，充分利用各种先进技术，特别是互联网和信息技术来个弯道超车。

佛山制造业服务化的第二个机遇就是借国家的政策助力大力发展制造业服务。《中国制造2025》中，提出"加快制造与服务的协同发展……大力发展与制造业紧密相关的生产性服务业，推动服务功能区和服务平台建设"；《"互联网+"意见》中，也提出"加速制造业服务化转型"。国家出台这些政策就是要推动国家的制造业通过服务化来实现转型升级，国家大力鼓励制造业型企业利用各种互联网和通信技术发展服务业，鼓励制造业企业运用这些先进的技术和手段实现制造业加服务业融合发展的道路，从而实现制造业的转型升级。佛山市制造业大市，其制造业规模、市场、实力都有目共睹，这些为制造业服务化提供了很坚实的载体，佛山乘制造业服务化政策的东风，能更快更好地实现制造业的转型升级。

佛山制造业服务化的第三个机遇就是制造业发达，基础坚实，制造业产业门类齐全，几乎覆盖国家制造业全部31个大类，拥有装备制造、家用电器、金属制品、陶瓷建材、纺织服装等十大优势行业。在如此坚实的制造业基础上发展服务业，再加上佛山民营经济发达，发展充满经济活力，佛山制造业服务化的空间很大、动力很足。

（二）佛山制造业服务化的挑战

近些年来，佛山制造业服务化应该说已经有一定的基础，不仅是一些大型制造业企业实施制造业服务化发展，也已经出现一些中小型企业也开始将服务化发展作为企业的发展战略。但是佛山制造业企业位于价值链的低端，要通过制造业服务化实现往微笑曲线两端上移，就必须打破低端锁定，同时要面对全球市场化的竞争，风险和挑战不言而喻，因此也增加了佛山制造业服务化的挑战性。

佛山制造业服务化挑战一：西方发达国家制造业企业价值链高端锁定。佛山在参与国际分工的时候，由于长期以来产品处于价值链低端，尽管近年来企业和产业在不断转型升级中，初步在出口产品的结构和技术水平上逐渐高级化，但许多企业仍然处于"低端锁定"的困境中。一方面，依赖于外来廉价劳动力资源和低端生产要素，使得佛山很多中小企业生产的产品或环节被迫困于价值链的低端，而且随着国际分工的深化将被进一步锁定低端；另一方面，有些企业虽然冲入了国际分工价值链的中高端环节，但主要依靠模仿来提升的，自身的自主创新能力有限，致使产业和企业的转型升级越发变得困难。与佛山的本土制造业的产品低端锁定相比，西方制造业企业的长期占据价值链高端位置，无论是研发水平、技术水平还是国际营销水平都处于较为强势的地位，品牌优势和市场优势非常明显；随之而形成的制造业服务业是全球的领先者和开拓者，所以也将顺理成章地锁定服务的高端位置。比如博世、ABB和通用电气等大型制造型企业早已实施制造业服务化战略并付诸实践，这些外资制造业企业在价值链高端的锁定效应影响较大，也是佛山制造业企业较难撼动的，佛山制造业企业的服务化必须在技术和市场深挖的基础上才有可能更好地实现制造业的服务化。

佛山制造业服务化挑战二：制造业服务化的"失效"。制造企业服务化过程复杂，从供应商到零售商再到客户，需要对原来的组织机构进行重组和整合，会给制造的产品、管理、制度及文化等方方面面带来风险和挑战，往往难以获得预期的高回报，因此，对于佛山的大部分传统制造业企业而言，从制造文化向服务文化转型的过程相对艰巨，除了需要企业本身的转型外，还特别需要地方政府管理部门的配合和支持。

佛山制造业服务化挑战三：标准化收益的"路径依赖"。当前，西方发达国家的制造业进入差异化、个性化生产和需求阶段，但是对于佛山来说，真正的差异化和个性化需求还有一段路要走，因为当前的大量标准化需求在一些城郊及农村地区还没得到充分的满足，因此大量标准化生产还有很大的市场空间。对于佛山的传统制造业企业来说，无论是技术水平、资本实力还是人才存量水平都还没有完全与制造业服务化相匹配，制造业服务化的转变和升级还需要更为坚实的要素基础。总的来说，西方发达国家的制造业已经走上了制造业服务化的道路，而佛山的制造业大部分还处于大批量定制到个性化定制的过渡阶段，真正的差异化生产还有待加快步伐向前走。而步伐的缓慢，正是由于标准化生产所带来的收益而形成的路径依赖。

七、佛山制造业服务化的实践案例

（一）美的制造业服务化案例

在佛山制造业综合改革转型升级以前，佛山一直擅长于制造本身，而对服务较为欠缺。经过了几年的制造业服务化转型，体现了佛山自我革命、涅槃重生的气概。而美的，作为制造业的龙头企业之一，近些年来的制造业服务化的转型可真是动了真格。

美的的转型升级其实并不是在佛山制造业综合改革试点以后才发生的，而是早在2011年的时候就实施制造业服务措施。那么美的到底是因为什么而进行转型升级的呢？它又是怎样实现转型蝶变的呢？美的之所以要转型升级，是因为在2009年到2011年三年间，连续出现增收不增利状况，利润非常微薄，到了2011年中，市场行情稍微好转，利润也有所上升，但是当时的方洪波认为美的必须要转型升级了，他意识到利润率的短暂回升并不是好事。下面，我们来看看美的在制造业服务化转型当中做了什么事情，具体详见表9-7。在2011年的时候提出"自动化升级"战略，其实就是"自制+外包"战略，即一部分自我研发自我制造，一部分外包完成。正是这一年，奠定了美的制造业服务化的基础。2012年美的制造业服务化形式除了外包，还延伸到研发、安装、维护、保养等服务领域。2013年开始实施数字化升级工程，以便为制造业的进一步服务化提供便利。2014年美的实施的制造业服务化动作比较大，比如组建了"中央研究院""智慧家居研究院""机器人研究所"，在研发服务方面增大投入；此外，美的还通过云平台整合各类资源，把所有美的的家电产品连接起来，为客户提供智能化的家居服务体验，完成智慧家居体系搭建，把制造业服务化的步伐深入到家居领域。总的来说，美的在从2011年到2016年的五年时间里，使出破釜沉舟般的勇气，停掉了十多个生产基地，砍掉多个利润率低的产品，员工数量也从近20万精减到10万以下，这几年的转型升级真可谓用"壮士断腕""死而后生"来形容。

佛山被赋予制造业综合改革试点以来，美的转型升级的步伐并没有停止，制造业服务化方面也继续向前。2017年开始，美的又开始了新一轮的战略转型升级，提出科技型转型，由过去的专注以制造为主，转变为制造和服务相结合，并走科技化道路；并打通包括机器人、自动化生产、自动化物流、工业服务等所有环节的全产业链，形成智能制造解决方案，企图转型为科技型服务型集团。

2018年3月美的将智慧物流带入AWE，进一步推动物流自动化，把制造业物流服务化进一步往前推；此外，同年美的还整合了智慧家居业务，成立IoT公司，对云平台、美居App、大数据和售后等方面实施优化升级战略。2018年美的在制造业服务化上的突破就是成立国内首家集自主工业知识、软件、硬件于一体的完整工业互联网平台供应商，说明美的制造业服务化已经扩展到了平台供应商；此外，通过人工智能的核心技术进入高端家电，利用图像识别，深度学习，大数据专家系统等技术为用户提供一个便捷、安全、舒适、智能的享受体验，为个人或家庭提供智能家居享受体验的解决方案。2019年美的在制造业转服务化中，进一步利用研发科技创新成果，把服务化扩展到智能领域的方方面面，比如智能连接、智能芯片、智能场景、智能安全、AI和5G应用等领域，从而实现行业最快配网连接纪录、家电全链路近场通信技术、首个智能场景AI交互平台等。

表9-7 美的转型升级历程

年 份	事 件
2011年	提出"自动化升级"战略——自制＋外协，一部分自研制造，一部分招标外包制造。
2012年	成立自动化设计、制造团队，负责全集团"机器人"的自主研发、制造、安装、维护、保养等。
2013年	开始推动内部数字1.0的升级。
2014年	建立数字化美的，成立了机器人研究所。
2014年3月	发布M-Smart智慧家居战略，它通过云平台连接所有家电产品，整合各类资源，为客户提供智能化的家居服务。
2014年5月、7月	5月参与组建"华南智能机器人创新研究院"；7月成立美的机器人产业发展有限公司，同月，成立美的智慧家居科技有限公司，完成智慧家居体系搭建。

续表

年　份	事　件
2014 年 8 月	成立广东安川美的工业机器人有限公司、广东美的安川服务机器人有限公司，正式迈入机器人市场。
2017 年 3 月	开启新一轮战略转型升级，转变成为一家覆盖消费电器、暖通空调、机器人与自动化系统的科技集团。
2018 年 3 月	美的安得智联首次将智慧物流带入 AWE，展出了四大机器人：Air-pick、Air-carry、Optimus Prime 及 Bumblebee 系统，打造高效率的全流程无人仓，推动物流自动化的实现。
2018 年	美的还整合了智慧家居业务，成立 IoT 公司，对云平台、美居 APP、智能连接模块、大数据和售后服务等方面持续优化，以不断提升用户满意度。
2018 年 10 月 19 日	美的在美的全球创新中心举行了新一轮战略发布会，会上发布了全新的工业互联网平台 M·IoT，美的成为国内首家集自主工业知识、软件、硬件于一体的完整工业互联网平台供应商。
2018 年 解决方案	美的工业互联网平台解决方案不仅用于全球多个基地与上万种产品，并对其他行业与公司输出产品与解决方案。COLMO 将 AI 核心技术融于高端家电，利用图像识别、深度学习以及大数据专家系统，为用户提供舒适、智能的使用体验，为全球超级个体打造智能家居生活整体解决方案。
2019 年 10 月	同月，美的集团 IoT 公司在美的全球创新中心发布了多项科技创新成果，覆盖智能连接、智能安全、智能芯片、智能场景、AI 和 5G 应用等多个领域，譬如极速配网技术创造了 4.62s（平均 10 秒以内）的行业最快配网连接纪录、业界首个家电全链路近场通信技术应用 Smart Touch（一碰智联）、达到国测 EAL4 级金融级别的家电专用芯片 HolaCon、行业首个智能场景 AI 交互平台等。

　　佛山过去一向被认为是擅长于制造业，但短于服务，美的公司也是如此。作为佛山乃至中国制造业的龙头企业，美的集团自 2011 年开始了一系列的革命性的改革，使得这家传统的家电巨头，正逐步蝶变成一家工业互联网平台提供商的转变，就像当年的蓝色巨人 IBM 那样。美的也从过去的单纯制造巨头变身平台供应商。美的的服务化转型，是佛山制造业转型升级的典型代表，反映出来的是一种自我革命以便摆脱传统路径依赖、实现真正转型的勇气和气魄。

从美的上述一系列转型升级操作中，我们看到美的在全国收缩中低端生产线把产品转向中高端，集中精力投资创新研究院攻关核心技术，斥巨资收购德国库卡，从单纯的制造转向制造与服务融合，从生产产品到成为平台供应商再到提供家居生活的整体解决方案。美的改革颇有"壮士断臂"的魄力，但更为重要的是美的拥有这过硬的基本功夫，无论在制造实践方面，还是软件支撑方面，或是作为自动化服务提供商方面，美的的实力都是其转型升级的坚实保障。

从美的的制造业转型升级看，制造业服务化不是指"去制造业"，也不是单纯地转向生产性服务业，而是制造企业与服务业的融合，以此来实现制造业价值的增值过程，从而增强制造业自身的核心竞争力的路径。美的对制造业服务化的实践和探索，对于其他制造业企业的服务化转型升级无疑带来十分重要的参考价值。

（二）佛山中德工业服务区的实践案例

1. 中德工业服务区简介

2012 年 8 月佛山中德工业服务区成立，具体位置坐落于顺德区，行政区域总面积为 220.69 平方公里，其中中欧中心面积接近 30 万平方米。入驻企业近百家，园区产业以为工业服务业为主导方向之一。中德工业服务区是一个广泛化的概念，虽然坐落在佛山，但涉及的城市比较宽泛，其中包括德国主要工业城市，也包括"一带一路"沿线国家（地区）主要工业城市，当然也包含中国珠江西岸先进装备制造产业带沿线代表性工业城市在内。中德工业服务区主要以中欧中心为载体，针对传统制造业发展短板，力图建设广东智能制造产业服务中心，并在此基础上打造机器人全产业链，从而推动佛山、珠三角以及华南地区传统制造业的转型升级。中德工业服务区的特色是大力引进国际性工业服务机构，形成区域功能明晰、布局合理的工业服务业产业集群。

2. 佛山中德工业服务区的实践分析

制造业服务化是传统制造业转型升级的路径之一，制造业服务化与"中央政府推进经济结构调整、产业结构优化升级的重大任务和举措"相吻合。

佛山是传统的制造业大市，以劳动密集型、低附加值的分散集群为主。佛山对制造业的转型升级并不是在佛山被定为制造业综合改革试点以后才提出，而是早有探索和尝试，其中佛山中德工业服务区的建立就是制造业服务化转型升级的大胆尝试，佛山企图通过中德工业服务区的发展，把佛山发展成一个基于高附加值、集中办公、高效、低交易成本且具有较强服务业的制造业。而佛山中德工业服务区的建立恰恰就是佛山制造业服务化发展的硬件基础，而软件方面就是直接以欧洲地区的工业企业，尤其是德国制造企业进行对标，以学习来自德国的先进制造工艺，并试图打造一个类似于德国的商业环境，促进制造业转型升级。

佛山中德服务工业区是一个融研发、服务、金融等于一身的提供服务业发展的平台，还设立了一个 20 万平方米的高科技产业服务平台，能为 500 家左右的高新技术企业和科研机构服务，是一个与广州南沙、深圳前海和珠海横琴一样重要的区域，其指导理念是"资源共享、优势互补、开放合作"，产业发展体系主要为先进制造业、现代服务业和战略性新兴产业。

佛山中德服务工业区从建立到现在已经过去八年了，通过"走出去"的同时实施"引进来"措施，中德工业服务区为中德两国以及佛德两地的企业构建了产业转型升级平台，也打开了交流的窗口，为企业铺设更广泛的合作网络奠定了基础。中德工业服务区本质上就是政府搭建的对标德国制造的平台，也是佛山制造业质量对标的对象，该服务区正一步一步实现既定的目标。当前发展形势良好，已经建成并投入使用的与制造业密切相关的重点平台有三个：第一个是潭州国际会展中心，会展中心项目于 2015 年底开始动工建设，已于 2016 年底交付使用，主要以会展服务业为主，成为工业技术和产品专业展示平台，为制造业企业展开博览展示的重要场所，当然也集聚了餐饮、信息中心、行政管理、商业金融服务、仓储及公共辅助空间于一体的各行各业。第二个是中欧中心，该中心已于 2015 年正式启用，总建筑面积达 30 万 ㎡，作为中德工业服务区最高端的中欧企业服务平台，截至 2018 年已成功引入 102 家中外企业进驻，注册资本累计达 18.55 亿元，涵盖智能制造、研发设计、科技及环保服务等领域，包括德国欧司朗亚太区总部、瑞曼迪斯工业服务国际有限公司、德国安联财险佛山分公司、德国史太白技术转移中心、德国 F+U 教育集团及德国库卡集团等知名企业之外，还有北京外国语大学南方研究院及德国研究中心等进驻，深入探索中欧国际产学研合作，已成为中德双方在技术和市场对接的重要对接点。第三个是广东智能制造示范中心，该中心主要开展机器人展示、应用及培训等业务，充分与佛山基础产业结合起来，重点发挥工业服务的作用，扩展机器人在生产制造领域及生活智能方面的创新与应用。当前已经吸引了服务机器人企业赛恩斯、银河系、国安通航及顺德机器人协会等进驻办公。

（三）广东金融高新技术服务区

1. 广东金融高新技术服务区简介

佛山制造业服务化的又一案例是广东金融高新技术服务区，该服务区于 2007 年 7 月由广东省政府授牌成立，处于广东建设金融强省战略的七大基础性平台的首要位置，也是广东省唯一一个省级金融后台服务基地，旨在吸引金融机构的后台部门、以金融为中心的服务外包企业以及金融机构的总部和地区总部，为珠三角金融、科技制造、产业创新服务。广东金融高新技术服务区总共分成四个区，分别是金融 A 区、金融 B 区、金融 C 区和金融 D 区，占地面积分别为 929.85 亩、243.22 公顷、9750 亩和 1.94 平方公里。其主要定位为金融后援基地和产业金融中心。

2. 广东金融高新技术服务区的实践分析

截至 2019 年底，广东金融高新技术服务区已引进项目 791 个，其中进驻的大项目有佛山民间金融街、广东金融高新区股权交易中心、友邦金融中心、广发金融中心、新鸿基华南国际金融中心、汇丰环球运营中心、中国银监会南方国际培训中心、PICC 南方信息中心、富士通华南数据中心、法国凯捷集团中国 BPO 运营中心、毕马威共享服务中心等。服务区吸引了来自美国、法国、日本、新加坡及国内大型金融企业，总投资规模超 1238 亿元，项目涵盖银行、保险、证券、服务外包、私募创投、融资租赁、金融科技等金融业态。经过了十余年的发展，广东金融高新技术服务区的影响力日益增强，私募股权、风险投资和其他金融中介机构的建立和集聚，对佛山本土企业特别是制造业企业的融资创新和升级起到了关键作用，初步建成辐射亚太的金融后台基地。2020 年 7 月份以来，陆续有中国工商银行集约运营中心（佛山）、中科沃土基金管理有限公司等金融法人机构、广州银行后台数据中心等金融后台项目、广东博资同泽一号股权投资合伙企业（有限合伙）、广东美丽乡村壹号股权投资合伙企业（有限合伙）、广东季华科技成果股权投资合伙企业（有限合伙）、广东省中小企业融资平台等高质量的基金或平台类项目的进驻，这为广东金融高新区高质量发展提供更强有力的支撑。当前，广东金融高新区已发展成为功能齐全、内涵丰富的国际金融后台基地以及金融、科技、产业融合创新中心，广东金融高新区高质量发展不仅为佛山制造业转型升级服务化提供强有力的支撑，同时为粤港澳大湾区建设赋予更强劲的金融动能。

参考文献

[1][德] 艾伯特. 赫希曼. 曹征海. 潘照东. 经济发展战略 [M]. 北京：经济科学出版社. 1991.

[2] 陈晓涛. 产业结构软化的演进分析 [J]. 科学学与科学技术管理，2006(1).

[3] 贺菊煌. 产业结构变动的因素分析 [J]. 数量经济技术经济研究，1991(10).

[4] 胡春力. 我国产业结构的调整与升级 [J]. 管理世界，1999(5).

[5] 何德旭，姚战琪. 中国产业结构调整的效应、优化升级目标和政策措施 [J]. 国工业经济，2008(5).

[6] 李宝瑜，高艳云. 产业结构变化的评价方法探析 [J]. 统计研究，2005(12).

[7] 张继焦. 价值链管理 [M]. 北京：中国物价出版社，2001(9).

[8][美] 迈克尔波特. 竞争优势 [M]. 北京：华夏出版社，1997.1.

[9] 陈建军. 要素流动、产业转移和区域经济一体化 [M]. 杭州：浙江大学出版社，2009.

[10] 小岛清. 雁行形经济发展论—赤松原型 [J]. 世界经济评论，2000(3).

[11] 胡俊文. "雁行模式"理论与日本产业结构优化升级—对"雁行模式"走向衰落的再思考 [J]. 亚太经济，2003(4).

[12] 金戈. 长三角地区制造业同构问题再考察——基于雁行模式的视角 [J]. 经济地理，2010，30(2).

[13] 国务院发展研究中心课题组. 未来15年国际经济格局变化和中国战略选择 [J]. 管理世界，2018(12).

[14] 王惠芬，郭瑶，吴显豪. 微笑曲线失灵及广东 OEM 再造的微观实践分析 [J]. 科技管理研究，2016(12).

[15] 倪红福. 全球价值链中产业"微笑曲线"存在吗？——基于增加值平均传递步长方法 [J]. 数量经济技术经济研究，2016(11).

[16] 郑健壮，朱婷婷，郑雯妤. 价值链曲线真的是"微笑曲线"吗？基于7个制造业细分行业的实证研究 [J]. 经济与管理研究，2018(5).

[17]Armbrust M，Fox A，Griffith R，et al. A view of cloud computing [J]. *Communications of the ACM*，2010，53(4).

[18]Zhang L，Luo Y L，Tao F，et al.Cloud manufacturing:A new manufacturing paradigm [J].*Enterprise Information Systems*，2012，8(2).

[19] Dornfeld D A.*Green Manufacturing*[M].New York:Springer US，2013.

[20] Ren G.*Service business development in manufacturing companies : classification，characteristics and implications* [D] .Cambridge:University of Cambridge，2009.

[21] Slepniov D.*Servitization as strategy for survival : an investigation of the process in Danish manufacturing firms*[C].UK:In 15th Cambridge international manufacturing symposium，2010.

[22] 胡迟.制造业转型升级的最新评估: 成效、问题与对策[J].经济研究参考,2014(15).

[23] 隗斌贤.生产性服务业与制造业互动发展促进产业转型升级[J].科技通报,2009(06).

[24] 郭伟锋，王汉斌，李春鹏.制造业转型升级的协同机理研究——以泉州制造业转型升级为例 [J].科技管理研究，2012(23).

[25] 杨树青,李良臣,张帆听,葛虹.泉州制造业转型升级影响因素及策略研究[J].科技管理研究，2014(06).

[26] 孔伟杰.制造业企业转型升级影响因素研究——基于浙江省制造业企业大样本问卷调查的实证研究 [J].管理世界，2012(09).

[27] 徐常萍,吴敏洁.环境规则对制造业产业结构升级的影响分析[J].统计与决策，2012(16).

[28] 戴丹.产业转型升级的影响因素研究——以广州市为例 [D].广东省社会科学院，2014(05).

[29] 孔伟杰.制造业企业转型升级影响因素研究——基于浙江省制造业企业大样本问卷调查的实证研究 [J].管理世界，2012(09).

[30] 刘天元.重庆制造业企业转型升级影响因素研究 [D].西南大学，2017(05).

[31] 刘建民，陈霞，吴金光.湖南省产业转型升级的水平测度及其影响因素的实证分析 [J].湖南社会科学，2015(01).

[32] 苏杭，郑磊，牟逸飞.要素禀赋与中国制造业产业升级——基于WIOD和中国工业企业数据库的分析 [J].管理世界，2017(04).

[33] 张潇淼.民营制造业企业转型升级路径选择的影响因素研究——基于东部、中部、西部的比较分析 [D].贵州大学，2015(06).

[34] "佛十条"为企业降成本佛山打造制造业成本"洼地"[EB/OL].佛山日报官方网站，http://www.fsonline.com.cn/p/212231.htmll，2017-09-20.

[35] 马建会.产业集群成长机理研究 [D].暨南大学博士学位论文，2004 年.

[36] 欧瑜.佛山市制造业发展中的问题与对策研究 [D].华中科技大学，2015.

[37] 郑飞，汤兵勇.佛山市制造业发展现状、问题与对策研究 [J].特区经济，2019 (05).

[38] 李超.安徽省制造业转型升级研究 [D].安徽大学，2018.

[39] 陈大龙. 基于全球价值链的浙江省纺织服装业转型升级研究 [D]. 浙江财经大学，2016.

[40] 杨蕙馨. 基于转型升级的中国制造业服务化研究与展望 [C]. 中华外国经济学说研究会发展经济学研究分会. 现代化经济体系与高质量发展——第十三届中华发展经济学年会会议论文摘要集. 中华外国经济学说研究会发展经济学研究分会：中华外国经济学说研究会发展经济学研究分会，2019:19.

[41] 张建强. 全球价值链视角下中国制造业分工地位测度及升级研究 [D]. 新疆大学，2019.

[42] 王志华，陈圻. 江苏制造业转型升级水平测度与路径选择 [J]. 生态经济，2012(12).

[43] 陈丽. 我国制造业转型升级成效测度与提升建议研究 [D]. 武汉理工大学，2018.

[44] 肖国东. 我国制造业转型升级评价及影响因素研究 [D]. 吉林大学，2019.

[45] 水冰. 制造业转型升级能力的测度及其影响因素研究 [D]. 山东大学，2018.

[46] 孙萍. 浙江省制造业转型升级的测度及影响因素研究 [D]. 浙江工商大学，2018.

[47] 方子嵌. 中国装备制造业全球价值链升级测度与国际比较 [D]. 大连海事大学，2018.

[48] 潘为华，潘红玉，陈亮，贺正楚. 中国制造业转型升级发展的评价指标体系及综合指数 [J]. 科学决策，2019(09).

[49] 王福君. 装备制造业内部结构升级的测度指标体系研究——兼评辽宁装备制造业内部结构升级程度 [J]. 财经问题研究，2008(10).

[50] 郑婷婷. 我国中部地区制造业转型升级能力研究 [D]. 江西财经大学，2019.

[51] 肖怡文. 福建省制造业升级的测度指标体系 [J]. 泉州师范学院学报，2019.37(06).

[52] 刘慧红. 技术创新对河南装备制造业转型升级影响的研究 [D]. 华北水利水电大学，2019.

[53] 郑汉. 产业政策对我国东部地区制造业产业结构升级的影响研究 [D]. 西北大学，2019.

[54] 张雨生. 基于创新驱动的吉林省制造业转型升级研究 [D]. 吉林大学，2018.

[55] 梁志鸣. 广东省制造业集聚对产业升级的影响研究 [D]. 广东外语外贸大学，2018.

[56] 齐兰，王姗. 中国高端装备制造业产品内分工程度与地位 [J]. 吉林大学社会科学学报，2018(06).

[57] 陈瑾，何宁. 高质量发展下中国制造业升级路径与对策一以装备制造业为例 [J] 企业经济，2018(10).

[58] 蒋同明，陈彤科技创新体系中技术研发与技术转化效率研究 [J]. 社会科学研究，2019(1).

[59] 秦惠敏，徐卓顺. 东北地区制造业产业转移及优化升级的重点领域研究 [J] 当代经济研究，2016(06).

[60] 孙贺. 东北地区振兴的产业转型升级路径 [J]. 学术交流，2016(09).

[61] 张桢. 我国高技术产业发展、金融结构优化与产业升级——基于最优金融结构理论的实证分析 [J]. 工业技术经济，2016，35(02).

[62] 刘佳宁. 新常态下制造业转型升级的金融支撑 [J]. 广东社会科学，2016，(01).

[63] 修国义，许童童. 中国装备制造业发展的金融支持测度研究 [J]. 工业技术经济，2016，35(03).

[64] 王超恩，张瑞君，谢露. 产融结合，金融发展与企业创新——来自制造业上市公司持股金融机构的经验证据 [J]. 研究与发展管理，2016，28(05).

[65] 胡杰，刘思婧. 金融发展对制造业技术创新的影响研究——以制造业技术密集度高的9个子行业为样本 [J]. 产经评论，2015，6(02).

[66] 陶爱萍，盛蔚. 金融发展、技术创新与产业升级 [J]. 工业技术经济，2015.(11).

[67] 刘飞. 省城金融结构调整与制造业结构升 [J]. 金融论坛，2015，20（04）.

[68] 张晓芹，王宇. 基于《中国制造2025》的新型制造业综合评价——以佛山市制造业为例 [J]. 科技管理研究，2018，38(03).

[69] 刘夏青. 实现高质量发展背景下的西安装备制造业转型升级研究 [D]. 西安科技大学，2019.

[70] 黄艺璇，黄佑军. 佛山市制造业发展战略实施研究 [J]. 金融经济，2018(18).

[71] 谷亚光. 中国制造业的国际地位与发展思路 [J]. 学习论坛，2005(03).

[72] 王兴凡. 长三角装备制造企业技术创新能力现状与对策研究 [J]. 中国集体经济，2019(22).

[73] 郑飞，汤兵勇. 佛山市制造业发展现状、问题与对策研究 [J]. 特区经济，2019(05).

[74] 黄艺璇，黄佑军. 佛山市制造业发展战略实施研究 [J]. 金融经济，2018(09).

[75] 闫福平. 佛山市制造业转型升级研究 [D]. 中共广东省委党校，2018(04).

[76] 胡杰成. 深化供给侧结构性改革 推进制造业转型升级——广东省佛山市调研 [J]. 中国经贸导刊，2018(04).

[77] 綦恩周，王璐. 基于产业结构水平测度的佛山制造业发展研究 [J]. 对外经贸，2016(02).

[78] 李明. 佛山市经济结构和经济转型升级分析 [J]. 价值工程 .2016(05).

[79] 吴亚慧. 佛山制造业转型升级中的政府职能研究 [J]. 管理观察，2018(03).

[80] 江小娟，杜玲，对外投资理论及其对中国的借鉴意义.经济研究参考，2002(73).

[81] 宋维佳，王军徽，ODI 对母国制造业产业升级影响机理分析 [J]. 宏观经济研究，2012（11）.

[82] 潘颖和刘辉煌，中国对外直接投资与产业结构关系的实证研究 [J]，经济纵横，2010(2).

[83] 马亚明，张岩贵.技术优势与对外直接投资：一个关于技术扩散的分析框架 [J]. 南开经济研究，2003（4）.

[84] 刘明霞，王学军.中国对外直接投资的逆向技术溢出效应研究 [J]. 世界经济研究，2009(9).

[85] Abernathy J., Utterback M., *Patterns in Industrial Innovation*[J].*Technology Review*.1978(50).

[86] 厉以宁.自主创新和产业升级：中国制造业的必由之路 [J]. 全球化，2013(12):21-26.

[87] 辛娜.技术创新对产业升级的作用机理分析——基于空间计量经济模型 [J]. 企业经济，2014(2).

[88] 冯志军，陈伟.我国制造业知识产权保护、技术创新绩效与产业升级研究——基于我国制造业 29 个行业面板数据的分析 [J]. 改革与战略，2015(5).

[89] 潘静."互联网 +"驱动佛山装备制造业转型升级的模式创新 [J]. 佛山科学技术学院学报（社会科学版），2017(3).

[90] 綦恩，周王璐.基于产业结构水平测度的佛山制造业发展研究 [J]. 对外经贸，2016(2).

[91] Colin, M A Clark. *The Conditions of Economic Progress*[M].London: Macmillan Co. Ltd, 1940.

[92] Krueger, A.B, Summers, L.H.Efficiency Wages and the Inter-industry Wage Structure[J].*Econometrica*, 1998, (2).

[93] Canning, D. The Impact of Aging on Asian Development[J].*World Bank Economic Review*, 1997, (12).

[94] Erlandsen, Nymoen. Consumption and Population Age Structure [J]. *Journal of Population Economics*, 2008, (3).

[95] Bloom, Canning.Economic growth and the Demographic Transition.*The NBER Working Paper*, 2001.

[96] Arthur, L. Reflections on Unlimited Labor [M].*International Economics and Development*, New York, Academic Press, 1972.

[97] 靳卫东. 人力资本与产业结构转化的动态匹配效应——就业、增长和收入分配问题的评述 [J]. 经济评论，2010（06）.

[98] 张延平，李明生. 我国区域人才结构优化与产业结构升级的协调适配度评价研究 [J]. 中国软科学，2011(03).

[99] 张国强，温军，汤向俊. 中国人力资本、人力资本结构与产业结构升级 [J]. 中国人口资源与环境，2011，21（10）.

[100] 张同全，高建丽. 区域一体化人力资源跨区域流动研究——基于三大经济区产业结构与人力资源结构耦合视角 [J]. 经济问题探索，2013(04).

[101] 张抗私，周晓蒙. 就业结构缘何滞后于产业转型：人力资本视角的微观解释——基于全国调研数据的实证分析 [J]. 当代经济科学，2014，36(06).

[102] 扶涛. 人力资源开发与产业转型升级的匹配效应研究：以广东省为例 [J]. 广东财经大学学报，2016，31(03).

[103] 胡春林，彭迪云. 基于人力资本贡献的产业结构转型路径研究——以广东省为例的实证分析 [J]. 南昌大学学报（人文社会科学版），2012，43(02).

[104] 芮明杰. 制造业变革孕育重大突破 [J]. 人民论坛，2013(06).

[105] 王志华，董存田. 我国制造业结构与劳动力素质结构吻合度分析——兼论"民工荒""技工荒"与大学生就业难问题 [J]. 人口与经济，2012(05).

[106] 阳立高，龚世豪，韩峰. 劳动力供给变化影响制造业升级的机理及政策研究 [J]. 科学决策，2015(12).

[107] 楚明钦. 产业发展、要素投入与我国供给侧改革 [J]. 求实，2016(06).

[108] Vandermerwe S, Rada J. Servitization of business: Adding value by adding services[J].*European Manage- ment Journal*，1988，6(4).

[109] White A L, Stoughton M, Feng L. *Servicizing: The quiet transition to extended product responsibility*[R]. Boston: Tellus Institute，1999.

[110] 罗军. 服务化发展与制造业全球价值链地位——影响机制与门槛效应 [J]. 当代财经，2018，(11).

[111] 刘继国，李江帆. 国外制造业服务化问题研究综述 [J]. 经济学家，2007，(03).

[112] 芮明杰，赵小芸. 产业发展与结构转型研究——基于价值链重构：上海生产性服务业与先进制造业动态匹配研究 [M]. 上海：上海财经大学出版社，2012.

[113] 刘哲，初毅. 东北地区传统制造业服务化转型发展研究 [J]. 宏观经济管理，2017，(10).

[114] 周大鹏. 制造业服务化对产业转型升级的影响 [J]. 世界经济研究，2013，(09).

[115] 许和连，成丽红，孙天阳. 制造业投入服务化对企业出口国内增加值的

提升效应——基于中国制造业微观企业的经验研究 [J].中国工业经济，2017，(10).

[116] 李刚，汪应洛.服务型制造——基于"互联网＋"的模式创新 [M].北京：清华大学出版社，2017.

[117] 刘维刚，倪红福.制造业投入服务化与企业技术进步：效应及作用机制 [J].财贸经济，2018，(08).

[118] 胡昭玲，夏秋，孙广宇.制造业服务化、技术创新与产业结构转型升级——基于 WIOD 跨国面板数据的实证研究 [J].国际经贸探索，2017，(12).

[119] 王晓萍，任志敏，张月月，等.基于服务化战略实施的制造业价值链优化升级：价值增值的视角 [J].科技管理研究，2019，(05).

[120] 肖挺.全球制造业服务化对各国国际贸易的影响——基于贸易引力模型的经验研究 [J].中国流通经济，2018，(09).

[121] 耿伟，王亥园.制造业投入服务化与中国出口企业加成率 [J].国际贸易问题，2019，(04).

[122] 陈秀英.制造业投入服务化对制造业价值链攀升影响的实证研究 [J].经济问题探索，2016，(07).

[123] 王思语，郑乐凯.制造业出口服务化与价值链提升——基于出口复杂度视角 [J].国际贸易问题，2018，(05).

[124] Francois J，Manchin M，Tomberger P. *Services linkages and the value added content of trade*[J].*The World Economy*，2015，38(11).

[125] 黄群慧，霍景东.全球制造业服务化水平及其影响因素——基于国际投入产出数据的实证分析 [J].经济管理，2014，(01).

[126] 冯永春，崔连广，张海军，等.制造商如何开发有效的客户解决方案?[J].管理世界，2016，(10).

[127] 吕云龙，吕越.制造业出口服务化与国际竞争力——基于增加值贸易的视角 [J].国际贸易问题，2017，(05).